KB193962

종교개혁과
교육개혁

종교개혁과
교육개혁

지은이 | 양금희
펴낸이 | 원성삼
표지 및 본문 디자인 | 한영애
펴낸곳 | 예영커뮤니케이션
초판 1쇄 발행 | 2017년 6월 30일
등록일 | 1992년 3월 1일 제2-1349호
주소 | 04018 서울시 마포구 동교로55 2층(망원동, 남양빌딩)
전화 | (02)766-8931
팩스 | (02)766-8934
홈페이지 | www.jeyoung.com
ISBN | 978-89-8350-969-7 (93230)

이 도서의 국립중앙도서관 출판예정도서목록(CIP)은 서지정보유통지원시스템 홈페이지
(http://seoji.nl.go.kr)와 국가자료공동목록시스템(http://www.nl.go.kr/kolisnet)에서
이용하실 수 있습니다.(CIP제어번호: CIP2017014166)

종교개혁과
교육개혁

양금희 지음

예영커뮤니케이션

종교개혁은 단순히 교회의 개혁이나 신학의 개혁만이 아니라 사회 전반을 새롭게 하면서 세상을 바꾼 사건이었고, 그것은 무엇보다 종교개혁이 시작한 교육의 개혁을 통해 이루어질 수 있었다. 왜냐하면 종교개혁은 한 사람의 성숙한 신앙인으로서의 '개인'을 발견했는데, 그것은 필연적으로 개인을 위한 '교육'의 개념을 발견하게 했고, 그것으로서 당시 성직자나 소수 귀족의 전유물이던 '교육'을 모든 사람에게로 확대했기 때문이다. 이로써 종교개혁은 모든 사람이 신분이나 계층을 막론하고 자신의 잠재적 가능성을 개발하도록 교육의 혜택을 받는 근대적 세상을 활짝 열어젖히는 통로가 되었다.

따라서 종교개혁을 교육과 연결하여 보는 일은 단순히 종교개혁가들의 교육적 활동을 살펴보는 것만이 아니라, 종교개혁 자체를 통전적 개혁으로 이해하게 하는 통로가 된다. 이 책은 종교개혁가들의 교육개혁적 측면을 살펴보고, 그를 통해 통전적 개혁으로서의 종교개혁의 의미를 짚어보는 책이다.

필자는 1999년에 이미 『종교개혁과 교육사상』을 출판하여 종교개혁가들의 교육적 활동들을 살펴본 바 있다. 그럼에도 불구하고 이 책을 새롭게 출판하는 이유는 이전 책에서 비교적 상세히 다루지 못한 부분을 확대 심화함으로써, 특별히 통전적 종교개혁의 통로로서 종교개혁가들의 교육개혁적 측면을 제시하기 위함이고, 또한 더 나아가 그를 바탕으로 위기에 처한 오늘날 한국 교회의 교육개혁 방향을 제시하기 위함이다. 따라서 이 책의 1부, "종교개혁의 교육생태계 개혁" 부분은 종교개혁가들의 교육개혁을 소개했고, 2부, "종교개혁과 오늘의 교육개혁"은 종교개혁을 바탕으로 한 한국 교회의 교육개혁 방향을 제시했다. 이 책을 집필하며 필자는 다음과 같은 목표들을 마음에 두었다.

첫째, 이 책을 통해 그동안 집중적으로 조명되지 못했던 종교개혁가들의 교육개념을 분명히 정리함으로써 개혁교회의 교육의 방향을 명확하게 정리한다는 것이다. 루터와 칼뱅은 신학자로만 알려져 왔고, 그들이 개신교의 교회교육 방향을 제시한 최초의 개신교 기독교교육자요 실천가였던 것은 잘 알려지지 않았다. 따라서 이 책은 루터와 칼뱅, 더 나아가 후스파 종교개혁의 최초 기독교교육학자였던 코메니우스의 교육개혁사상을 잘 정리함으로써 종교개혁의 교육개혁적 측면을 분명하게 제시하고자 했다.

둘째, 오늘날 종교개혁이 단순히 교회나 신학의 개혁만이 아니라 사회 전반을 아우르는 통전적 개혁이라는 점에서 폭넓은 동의가 이루지고 있다. 따라서 이 책은 실제적으로 종교개혁이 왜 사회 전반을 아우르는 통전적 개혁이었는지를 증명하기 위하여 개혁가들이 어떻게 당시 교회교육과 학교개혁, 더 나아가 교육생태계 전반을 개혁했는지를 살펴보려 했다.

셋째, 이 책은 종교개혁의 교육개혁 정신을 바탕으로 오늘날 한국 교회가 나아가야 할 교육개혁의 방향을 모색하려 했다. 오늘날 우리의 교회교육이 위기에 직면했다고 하는데, 그럴 때일수록 우리는 근본으로 돌아가(ad fontes), 종교개혁 전통에 우리를 비추어서 교회교육을 돌아보고, 개혁의 방향을 모색해야 할 것이다. 그런 의미에서 이 책은 한국 교회의 교육에 관심을 가지고서 교육개혁의 방향을 모색하는 사람들에게 하나의 가능성을 제시하고자 했다.

넷째, 이 책은 한국 교회 위기를 기독교교육과 연결하여 진단했고, 그를 개혁할 수 있는 방안으로 "교육생태계 개혁"을 통한 통전적 교육개혁, "말씀을 회복하는 교육", 그리고 종교개혁의 만인제사장설을 바탕으로 하는 "평신도교육 개혁"을 제시함으로써, 교회교육의 실제적 개혁 방안을 모색하려 했다.

부디 이 책이 통전적 개혁으로서의 종교개혁을 보는 눈을 뜨게 하고, 더 나아가 종교개혁의 정신으로 오늘날의 교육을 비추어 보게 하며, 오늘날의 교육개혁 방향을 모색하는 사람들에게 길라잡이가 되길 소망해 본다.

이 책이 세상의 빛을 보게 되는 것은, 이 책이 집필되고 출판될 수 있도록 결정적인 도움을 주신 분들이 있어서 가능할 수 있었음을 밝힌다. 누구보다도 종교개혁의 교육개혁에 대한 생각을 함께 교환하고, 책으로 펴낼 수 있도록 도전하고 격려했던 김창환 박사에게 감사의 마음을 전한다. 또한 이 책을 기꺼이 출판해 주시기로 결정한 예영커뮤니케이션의 원성삼 사장님께도 마음 깊이에서부터 감사와 존경을 표한다. 책이 만들어지는 과정 가운데에 전문적이고 실제적인 조언과 도움을 주신 편집진과 교정을 꼼꼼하게 봐 준 이혜진 조교에게도 깊은 감사를 드린다.

더불어 이 책의 출판은 진리를 깨닫는 데에서 그치지 않고 그것을 용기 있게 실천한 종교개혁가들이 있어서 가능했음을 고백하며, 이 책을 500년 전 종교개혁의 첫 걸음을 내디딘 루터에게 헌정하고 싶다. 그리고 무엇보다 이 책은 종교개혁자를 세상에 보내주신 좋으신 우리 하나님이 계셨기에 나올 수 있었고, 그래서 모든 영광이 하나님께 돌려지길, 하나님께서 부디 이 책을 이 땅의 교육개혁의 도구로 사용하시길 간절히 기도한다.

2017년 5월에 아차산 기슭에서,
저자 양금희

2부 종교개혁과
오늘의 교육개혁

1부

—

종교개혁의
교육생태계 개혁

루터의
교육개혁 사상

* * *

1. 들어가는 말

　"개혁"이란 부분적 변화가 아니라 근본적인 변화, 즉 기본 패러다임이 달라지는 것을 의미한다. 종교개혁은 교회나 신학만이 아니라 당시 사회 전반을 변화시킨 통전적 개혁이었고, 그 무엇보다 '교육의 개혁'이었다. 그래서 유럽, 그중에서도 특별히 독일의 교육은 종교개혁 이전과 이후로 나뉠 수 있다. 그리고 그 시작점에 마틴 루터(Martin Luther 1483-1546)가 있다.

　마틴 루터는 일차적으로 신학자이자 목사였다. 그래서 일반적으로 그를 교육학자로 여기지 않는다. 하지만 그의 종교개혁은 사회 전반에 걸친 개혁이었고, 그 과정에서 교육의 개혁이 함께 시도되었다. 루터의 교육개념은 그의 종교개혁적 신학과 뗄 수 없이 연결되어 있고, 그의 종교개혁은 교육을 통해서도 관통하고 있다.

이 장에서 우리는 먼저 루터의 교육개혁사상을 살펴보고, 루터의 종교개혁이 어떻게 그의 교육개혁으로 연결되는지, 또한 그의 교육개혁이 어떻게 종교개혁에 영향을 미치게 되는지를 살펴볼 것이다. 이를 바탕으로 우리는 개신교 교육의 뿌리를 찾고 우리가 돌아가야 할 본질을 다시 새겨 볼 것이다.

2. 루터의 교육적 저술과 교육개혁적 사고

1) 루터의 교육적 저술들

마틴 루터의 교육사상 및 교육개혁적 사고들은 그의 교육적 저술들에 나타나 있다. 이미 전제한 대로 루터는 교육학자가 아니라 신학자이며 목사로서 종교개혁을 실현했던 사람이다. 그는 종교개혁을 통한 교회와 사회 개혁을 시도하는 과정에서 '교육'의 중요성을 절감했고, 교육에 관한 글들을 쓰게 되었다. 루터는 교육 그 자체에 대한 관심보다는 그의 개혁프로그램에 기여할 수 있는 교육의 기능적 측면에 관심을 가졌다. 따라서 그는 교육 자체를 체계적으로 정리하는 글을 쓰기보다는 교회와 사회 개혁에 도움을 줄 수 있는 교육적 기능에 대해, 그리고 이를 활성화하기 위해 사람들에게 호소하는 글들을 주로 저술했다.

대표적인 예로 그의 두 "학교문서(Schulschriften)"를 들 수 있다. 하나가 『독일 모든 도시의 시의원에게 드리는 글, 기독교학교를 세울 것을 호소하며 *An die Ratsherren aller Städte deutsches Landes, daß sie christliche Schule aufrichten und halten sollen*, 1524』이다.[1] 이 글에

종교개혁과 교육개혁

서 그는 모든 도시들이 학교를 세우고 거기에서 성장세대들을 기독교적으로 양육할 것을 호소하면서, 왜 교육이 교회와 사회를 위해 필요한 것인지를 서술했다. 그리고 다른 하나가 이른바 "학교설교(Schulpredigt)"로 불리는 『어린이를 학교에 보낼 것을 호소하는 설교 *Eine Predigt, daß man Kinder zur Schule halten solle*, 1530』이다.[2] 이 글도 앞의 『시의원에게 드리는 글』과 마찬가지로 그 취지는 학교를 설립하고, 어린이들을 학교에 보내 기독교적으로 양육하자는 것이다. 여기에서 그는 그의 "두 왕국설(Zwei-Regimenten-Lehre)"을 바탕으로 '교회'와 '세상' 두 나라 모두를 위해서 교육이 필요함을 역설하고 있다. 이 두 문서에는 루터의 학교교육 개념 및 학교교육에 대한 그의 개혁적 사상이 잘 드러나고 있다.

또한 앞의 두 학교문서 외에 루터는 교리문답(Katechismus)과 관련된 글들도 썼는데, 이 역시 그의 대표적인 교육학적 저술들로 꼽힌다. 먼저 그는 모든 기독교인들이 반드시 알아야 할 기본적이고 필수적인 내용들을 선정하여 『대교리문답 *Der große Katechismus*, 1529』과 『소교리문답 *Der kleine Katechismus*, 1529』을 썼다.[3] 이 글들은 기독교인으로서 갖추어야 할 최소한의 소양에 관한 것으로, 기독교교육의 내용과 방법 그리고 여러 지침들을 제시하는 글이기도 하다. 이 글들에서 그는 '주기도문', '신앙고백', '십계명'을 주요 골자로 '세례', '성만찬', '고해성사' 등 기독교인이 알아야 할 여러 기초적인 교리내용과 성서의 요약을 제시하고 해석해 주고 있다. 특별히 『대교리문답』의 '십계명 해석'에서 '부모를 공경하라'는 제 5계명(『루터성경』에서는 제 4계명)을 교육의 관점에서 상세히 서술하고 있다. 여기서 그는 교육의 필연성과 부모의 교육적 과제들을 하나님의 계명으로 설명하고 있다. 교육학적으로 특별히 많이 인용되는 부분은 바로 이 두 교리문답의 서문(Vorreden)들인데, 여기에서 그의 교육에 관한 입장을 제시하면서, 특별히 교리문답서의 교육적 의미 등을 설명하기 때문이다.『독일어 미사 *Vorrede zur Deutsche Messe, 1526*』의 서문도 교리문답의 교육적 측면에 관해 자세히 서술한 대표적인 글로 손꼽히고 있다.[4] 그의 교리문답 서들로부터 우리는 루터의 교육개념 중 특별히 "교육의 내용" 부분에 대한 통찰을 얻을 수 있고, 더 나아가 가정교육사상 및 부모의 교육적 위치에 대한 루터의 생각을 배울 수 있다.

『독일 귀족에게 드리는 글 *An den christlichen Adel deutscher Nation von des christlichen Standes Besserung, 1520*』은 루터의 초기 종교개혁적 저술이지만 동시에 교육적 저술로도 손꼽힌다.[5] 그는 이 글에서 교회와 사회 전반의 개혁해야 할 요소들을 지적하고, 로마 가톨릭교회의 문제들을 고발하고 있다. 루터가 종교개혁의 시작을 알리는 이 글에서 교육을 언급했다는 것으로부터 그의 종교개혁이 처음부터 교육개혁을 포함하는 것이었다는 사실을 확인할 수 있다.

특히 루터는 직접 학교 개혁과 감독에 관여했고, 그러한 오랜 경험을 바탕으로 멜란히톤과 함께『감독관 수업 *Unterricht der Visitatoren*』을 저술했다.[6] 이 글은 멜란히톤이 초고를 쓰고, 루터가 재수정한 글로 루터의 저술로도 칭해진다. 이 글에서 그는 구체적인 학교운영과 수업모델, 반 편성, 그리고 학교에서 가르칠 수 있는 연령별 교리문답의 내용 등을 제시했는데, 이 글은 오랫동안 독일 학교교육의 길잡이 역할을 했다.

이 외에도『탁상담화 *Tischreden*』의 상당부분에서 루터의 교육적인 예지가 엿보이는 언급들이 수록되어 있다. "탁상담화"는 루터가 여러 공적이고 사적인 상황에서 했던 발언들을 기록해 놓은 글인데, 이 글들에서 우리는 특별히 루터가 결혼하여 네 자녀를 데리고 가정생활을 꾸려가면서 했던 경험들, 그리고 그의 교육적 입장들에 대한 단편적인 생각들과 만날 수 있다.

종교개혁과 교육개혁

2) 루터의 교육개혁에 영향을 미친 사고

(1) 신앙과 교육의 관계

널리 알려진 바대로 루터의 "이신칭의(以信稱義)"사상, 즉 오직 믿음으로만 의롭다함을 얻는다는 사상은 루터신학을 대표하는 개념일 뿐만 아니라, 행위와 인간적 공로를 인정함으로써 교회의 부패를 가져오게 한 로마 가톨릭교회를 개혁하고 개신교회를 세우는 데 결정적인 계기가 된 신학이다. 하나님이 그 어떤 인간적 노력으로써가 아니라, "오직 믿음으로만(sola fide)" 우리를 의롭게 하신다는 것은, 우리를 구원하는 힘이 우리의 힘으로가 아니라 "오직 은혜로(sola gratia)"써만 일어난다는 것을 분명하게 하는 개념이었다.

이와 같은 루터신학의 출발점은 일차적으로 교육의 중요성이 전면에 부각되지 않게 한다. 그에게 있어서 우리를 구원에 이르게 하는 믿음은 인간적 노력이 아니라 오직 은혜로써 주어지는 것이기 때문이다. 실제로 루터는 '교육'을 구원으로 이르게 하는 길이 아닌 인간적인 노력이요, "선한 행위(gute Werke)"에 속한 것이지, "복음"과 직접적인 관련이 있는 것은 아니라고 보았다 :

"교육은 복음(Evangelium)에 속한 것이 아니라, 세상적인 일(weltliches Ding)에 속한 것이다."[7]

루터는 이처럼 교육과 복음의 관계를 언급할 때마다 복음은 스스로 가르치는 힘이 내재해 있는 것이지 인간의 노력으로 가르칠 수 있는 것이 아니라는 점을 지적하면서, 교육이 구원에 직접적으로 영향을 미칠 수 없음을 분명히 했다.[8] 그에게 복음은 "하늘에서 온 하나님의 말씀"으로 결코 인간적 교육을 필요로 하지 않는다."[9] 그래서 그는 교육은 세상적인 일일 뿐만 아니라 "이성의 영역(regum rationis)"에 속하는 것이라고 했다. 그런 의미에서 교육은 결코 인간에게 믿음을 가져올 수 없고, 구원에 이르게 할 수도 없다. 이와 같은 그의 교육에 대한 생각은 그의 종교개혁적 신학과 수미일관하게 연결된다.

그러나 루터가 "믿음"을 중시한 순간 필연적으로 "교육"을 중시하지 않을 수 없는데, 믿음이란 무엇을 믿느냐의 문제와 뗄 수 없이 연결되어 있기 때문이다. 즉 우리가 "믿게 되는 것(fides qua creditur)"은 우리의 노력이 아니라 은혜로 주어지는 것이지만, 그것이 우리가 "믿어야 하는 내용(fides quae creditur)"을 가르치는 일을 면해 주는 것은 아니기 때문이다. 즉 믿음이 중요하게 여겨지는 순간 우리가 무엇을 믿어야 하는지가 역시 중요해지고, 그것을 정확하게 알아야 하는 것, 그를 위해 가르치는 것이 관건이 되는 것이다. 따라서 루터가 믿음을 중시한 순간, 그의 관심은 믿음의 내용과 그것을 가르치는 교육에 집중될 수밖에 없다.

그런 의미에서 루터가 "이신칭의" 사상으로 시작한 "종교개혁"은 필연적으로 "교육개혁"이 될 수밖에 없었다. 종교개혁 이전에는 계시의 자리는 언제나 교회의 몫이었고 성도들은 굳이 말씀을 읽거나 기독교교리를 배우지 않아도 되었다. 구원에 이르기 위해 교회에 소속되어 있는 것으로 충분하다고 믿었다. 하지만, 종교개혁과 더불어 이러한 의식에 변화가 생겼다. 교회에 소속되는 것만으로는 충분하지 않고 '믿음'으로 의롭다함을 받아야 하며, 그를 위해 성도들은 자신이 믿는 것이 무엇인지를 바로 이해하고 알아야 한다는 요청에 직면하게 된 것이다. 이제 교회는 모든 성도들에게, 아무리 단순하고 초보적인 성도들이라도, 최소한 자신들이 무엇을 믿는지 알

종교개혁과 교육개혁

도록 가르쳐야 하는 사명을 갖게 되었다. 결국 '교육'이 교회의 핵심적 사명이 된 것이다.

　루터는 이와 같은 상황에 직면하여 두 가지의 노력을 기울였다. 먼저 성경을 독일어로 번역하여 모든 성도들이 하나님의 말씀을 읽을 수 있도록 했고, 또한 모든 성도들이 기본적으로 반드시 알아야 할 신앙의 내용을 요약하여 정리한 『교리문답서』를 집필하여 보급했다. 종교개혁 이전에 성경은 사제들의 전유물로서 평신도들은 성경을 읽거나 소유할 수도 없었다. 하나님의 말씀을 읽고 해석하고 가르칠 권리는 오직 교회에만 있었기 때문이다. 그러나 루터는 믿음으로 의롭다함을 얻기 위해서 모든 성도들에게는 자신이 믿어야 하는 것이 무엇인지 분명히 "이해하는 신앙(verstehende Glauben)"이 필요하다고 생각했고, 그런 맥락에서 누구나 읽을 수 있도록 성경을 모국어로 번역했다. 이 사건은 모든 사람에게 성경이 열린 개혁적인 사건이라 할 수 있다. 이것으로 하나님의 계시가 교회에서 개인으로 자리옮김한 것이다.

　그러나 모국어로 성경을 번역했다고 해도, 당시 인쇄술의 발달상황상 일반인들이 손쉽게 성경을 구할 수 있는 것은 아니었고, 또한 모든 사람들이 글을 읽을 수 있는 것도 아니었다. 그래서 루터는 누구나 자신이 믿어야 할 신앙의 내용을 간단하게 알 수 있도록 성경을 집중적으로 요약하여 『교리문답서』를 집필했다. 그의 『대교리문답』과 『소교리문답』은 그렇게 탄생했다. 그는 『대교리문답』의 서문에서 이렇게 밝히고 있다 :

　이 책은 어린이와 초보자들을 위한 수업이 되도록 기획되었다. 요리문답(Katechismus)은 모든 기독교인이 반드시 알아야하는 초보적 가르침이다. 이것을 알지 못한다면, 그를 기독교인이라 부를 수 없고, 또한 성찬에도 참여하도록 해서는 안 될 것이다. 이것은 마치 한 장인이 그의 수공업 일의 방법과 권리를 제대로 알지 못하면 그를 장인이라 부를 수 없어 내쫓을 수밖에 없는 것과 마찬가지이다.[10]

『대교리문답』의 서문은 루터가 생각하는 신앙과 교육의 관계를 분명하게 보여준다고 할 수 있다. 위에서 언급한 대로 루터는 기독교인이라면 반드시 알아야 할 신앙의 내용이 있는바, 누군가 이것을 바로 알지 못하면 그를 기독교인으로조차 부를 수 없고, 성찬참여도 허락해서는 안 된다고 했다. 이로부터 루터가 성도의 신앙에 있어서 교육을 매우 중시하고 있음을 확인할 수 있다.

루터는 그의 『소교리문답』의 서문에서 모든 기독교인은 최소한 십계명, 신앙고백, 주기도문을 온전히 알고 암기해야 하고, 이것을 모르는 자는 기독교인이라 칭할 수 없다고 했다 :

어린이들과 신앙의 초보자들은 다음과 같은 내용들에 필수적으로 머물러야 한다. 그것은 십계명, 신앙고백, 주기도문 등인바, 이 모든 내용들은 한 문장 한 문장, 한 단어 한 단어 꼼꼼하게 읽고 가르쳐서 그들이 따라서 읽고 암기하도록 해야 한다. 이를 배우려하지 않는 자들은 그들이 스스로 기독교인임을 부정하는 자라고 여기고, 비기독교인이라 칭하고, 성찬에도 참여할 수 없게 해야 할 것이다.

위의 인용구에서처럼 루터는 기독교인이라면 최소한 알아야 할 믿음의 내용들을 반드시 알아야 하며, 이것이야말로 신앙인인지 아닌지를 판단하는 기준이라고 주장했다. 이를 위해 그는 그의 요리문답서 서문에서 모든 부모나 목사들이 가정과 교회에서 매일 규칙적으로 자녀와 교인들을 가르

종교개혁과 교육개혁

쳐야 한다고 강조했다. 이 같은 점은 루터가 얼마나 신앙과 교육을 뗄 수 없는 관계로 보았는지를 단적으로 증명하고 있는 것이라 하겠다.

이와 같은 사실들에 기초하여, 루터의 "이신칭의" 신학은 '이해하는 신앙'을 중시하면서 또한 교육의 중요성을 전면에 부각시켰다고 할 수 있다. 루터에게서 신앙은 오직 은혜로 하나님으로부터 오는 것이지만, 신앙이 중요해지는 순간 신앙의 내용을 바르게 이해하도록 하는 교육이 전면에 부각되면서, 신앙과 교육은 뗄 수 없는 관계가 되었다. 루터의 종교개혁이 이신칭의 신학으로부터 시작되었다면, 또한 그것은 그의 종교개혁이 왜 교육개혁이 되어야만 했는지를 설명하는 단서이기도 했다.

(2) 교회와 세상 그리고 교육의 관계

루터의 교육개혁 개념에 있어서 또 하나의 결정적 역할을 하는 것은 그의 교회와 세상의 관계에 관한 이해라고 할 수 있다. 루터 시대에는 중세 이후로부터 "두 왕국설"이 이미 널리 회자되고 있었다. 중세 초기 어거스틴도 『신국론』에서 두 왕국설을 표방했는바, 한 왕국은 하나님이 다스리는 하나님의 나라요, 다른 왕국은 사단이 다스리는 세상나라라는 이해가 그 중심사상이라 할 수 있다. 이 두 왕국설은 예루살렘과 바벨론, 영과 육, 그리스도인과 비그리스도인으로 대비되는 이분법적 구조를 표방하면서 세상나라가 하나님 나라를 대적하는 것으로 설명한다.

루터도 많은 그의 저술들에서 세상을 두 나라, 즉 "세상나라(weltliches Regiment)"와 "영의 나라(geistliches Regiment)"로 나누어서 설명하고 있다. 즉 세상에는 크게 두 통치의 영역이 있는데, 그 하나가 '세상나라'이며 이것이 '국가'로 대표되는 통치의 영역이라고 한다면, 다른 하나는 '영의 나라'로서 '교회'로 대표된다고 보았다. 간단히 말해서 전자는 법과 검이 다스리고 후자는 하나님의 말씀과 성령이 다스리며, 전자의 통치는 영주를 통해서 후자는 교황과 감독을 통해서 이루어진다는 것이다.

그러나 루터가 세상을 이렇게 두 나라로 나누어 보았다고 해서 그가 이 두 왕국을 서로 대립하는 관계로 본 것은 아니다. 그는 이 두 나라 모두 하나님의 통치가 이루어지는 하나님의 나라여야 하는데, 다만 서로 다른 하나님의 통치방식이 나타나는 것이라고 보았다.[11] 즉, 하나님이 한 나라는 오른 손으로 다른 나라는 왼손으로 통치하시지만, 이 두 나라는 모두 하나님이 통치하시는 한 하나님의 나라여야 한다는 것이다. 따라서 이 둘은 통치방식의 차이만 있을 뿐, 두 개의 상이한 나라가 아니라는 것이다. 많은 루터 전문가들은 이와 같은 루터의 개념을 '두 왕국설'이 아니라 "두 정부론(zwei-Regimente-Lehre)"으로 칭한다.[12]

먼저 '영의 나라'를 보자. 루터에 의하면 영의 나라는 그리스도께서 왕이요 주인으로 통치하는 나라이고, 그리스도가 '말씀'을 통해 제시하시는 복음으로 통치하는 나라이다. 이 나라는 그리스도가 그의 백성들의 죄를 용서하고 하나님의 자녀로 해방시키는 나라로서, 믿음으로만 들어갈 수 있는 나라이다. 이곳은 하나님께서 오른손으로 통치하시는 나라이다.

반면 '세상나라'는 하나님께서 왼손으로 통치하시는 나라이다. 물론 루터는 이 나라를 '국가'와 동일시하기도 했지만, 이 개념 안에는 단순히 국가만이 아니라 육적이고, 현세적이고, 시간적인 삶 모두가 포함된다. 이 나라는 직업, 경제, 정치, 결혼 등을 총체적으로 포괄한다. 루터는 세상나라를 앞선 영의 나라, 즉 그리스도의 나라와 나란히 놓으면서, 세상나라 또한 반드시 필요한 나라로서 그곳도 하나님의 통치가 이루어져야 한다고 보았다. 왜냐하면 하나님께서 그의 창조세계, 곧 세상과 전 인류를 그의 사랑과 자비로 유지하고 보존하기를 원하시기 때문이라는 것이다 :

종교개혁과 교육개혁

세상의 무질서를 대항하기 위하여 … 세상의 모든 파괴적 경향들에 대항하기 위하여 하나님은 질서를 제정하셨다. 결혼의 질서는 생명의 대를 이어가기 위해 제정되었다. 통치자의 질서는 파괴적 힘들로부터 질서를 지킴으로써 평화를 확고히 하며, 또한 개인들에게 안전을 주기 위해 제정되었다. 하나님은 세상나라에게 하늘나라와 비슷한 진정한 복의 모범을 주시기를 원하신다. 그것은 마치 술래잡기 놀이처럼 세상 가운데에 숨겨져 있다.[13]

루터는 세상나라도 하나님께서 질서를 제정하셨고, 그 질서대로 다스림으로써 하나님의 나라가 구현되기를 원하신다고 보았다. 그리고 루터는 기독교인은 바로 이 두 나라 모두에 속한 백성이라고 보았다. 그는 기독교인이 영의 나라에만 속하고 스스로 세상나라에는 속하지 않는 것처럼 생각하는 것은 잘못이라고 했는바, 세상은 하나님이 창조하신 것으로 그를 유지, 보존, 보살피는 것이야말로 기독교인의 사명이라고 했다. 따라서 루터는 기독교인은 모두 세상 속에 발을 딛고 살면서 동시에 그리스도의 나라에서 살아야 할 "이중적 실존"을 가진 사람이고, 이 두 나라에서 동시에 "하나님 섬김(Gottes dienst)"의 삶을 살아야 한다고 보았다.

세상나라와 영의 나라의 관계에 대한 루터의 이 같은 생각은 그의 교육적 사고를 개혁적 사고로 만드는 토대가 되었다. 중세 말 교육은 주로 성직자 희망생들이나 소수의 귀족들의 전유물이었다. 학교는 대부분 교회에 소속되어 있었고, 성직자가 되기를 원하는 소년들이 교회에 속한 학교에 보내지는 것이 일반적이었다. 다음과 같은 루터의 언급은 이러한 당시의 상황을 잘 대변해 준다 :

오늘날 육적인 인간들의 무리가 자신의 아들과 딸들을 더 이상 수도원이나 학교에 보내지 않고, 자식들이 배우도록 하지를 않는다. 그들은 '내 자식이 목사나 수도승이나 수녀가 될 것도 아닌데, 무엇 때문에 배워야 한단 말인가?'라고 하면서 그들이 그저 먹고 사는 데 도움 되는 것이나 배우게 한다.[14]

루터 당시에 학교는 주로 사제가 될 성직자 지망생들을 위해 존재했다. 그런데 루터는 사제가 되려는 사람들만을 위해서, 즉 영의 나라만을 위해서가 아니라, 세상나라를 위해서도 교육이 반드시 필요하다는 개혁적 사고를 갖고 있었다. 그것은 앞에서 살펴본 대로 루터에게 있어서 교회만이 아니라 국가도, 영의 나라만이 아니라 세상나라도 모두 하나님의 질서가 다스리는 나라가 되어야 하고, 두 나라에 모두 하나님의 통치가 이루어지기 위해서는 교육이 필요하다고 주장한 데서 확인할 수 있다.

그는 무엇보다 먼저 '영의 나라'를 위한 교육이 필요하다고 보았다. '영의 나라'의 핵심 목적은 인간의 구원이고, 이것은 복음으로부터 나온다. 따라서 복음을 바로 이해하기 위해서는 성경을 읽을 수 있어야 하고, 성경을 바르게 읽고 해석하기 위해서는 글을 읽을 수 있도록 하는 교육이 반드시 필요하다. 그런데 루터가, 뒤에서 살펴보겠지만, 영의 나라를 위해서 교육이 필요하다고 했을 때 이것이 반드시 사제가 될 사람들만을 위해서는 아니었다. 그는 모든 기독교인들이 세례와 더불어 제사장이 되었다는 "만인제사장" 개념을 제시했고, 그런 의미에서 영의 나라를 위해 필요한 교육은 사제만이 아니라 모든 사람들에게 실시되어야 하는 교육이라 할 수 있다.

또한 루터는 '세상나라'의 존립과 발전을 위해서도 교육이 필수불가결하다고 했다. 그는 국가가 잘 유지되고 발전되기 위해서는 그를 수행할 사람들이 필요하고, 그를 위해서 교육이 필요하다고 했다 :

종교개혁과 교육개혁

도시마다 도시를 유지하고 세워갈 사람이 없으면 결국 결핍과 무질서와 파괴가 있을 뿐이다. 우리는 그러한 사람들이 스스로 성장하도록 기다릴 수만은 없다. 그들이 돌멩이나 나무로부터 만들어지는 것이 아니다. 인간이 하나님께서 주신 자료들로 스스로를 돕지 못하면 하나님도 기적을 베풀 수가 없다. 따라서 우리는 그들을 교육하고 만들어내는 데 모든 노력과 비용을 아끼지 말아야 한다. 오늘날 모든 도시들에서 젊은이들을 가르치고 교육하지 않고, 숲에서 나무 자라듯 그냥 놔두어서 불쏘시개밖에는 쓰지 못할 삐뚤어진 나무가 되도록 한 책임을 누군가는 져야 한다. 국가의 통치자들은 그 책임을 면할 수가 없다.[15]

루터는 세상나라도 하나님의 질서로 다스려져야 하는데, 그러기 위해서는 그를 수행할 수 있는 사람들을 키우는 교육이 필요하다고 했다. 그는 교육 없이 인간은 "야만스러운 짐승처럼 서로 물고 뜯고 죽이고 … 그리하여 인간세상은 무질서가 횡행하는 세상이 되어버릴 것이다."라고 했다.[16] 세상나라는 그러한 야만적 동물을 인간으로 만들어야 하는 과제를 갖고 있는 바, 그는 "현명한 남자들이 그들의 땅과 그들에게 속한 사람들을 잘 다스리고 통치할 수 있어야 하고, 현명한 여자들이 그들의 집과 자녀와 종들을 잘 가르치고 부릴 수 있어야 한다."고 했다.[17] 루터는 국가가 바로 그러한 교육의 임무를 수행해야 하며 "국가 안으로 태어나는 모든 소년과 소녀들을 바로 가르치고 키워야 한다."[18]고 했다.

그는 또 1530년에 한 설교에서 "우리가 이 세상에 사는 한 이 세상 안에서 우리에게 주어진 역할과 위치를 갖고 있는데, 이것을 단지 맨주먹과 폭력으로 담당해서는 안 되고, 지혜와 이성으로, 머리와 책으로 해야 한다."고 했다.[19] 이 세상나라에서 필요한 법률가나 의사, 공무원들이 지혜와 이성으로 그들의 임무를 감당함으로써 세상에 평화와 정의가 실현되고 이를 바탕으로 세상이 보존되어야 한다고 했다. 이것이 세상나라에 하나님의 질서를 유지하는 길이고, 이를 위해서 교육이 필요한 것이다.

루터는 이처럼 영의 나라와 세상나라가 서로 다른 기능을 가지고 있지만 이 두 나라는 모두 하나님이 통치하는 하나님 나라가 되어야 하기에 두 나라 모두를 위해 교육이 필요하다고 보았다. 그는 교회와 국가를 모두 교육적 주체로 이해했고, 당시의 교회 중심적 교육을 국가로 확대하여, 이를 바탕으로 공교육개념을 제시했다. 루터의 이 같은 교육적 사고는 당시 교회 중심적 교육개념을 근본적으로 개혁하는 것이었다고 할 수 있다.

그런데 우리가 주목해야 할 또 하나의 사실은 루터가 교회와 국가, 세상 나라와 영의 나라를 기능적 차이로 구별했지만 두 나라를 위한 교육을 이분법적으로 분리하여 생각하지는 않았다는 것이다. 즉 그는 영의 나라를 위해서는 말씀을, 세상나라를 위해서는 세상의 학문을 가르쳐야 한다고 하지는 않았다.

루터는 비록 영의 나라와 세상나라의 통치방식이 서로 달라도 결국 그 두 나라 모두가 하나님의 질서가 다스리는 하나님 나라가 되기 위해서는, 그 두 나라를 위한 교육의 핵심이 "하나님의 말씀"이 되어야 한다고 보았다. 그는 『시의원에게 드리는 글 *Ratsherrnschrift*』에서 대학교육의 개혁을 언급하면서 대학에서 의학과 법학을 가르치고 박사(Doktorat)과정생들을 교육하지만, 이들에게 그 무엇보다 중요한 것은 성경을 읽고 배우도록 하는 것이라고 말했다. 성경은 신학생의 전유물이 아니라, 대학에서 큰 학문을 하는 모든 사람들이 반드시 읽고 배워야 하고, 그들은 "인문학(7자유과)에서만 박사가 될 것이 아니라, 무엇보다 먼저 성경에서 박사가 되어야 할 것"이라 주장했다. 또한 역으로 신학생들도 인문학과 고전어들을 공부하여 세상의 이치도 함께 깨우쳐야 한다고 했다 :

종교개혁과 교육개혁

성경은 학사학위(Bakkalaureat)로 이끄는 첫 번째의 것이 되어야 할 것이고, 고전은 마지막의 것이 되어야 할 것이다. 사제가 아닌 사람도 성경을 읽는 거룩한 의무를 다해야 한다. 그러나 사제들도 고전들을 읽어야 한다.[20]

루터는 이처럼 세상과 교회를 위한 교육을 이분법적으로 보지 않고, 궁극적으로 그 둘을 아우르는 하나님 나라 구현을 위한 교육개념을 추구했다. 루터가 생각한 세상과 교회의 관계는 루터 이전의 교육개념을 개혁하는 새로운 패러다임을 제시하는 결정적인 역할을 하고 있다. 즉, 루터는 교육이 소수의 전유물이었던 것에서 벗어나 교회와 세상 모두를 위해 교육이 필요하다는 것을 천명했고, 더 나아가 영의 나라를 위해서는 말씀을, 세상나라를 위해서는 세상학문을 가르친다는 이분법적 사고에서 벗어나 두 나라 모두를 위해 말씀이 가르쳐져야 하고, 또한 두 나라 모두를 위해서 인문학을 가르쳐야 한다는 개혁적 사고를 했다. 루터의 종교개혁은 이와 같은 생각을 바탕으로 한 학교개혁을 포함하는 통전적 개혁이었다.

(3) 만인제사장과 교육

루터의 교육개혁사상의 큰 축을 이루는 또 하나의 사고는 "만인제사장(allgemeines Pristertum)" 개념이다. 루터는 초기부터 종교개혁의 핵심적 개념으로 "만인제사장" 개념을 제시했다.[21] "만인제사장"이란 세례 받은 모든 그리스도인은 이미 '제사장'이라는 것으로, 루터는 세례의 전제조건인 그리스도를 믿는 믿음이 모든 기독교인들을 제사장, 즉 사제가 되게 하며, 이것은 여자나 남자나 늙은이나 젊은이 모두에게 동일하다고 했다 :

믿음이 전부이다. 믿음만이 진정한 제사장이요, 믿음은 누구라도 제사장 외의 다른 것이 되도록 허락하지 않는다. 따라서 모든 기독교인은 사제다. 모든 여자들도 사제이다. 젊은이나 노인이나, 주인이나 종이나, 여자나 소녀나, 배운 사람이나 배우지 않은 사람이나 여기에는 어떠한 차이도 없다. 믿음에서 차이가 있는 것이 아니라면.[22]

루터의 이와 같은 생각은 당시 로마 가톨릭교회를 전복하는 개혁적 사고인바, 로마 가톨릭교회는 '사제서품'을 받아 사제가 되는 사람은 '지워질 수 없는 표시(character indelebilis)'를 소유하게 되며, 이것으로서 사제는 평신도와 존재 자체가 달라진다는 생각을 가지고 있었다. 이에 반해 루터는 제사장이란 로마 가톨릭교회에서처럼 외적 기름 부음으로 되는 것이 아니라 영적으로 물과 성령으로 거듭나는 것이며, 이것이야말로 믿음으로 세례를 받는 모든 신자들에게 주어지는 것이고, 이것이 사제됨보다 선행하는 것이라고 했다.

따라서 루터의 만인제사장 개념은 사제와 평신도 간에는 어떠한 존재적 차이도 없음을 천명하는 개념이라고 할 수 있다. 그는 '믿음'으로 우리가 신자가 되듯이, 신자는 누구나 차별 없이 제사장이라는 것을 분명히 함으로써, 사제나 평신도 간에 기능상 차이는 있을지 모르지만, 존재적인 차이가 없음을 말한다. 그의 이 개념은 당시 로마 가톨릭의 중세적 계급주의, 즉 영적 지위가 세속적 지위 위에 있고, 특별히 교황이 그 사다리의 맨 위에 있는 계급주의적 구조에 근본적인 문제를 제기하고, 새로운 패러다임, 즉 사제와 평신도, 종교적 직업과 세속적 직업 간에 계급적 차이가 없는 새로운 사회적 패러다임을 제시한 것이라고 할 수 있다.

루터가 모든 성도가 다 제사장이라고 한 것은 모든 성도가 다 하나님의 계시의 말씀을 읽고, 해석하고, 또한 선포할 수 있는 사람이어야 한다는 것

종교개혁과 교육개혁

을 의미하는 것이다. 이것은 결국 계시의 자리를 교회로부터 개인에게로 자리옮김한 사건이 되었다. 또한 루터의 만인제사장 개념은 신자가 가지고 있는 '영적 권세(geistliche Vollmacht)'를 천명한 것으로써, 모든 성도는 하나님과 직접 소통할 수 있고, 그래서 하나님의 계시말씀인 성경을 읽고 그것을 말과 행동과 삶으로써 선포할 수 있으며, 다른 사람의 죄를 듣고 용서를 선포할 수 있고, 다른 사람을 중보하고 하나님 앞에서 그를 위해 변호할 수 있으며, 그래서 그를 하나님과 화목하게 하는 직분이 있음을 분명히 보여주는 것이었다.

이러한 '만인제사장' 개념은 루터의 교육개념을 개혁적 교육개념으로 형성한 결정적 기초였다. 모든 그리스도인들이 제사장이라는 것은 모든 사람들이 하나님의 말씀인 성경을 읽을 수 있고, 해석할 수 있고, 말과 삶으로 선포할 것을 요청하는 것이고, 이것은 그 자체로 모든 기독교인들에게 '교육'의 필수불가결함을 선포하는 것이라 할 수 있다. 모든 기독교인들이 제사장적 직분을 수행한다는 것은 모든 기독교인들이 글을 읽을 수 있어야 하고 성경의 말씀을 읽고 해석할 수 있어야 한다는 것을 의미하기 때문이다. 루터 당시 교육이 소수의 전유물이어서 일반인들의 문맹률이 매우 높았다는 점을 고려하면, 루터의 만인제사장설은 당시의 교육을 근본적으로 개혁하는 동인이 되었을 것이라는 점을 짐작해 볼 수 있다.

그의 만인제사장 개념은 교육의 대상을 소수의 성직자 지망생으로부터 모든 사람에게로 확대했다. 또한 그것은 모든 기독교인들을 단순히 교회의 간섭과 교육의 대상으로서의 평신도로 머물러 있는 것이 아니라, 독자적 신앙인이자 세상의 한 복판에서 하나님의 말씀을 말과 행동으로 선포하며 살아가야 할 성숙한 신앙인이자 제사장적 존재로 격상시켰으며, 그들을 위한 교육적 뒷받침을 필연적으로 요청한 것이라고 할 수 있다. 따라서 루터의 만인제사장개념은 그의 교육개혁적 사고의 중요한 축을 이루게 된다.

앞에서 우리는 루터의 종교개혁신학이 얼마나 그의 교육개념의 기초를 이루고 있는가를 살펴보았다. 루터는 이신칭의 개념을 통해 신앙과 교육의 밀접한 관계를 분명하게 정의했다. 그리고 두 왕국설을 통해 교회와 세상이 모두 하나님의 나라요 하나님의 통치가 이루어질 곳이라는 점과 두 왕국 모두를 위해 교육이 필수불가결하다는 것을 천명했다. 또한 그의 '만인제사장' 개념은 기독교인됨 자체가 독자적이고 성숙한 제사장적 삶을 살 것을 요청하는 것이며, 따라서 기독교인됨이란 그 자체로 이미 교육을 필연적으로 요청하는 존재라는 것을 살펴보았다. 이것은 루터의 종교개혁의 신학과 사상 자체가 교육을 개혁하는 요소가 되었다는 것을 의미하고, 또한 그렇기 때문에 역으로 그의 종교개혁은 그의 교육개혁 없이 완성될 수 없었다는 것을 의미한다. 그의 종교개혁 신학이 그의 교육적 사고의 근간이라는 사실로부터, 그에게 종교개혁과 교육개혁이 뗄 수 없이 연결되어 있었다는 것을 확인하게 된다.

3. 교육생태계 개혁

앞에서 우리는 루터에게서 나타나는 교육개혁사상을 그의 종교개혁사상과 관련하여 살펴보았다. 이제 그를 바탕으로 루터가 실제적으로 교육의 현장에서 시도한 교육개혁운동을 살펴보자. 루터의 종교개혁이 단순히 교회의 개혁에서 머문 것이 아니라 사회와 문화 전반에 걸쳐서 일어난 통전적 개혁인 것과 마찬가지로, 루터의 교육개혁도 단순히 교회라는 울타리에 머물러 있었던 것이 아니라 가정과 학교와 교회를 아우르는 교육생태계 전체의 개혁이었다고 할 수 있다. 다시 말해서 그의 교육개혁은 부분적 개혁이

종교개혁과 교육개혁

아니라 교육생태계 자체를 새롭게 하는 것이었다고 할 수 있다. 따라서 이 장에서는 루터가 가정, 학교, 그리고 교회 전체를 아울러 시도한 교육개혁을 하나씩 따라가면서, 각 장들에 나타나는 교육개혁 개념들을 살펴보기로 한다.

1) 루터의 가정교육에 나타난 교육개혁

루터는 가정의 교육적 기능과 부모의 교육적 중요성을 재발견하면서 가정을 모든 교육의 시작으로서 가장 영향력 있고 비중 있는 교육의 장으로 승격시켰다. 그는 종교개혁의 신학적 입장을 바탕으로 중세의 성직자 중심 교육에서 가정과 부모 중심 교육으로 교육의 중심을 옮겼다고 할 수 있다. 중세에는 성직자가 모든 교육의 최고의 권위를 갖고 있었다. 그들은 가정을 이루게 하는 '성례'를 집전할 권리를 가지고 있었고, 하나님의 대언자로서 가르침의 과제를 하나님으로부터 직접 위탁받은 것으로 간주되어, 그들의 교육적 권위는 부모의 교육적인 책임에 우선하는 권위를 갖고 있었다.[23] 그러나 루터는 부모야말로 최고의 교육적 권위와 책임을 갖고 있는 하나님의 청지기임을 성서로부터 그리고 그의 신학적 입장으로부터 재천명하고 있다. 또한 그는 성경적 부모개념을 제시함으로써 당시의 가부장적 부모개념을 넘어서서 하나님의 대리자로서의 부모 및 가정교육 개념을 제시했다.

(1) 결혼 - 자녀양육

루터는 종교개혁 초반기(1519)에 행했던 "결혼생활에 관한 설교"(Ein Sermon vom ehelichen Stand, 1519)에서 결혼생활이 갖는 고귀한 세 가지를 설명했는데, 결혼의 "성례전성", "신뢰의 언약", 그리고 "자녀를 낳고 기르는 것"이 그것이다.[24] 그는 결혼생활이 성례전성을 가졌다면서, 그것은 무엇보다 그리스도의 성육신 자체가 하나님이 인간과 함께하신다는 것을 보여주는 것처럼, 결혼은 남자와 여자가 한 몸이 되는 것을 통해서 그리스도 안에서 하나님이 인간과 하나가 될 수 있음을 보여주는 성례전과 같다고 했다.[25] 또한 결혼은 신뢰의 언약으로서 인간이 다른 인간과 맺을 수 있는 최고의 거룩한 관계이며, 인간이 하나님과 맺어야 할 신실한 신뢰관계의 한 표본이요, 경험적인 기초가 된다고 했다. 루터는 결혼을 하나님과 인간의 일치, 그리고 하나님과의 거룩한 관계맺음에 대한 인간적 경험의 기초라고 정의했다. 이로부터 그가 결혼을 단순히 사회적 현상으로만이 아니라, 신학적으로 이해하고 있는 것을 확인할 수 있다.

앞의 두 가지가 이미 결혼이 갖는 고귀한 점들이지만, 루터는 결혼의 가장 고귀한 점은 그것이 자녀를 낳아서 교육할 수 있는 통로가 되기 때문이라고 했다. 그는 자녀교육이야말로 결혼의 최고 가치요 목적이 된다고 했다 :

> 결혼한 사람들은 그들이 하나님께서 그들과 그들의 자녀들을 교육하시도록 하는 것보다 더 가치 있는 것은 없다는 것을 알아야 한다. 사람들이 로마나 예루살렘으로 성지순례를 가고, 선행이라 일컬어지는 일들을 하지만, 자녀를 결혼생활 가운데에서 양육하는 것이야말로 최고의 선한 일이자, 하늘로 직접 통하는 길이라고 할 수 있다. 이 일만큼 하늘에 닿을 수 있는 길은 없다.[26]

루터는 결혼의 최고의 가치를 자녀를 낳고 교육하는 것에서 찾고 있다. 그런데 왜 자녀를 낳고 교육하는 것이 최고의 가치라고 했을까? 그는 자녀 양육을 단순히 자녀를 먹이고 키우는 것이 아니라, "하나님의 영광, 찬양

종교개혁과 교육개혁

그리고 하나님 섬김"으로 교육하는 것이라고 이해한다. 그래서 그는 자녀 양육이 고귀한 일이라고 했다 :

> 자녀를 낳는 일이야말로 결혼의 최고의 고상한 목적이다. 그러나 자녀를 낳는 것만으로는 충분하지 않다. 그것 가지고만 결혼이 죄를 사한다고 말할 수 없다. 자녀를 낳는 것은 이방인도 하는 일이다. 자녀를 낳아서 그를 하나님을 섬기고, 찬양하고 영광 돌려드리도록 교육하는 것이야말로 결혼이 갖는 최고의 고상한 가치인 것이다.[27]

그는 자녀를 하나님의 영광과 찬양과 섬김으로 교육하는 일은 심지어 부모의 죄를 사하는 일이 되고, "하늘로 가는 지름길"이라고도 했다. 그는 교회를 짓는 일이나 예배드리는 일조차도 자녀를 하나님의 영광과 찬양과 섬김으로 교육하는 일에 비하면 아무것도 아니라고 했고, 성지를 순례하고 온갖 선한 일을 하더라도 자녀를 하나님의 영광과 찬양과 섬김으로 교육하지 않으면 아무것도 아니라고 했다. 왜 그런가? 그는 한 사람을 그리스도에게로 데리고 오는 것이야말로 최고로 가치 있는 일인데, 그것은 어릴 때 시작되어야 하는 것이기 때문이라고 했다. 따라서 그에게는 부모가 자녀를 어릴 때부터 신앙으로 양육하는 일은 곧 그들을 그리스도에게로 인도하는 일과 같은 일이며, 그렇기 때문에 그것은 결혼을 최고로 가치 있게 하는 일이고, 또한 동시에 기독교를 돕는 일이라고 했다 :

> 우리가 기독교를 돕기를 원한다면, 우리는 그것을 어린이로부터 시작해야 한다.[28]

결혼에 대한 루터의 이와 같은 입장은 그가 '결혼'을 단순히 사회적 현상이나 생물학적 현상으로서가 아니라 기독교적 차원에서 생각하고 있으며, 또한 신학적으로 이해하고 있다는 것을 단적으로 증명한다. 그에게서 결혼은 일종의 성례전적 특성을 가지고 있다. 결혼은 인간사회 안에서 일어나는 가시적 현상이지만, 그것은 남녀가 만나 하나가 되는 것을 통해서 하나님과 우리의 일치를 보여주는 성례전적 성격을 가지고 있고, 또한 남녀의 배타적 신뢰관계야말로 지상에서 맺을 수 있는 그 어떤 관계보다 우리와 하나님의 배타적 관계를 예시적으로 보여줄 수 있는 성례전적 도구가 될 수 있다는 것이다. 루터에게 결혼은 새로운 생명이 태어나는 자리이고, 더 나아가 그 생명을 하나님께로 인도함으로써 하나님의 축복을 이어가는 통로요, 하나님의 구원의 자리 그 자체가 된다. 또한 결혼은 그 자체로 신학적 차원이고, 더 나아가 자녀를 하나님께로 인도하는 부모의 자녀교육은 그의 결혼 이해에 있어 본질적 개념을 이룬다. 또한 부모의 자녀교육과 아울러 결혼과 가정은 구원론적 측면을 갖게 되고, 인간을 구원으로 이끄는 신앙공동체적 성격을 띠게 된다.

(2) 부모의 직분

결혼을 신학적으로 이해하는 것처럼, 루터는 '부모'도 신학적으로 이해하고 있다. 루터는 부모가 단순히 생물학적으로 아이를 낳고 기르기 때문에 자녀를 양육하는 사람이 되는 것이 아니라, 부모라는 "직분(Amt)"으로 하나님이 세워주셨다고 보았다. 루터는 그의 『대교리문답』에서 십계명 중 4번째 계명, 즉 "네 부모를 공경하라"[29]를 설명하면서 하나님은 부모에게 자녀를 교육하라는 직분을 주셨고, 부모는 이를 신실하게 받아 수행해야 하는 사람들이라고 강조했다 :

부모들은 부모의 직분이 자녀들을 단지 육적으로 먹이고 키우는 것뿐만 아니라, 그들로 하여금 하나님을 찬양하고, 하나님께 영광을 돌리도록 교육하는 것에 있다는 사실을 깨닫고, 그들의 직분을 진심으로 그리고 신실하게 받아야 할 것이다.[30)]

루터는 부모를 하나님이 주신 '직분'으로 보았다. 이 말은 자녀를 일종의 부모의 소유물로 생각하거나 자녀에 대한 모든 결정을 임의로 할 수 있다고 생각하는 당시의 가부장적 이해와 거리를 두었다는 것을 의미한다. 그가 부모를 하나님으로부터 온 직분이라고 이해하는 것은 부모가 생물학적으로 그리고 사회적으로 자녀를 낳음으로 인해 아버지의 위치로 가는 것이 아니라, "하나님의 뜻(Willen Gottes)"에 의하여 그 자리에 세워진 사람으로 본다는 것이다. 이것은 루터가 부모라는 사람과 그가 받은 직위를 구별하고 있다는 것을 의미한다. 그에게 부모의 권위는 부모 자신으로부터가 아니라, 그 직을 주신 하나님으로부터 비롯된 것이다.

루터는 부모와 하나님과의 관계를 세례에 있어서 "말씀"과 "물"의 관계의 유비(類比)로 보았다.[31)] 그는 세례 시에 하나님이 말씀을 통해서 물 안에 현존하심으로써 세례가 하나님의 행위가 되는 것처럼, 하나님은 비슷한 방식으로 부모라는 직위에 현존하시면서 그의 역사를 행하시는 것이라고 했다.[32)] 즉 세례에 있어서 물은 물이지만 말씀으로 인해서 보통의 물과는 다르게 하나님의 죄씻음의 행위에 사용되는 특별한 물이 되기에 성스러운 것 즉 "성례전(Sakrament)"이라 부르는 것처럼, 부모도 비슷한 방법으로 자녀들에게 하나님의 현존이 되고 "하나님의 대리자(Stellvertreter Gottes)가 되는 것이라고 했다. 그는 부모직 안에 하나님이 계시는 것이라고 했다. 그래서 부모는 자녀에게 하나님을 나타내는 하나님의 대리자이다.

그러한 맥락에서 그는 "네 부모를 공경하라"는 계명을 이해해야 한다고 했다. 자녀가 부모를 공경해야 하는 것은 부모가 가지고 있는 조건이나 그들의 행위 때문이 아니라, 하나님께서 부모를 부모의 직분으로 세우셨고, 그들 안에 현존하기 때문이라는 것이다.[33) 따라서 루터는 "네 부모를 공경하라"는 계명은 그 자체로 하나님이 부모를 하나님과 나란히 세우고 계심을 나타내는 것이라고 했다. 그것은 "공경하다(ehren)"라는 단어에 이미 나타나는데, 이 단어는 부모에게만 쓰이는 아주 특별한 단어라는 것이다. 그는 하나님이 형제나 자매 혹은 이웃들에 대해서는 사랑하라는 말씀을 하셨지만 부모에게만 '공경하라'고 했는데, 이것은 하나님이 그들 안에 현존하시기 때문이라는 것이다. '공경하라'는 것은 인간이 하나님께 향하는 태도인바, 부모에게 공경하라고 한 것은 부모가 자녀들에게 하나님의 대리자이기 때문이라는 것이다 :

하나님은 아버지-어머니의 직위를 모든 다른 직위보다 더 특별한 방법으로 높이셨다. 그분은 부모에게 직위를 주신 것에서 그친 것이 아니라, 우리에게 부모를 공경해야 한다고 하였기 때문이다. 하나님은 형제, 자매 혹은 이웃에 대해서는 사랑하라고 하셨지, 그 이상의 어떤 말씀을 하지 않으셨지만, 아버지와 어머니에게 대해서는 이 땅의 다른 사람들과 구별하여 부르셔서 하나님과 나란히 두셨다. 공경하다는 것은 사랑보다 더 높은 일이다. 왜냐하면 그것은 단순히 사랑만이 아니라 교육, 겸손, 그리고 마치 왕 앞에서 우리가 머리를 숙일 때와 같은 수줍음도 포함하는 개념이기 때문이다.[34)

루터가 부모를 "하나님의 대리자"로 본 순간, 부모의 "하나님 말씀"에 대한 관계가 분명해진다. 루터는 '하나님의 대리자'로서의 부모는 생물학적

종교개혁과 교육개혁

부모됨에 자연스럽게 따라오는 것이 아니라, '하나님의 말씀'이 부모를 통해서 자녀에게 현현(顯現)될 때 완성되는 것이라고 했기 때문이다. 위에서 언급한 대로 그는 세례에 있어서 물과 하나님의 관계와 부모와 하나님의 관계 사이에 유비(類比)가 있다고 했다. 그런데 그는 세례 시에 물이 하나님의 현현의 자리가 되는 것은 물이 말씀의 가시화, 즉 보이는 말씀이기 때문이라고 했다. 하나님이 세례 시에 말씀을 통해 물에 현존하는 것처럼, 루터는 부모가 외적으로는 부모이지만 내적으로는 말씀이 현존하는 자리이어야 하고, 그래서 부모의 직분과 하나님의 말씀은 뗄 수 없는 것이라고 했다.[35] 그렇게 보았을 때 루터에게서 부모가 하나님으로부터 온 직분이기 위해서, 또한 하나님의 대리자이기 위해서는 하나님 말씀의 현존이어야 하는 것이다. 이것은 부모는 자녀에게 말씀을 가르쳐야 하고, 또한 동시에 말씀을 삶으로 구체화함으로써 부모의 삶 자체가 말씀의 현현이 되어야 한다는 것을 의미하는 것이라고 할 수 있다. 그럴 때에 비로소 부모는 하나님 대리자가 되는 것이다.[36]

이와 같은 루터의 부모이해는 왜 부모가 자녀에게 하나님의 말씀을 가르치고 현현하는 존재여야 하는지를 근본적으로 제시하는 것이라고 할 수 있다. 루터에게서 부모는 자녀에게 하나님의 대리자라는 독특한 위치를 가지는데, 이것은 부모가 자녀에게 하나님의 말씀을 현현함으로써 하나님을 구체적으로 보여주고, 자녀와 하나님 사이를 중재함으로써 구원으로 이끌어가는 제사장적 존재여야 하는 것이다.

이와 같은 부모이해를 바탕으로 루터는 부모의 자녀양육은 단순히 자녀를 먹이고 입히고 키우는 것에서 머물러서는 안 된다는 것을 분명히 했다. 위에서 언급한 대로 부모는 비기독교인들도 일반적으로 하는 먹이고 입히는 양육에 그치지 않고 자녀를 하나님의 말씀으로 교육해야 하는바, 말씀이야말로 부모를 하나님의 대리자로 세우는 통로이기 때문이다. 루터의 이와 같은 생각은 오늘날 기독교 가정에서조차 일반화되어 있는 '말씀교육은 교회학교의 의무'라는 생각과 근본적으로 분리되는 생각이다. 그는 그 누구보다 부모에게 말씀교육의 일차적 의무와 권리가 있다고 보았다.

심지어 루터는 교리문답도 아버지가 가르쳐야 한다고 주장했다. 그의 『대교리문답』(1529) 서문에서 루터는 그 책이 어린이와 초보자를 위한 내용, 즉 모든 기독교인이 반드시 알아야 할 내용을 담은 책이라고 밝히면서, 이 책을 모든 가정의 아버지들이 일주일에 한 번씩 반드시 자녀들과 식솔들에게 들려주고 가르쳐야 한다고 했다 :

이것은 우리가 맨 먼저 배워야 할 가장 필요한 부분이다. 따라서 모든 사람들은 이 책의 내용을 단어 하나하나 읽어가면서 익혀야 한다. 특별히 어린이들이 매일 아침에 일어나 식탁에 앉았을 때 가르치고 암기하도록 하고, 안 하면 먹을 것과 마실 것을 주지 말아야 한다. 마찬가지로 모든 아버지들은 이 책을 자녀뿐만 아니라 가정에 속한 모든 식솔들에게 가르쳐야 하고 그것을 게을리하는 것을 참아서는 안 된다. 이 책에 쓰여진 것을 배우려하지 않으면 무식하고 야만이 되는 것이다. 이 책에 쓰인 세 부분은 모두 짧고 간단하고 성경에 나타난 것을 쉽게 요약한 것이다.[37]

루터는 이처럼 '부모'가 자녀에게 말씀을 가르치고 교리문답을 가르쳐야 할 의무를 담당한 일차적 교사라고 보았다. 그는 부모야말로 모든 교육이 시작되는 출발점이라고 보았다. 그는 교육의 일차적 의무는 부모에게 있고, 부모로부터 시작된 이 교육의 의무와 권리가 다른 사람이나 기관으로 확대되어 가는 것이라고 보았다. 그는 '부모'가 자신의 교육적 의무를 다하지 못할 때 비로소 교사나 국가가 그들을 도울 수 있다고 했다. 우리가 잘 아는 대로 루터는 '공교육의 아버지'로 칭해지고 있고, 종교개혁기의 학교 개혁에 결정적 공헌을 한 바 있다. 그렇지만 학교도 루터에게 있어서는 가정에 비하면 주변적인 교육기관으로 이해되고 있는 것을 볼 수 있다. 그에게서 교육은 일차적으로 '부모의 일(eine Sache der Eltern)'인 것이다 :

> 아버지가 그의 자녀를 혼자 교육할 수 없을 때 그는 자녀를 가르칠 교사를 둘 수 있다. 부모가 약할 때 그는 친구와 이웃에게 도움을 요청할 수 있고, 그것조차도 할 수 없을 때 그는 자녀를 교육해 줄 수 있는 기관이나 국가를 의지하거나 위탁할 수 있다.[38]

그는 심지어 "하나님이 부모에게 자녀를 왜 주셨겠는가? 그들을 하나님의 뜻대로 교육하고 다스리도록(regieren) 하기 위함이다. 그렇지 않다면 아버지와 어머니가 왜 필요했겠는가?"라고까지 했다.

(3) 가정(Hausregiment)의 통치 - 교육

루터는 '부모'와 나란히 '가정'을 하나의 특별한 사회적 단위로 보고, 가정의 특성으로부터도 '교육'의 의미를 제시하고 있다. 아스하임(Ivar Asheim)은 루터의 가정개념 안에는 당시의 국가와 교회 간 관계성이 내포되어 있다고 했다.[39] 즉 루터는 당시 사회에서 정치적 단위인 국가, 즉 세상나라와 교회인 영의 나라에 각각 최고의 우두머리가 있어서 각 나라를 다스리는 것(regieren)처럼, 가정도 하나의 통치단위이고, 여기에서 다스리는 사람은 '아버지'라고 보았다. 당시 봉건주의 국가에서 봉건영주(Landes-vater)와 교회의 사제(Vater)를 아버지로 불렀던 것에서 루터가 가정을 국가나 교회처럼 하나의 통치자리로 이해하고 있다는 것을 알 수 있다.

이것은 루터가 국가와 교회 그리고 가정에서 통치하는 자의 위치를 "슈탄트(Stand, 지위)"라고 불렀던 것에서도 확인되는데, 그는 영주, 사제, 그리고 아버지가 이 슈탄트들이며, 이들은 각자 영역에 맞는 통치와 다스림을 행하는 사람들이라고 했다.[40] 그는 영주와 사제처럼 부모도 가정을 통치하는 슈탄트로 보았다 :

> 목사가 그의 교구를 다스리고, 영주가 그의 신하들을 다스리듯이 부모는 가정을 다스려야 한다.[41]

그러면 그는 가정에서 어떠한 통치가 일어나야 한다고 보았는가? 루터는 세상나라가 검과 법으로 영주가 다스리는 나라라면 영의 나라는 성령과 말씀을 통해 목사가 다스리는 나라인데, 가정은 그 안에 세상적 통치와 교회적 다스림이 함께 있는 통치의 자리라고 보았다. 즉 그는 가정 안에는 검과 말씀이 동시에 있어야 한다고 했다. 다시 말해서 루터는 가정을 세상에 속한 단위로 간주하여 세상적 질서가 필요하며, 또한 동시에 그곳은 영의 나라가 되어 말씀과 성령에 의해 다스려져야 한다고 보았다. 그런 의미에서 가정을 다스리는 부모 슈탄트는 영주와 목사의 역할을 모두 아울러야 하는데, 루터는 이와 같은 부모의 다스림이야말로 그 어떤 것보다 고상하고 가치 있는 다스림이라고 했다 :

> 이 세상 어떠한 권력이나 힘도 부모의 자녀 다스림 즉 세상적이면서도(weltlich) 동시에 영적인(geistlich) 다스림만큼 고상하고 막강한 힘은 없다.[42]

종교개혁과 교육개혁

그는 먼저 가정에 무질서가 생기거나 자녀들이 불순종할 때 이를 바로 잡을 권세가 부모에게 있다고 했다. 마치 영주가 검으로 다스리듯 부모는 회초리로 자녀를 다스릴 수 있고, 이것이 안 통할 때에는 더 심한 방법을 사용할 수 있다고 했다 :

회초리가 안통한다 할 때는 검으로 넘어 갈 수 있다. 혹은 옛 속담을 말해 줄 필요가 있다. 아버지와 어머니에게 순종하지 않으면 사형집행인에게 순종해야 할 것이다.[43]

그러나 루터는 가정나라는 국가와 다른데, 거기에는 율법만 있는 것이 아니라 복음도 있기 때문이라고 했다. 교회가 인간의 죄를 사하고 구원으로 인도하는 관문인 것처럼, 루터는 가정에도 엄격함과 회초리만 있는 것이 아니라, 부드러움과 따뜻함이 함께 있어야 한다고 했다. 그리고 그는 악에 대한 입장도 국가와 가정은 달라야 하는데, 국가는 악을 방어해야 한다면, 가정은 선을 세우는 것, 즉 긍정적인 것을 세우는 것이 우선적 과제라고 했다.[44] 그러면서 악과 싸우는 데 있어서 영주와 감독(비숍), 그리고 부모는 서로 다른 방법을 제시하는데, 영주는 벌로, 비숍은 출교로, 부모는 바른 가르침으로 접근한다고 했다.[45] 가정은 부정적인 것보다는 긍정적인 접근이 필요하다는 것이다.

루터는 또한 이와 나란히 부모가 세상적 가르침을 주는 사람으로서 일반교육을 담당하는 교사이면서, 동시에 영적 가르침을 주는 사람이어야 한다고 보았다. 부모는 자녀가 세상에서 살아갈 수 있도록 먹이고, 입히고, 키우고 예절과 도덕을 가르치는 일을 하면서도, 동시에 영적 가르침을 주는 사람이어야 하는바, 루터는 "부모야말로 어린이의 사도, 감독, 목사가 되어 그들에게 복음을 전파해야 한다."고 했다.[46] 그는 부모가 자녀에게 설교자요, 말씀사역자와 같이 되어야 한다고 했다.

　루터는 부모가 가정을 다스리는 일은, 세상나라의 통치자와 영의 나라 통치자가 하는 기능을 동시에 자녀에게 행하는 것을 의미하며, 그와 같은 부모의 가정 다스림이 바로 "교육"이라고 했다. 독일어의 "교육(erziehen)" 이라는 단어의 어원이 "이끌다(ziehen)"인데, 통치하는 리더의 역할이 곧 이끄는 일인바, 가정에서 이끄는 일이 곧 교육인 것이다. 이것을 역으로 말하면 루터에게 '교육하다'는 곧 '자녀를 다스리다(Kinder regieren)'와 같은 말이라고 할 수 있는 것이다. 루터의 문헌들에 나타나는 '교육'이라는 단어는 라틴어 "educatio", 그리고 그에 해당하는 독일어 단어인 "찌헨 (ziehen)" 및 그와 연관되는 "erziehen", "aufziehen"들이다.[47] 이 단어들은 다양한 의미를 내포하고 있는데, 아스하임에 의하면 이 단어들은 무엇보다 먼저 '키우다', '이끌다', '먹이고 키우다', '양육하다' 등의 의미를 갖는다. 또한 더 나아가 '훈계하다', '예절을 가르치다'라는 뜻을 내포하고 있고, '공부를 가르치다(unterrichten)', 특별히 '신앙교육을 하다'라는 뜻을 갖고 있기도 하다. 따라서 아스하임은 루터의 문헌들에 나타나는 '교육'이라는 단어는 종합적으로 자녀를 보살피고 양육하는 것을 포함하여 훈계하고 가르쳐서 사회적 측면이나 인격적 측면들에서 성숙으로 이끄는 행위 모두를 지칭하는 것이라고 했다.[48] 그리고 이것을 모두 종합적으로 하는 일이야 말로 그 누구보다 부모가 가정에서 자녀를 교육하는 일이요, 자녀를 다스리는 일이라는 것이다.

　루터가 "교육"을 이처럼 "다스림"으로 봤다는 것은 그의 교육개념이 단순히 무엇을 지적으로 알려주는 것에 그치는 것이 아니라 통전적 양육이요, 전인적 교육이었다는 사실을 말해주는 것이다. 가정 안에 세상나라의 요소

종교개혁과 교육개혁

가 있고, 따라서 부모의 다스림은 자녀의 육체적 평안과 세상에서의 안녕을 책임지는 교육이어야 한다. 거기에는 먹이고, 입히고, 키우는 일, 그리고 세상의 질서와 도덕을 익히고 세상에서 살아갈 수 있는 기술과 지식을 습득하는 모든 것이 포함된다. 또한 가정은 그와 나란히 영의 나라의 요소가 있어서 부모는 자녀에게 말씀과 성령의 다스림으로 영적 구원과 그리스도의 장성한 분량에 이르는 신앙의 성장을 이루어야 한다. 그런 의미에서 루터의 교육개념은 양육과 교육, 일반교육과 신앙교육, 지식교육과 삶교육을 모두 아우르는 통전적이요, 전인적인 교육개념이라고 할 수 있다. 그리고 그는 이러한 교육이 이루어지는 일차적인 장소가 가정이 되어야 한다고 보았다.

(4) 루터의 가정교육 개념에 나타난 개혁

위에 살펴본 루터의 결혼, 가정, 부모, 교육 등의 개념들은 당시의 시대적 상황을 개혁하는 사고들이었고, 더 나아가 그것으로서 종교개혁적 전통에 속한 교회들이 추구해야 할 가정교육의 기본 방향을 제시해주는 것이라 할 수 있다. 그는 무엇보다 먼저 부모를 교육의 의무와 권리를 행해야 할 직분으로 이해하면서, 이 직분이 하나님으로부터 온 것임을 천명했다. 이것으로 그는 '가정'이 모든 교육의 출발점이 되어야 하는바, 가정은 단순히 자녀를 먹이고 입히고 키우는 곳에서 머무는 것이 아니라, 하나님의 대리자인 부모가 하나님 말씀을 가르치고 행동으로 말씀을 현현하는 장이어야 한다는 것을 분명히 했다. 이것은 루터가 '가정'을 일차적 '신앙의 공동체'로 또는 작은 교회로서 천명한 것과 다름 아니다. 루터에게 가정은 단순한 생물학적 단위 혹은 사회적 단위로 머무는 것이 아니라, 하나님의 대리자인 부모를 통해서 하나님의 말씀이 자녀에게 전달되어야 하는 장소이고, 부모는 자녀의 영적 구원을 위해서 힘쓰는 제사장적 존재인 것이다.

이와 같은 루터의 생각은 종교개혁적 전통에 서 있는 교회에 있어서 '가정'이 가지는 신앙교육적 의미와 위치를 분명히 해준다. 즉 종교개혁의 정신에 접목하는 개신교회는 교회에 앞서서 '가정'이 일차적인 신앙교육의 장이라는 인식으로부터 출발해야 한다는 것이다. 또한 개신교회는 가정이 그와 같은 신앙공동체가 되도록 '부모'를 가정의 제사장으로 세우고, 그들이 자녀에게 하나님의 말씀을 가르치고, 또한 그의 삶이 하나님의 대리자로서 하나님의 말씀을 현현하는 제사장적 삶이 될 수 있도록 도와야 한다는 것이다.

우리는 또한 루터의 가정개념으로부터 '가정'이 하나의 특별한 통치의 단위라는 사실을 배우게 된다. 가정은 교회와 세상의 한 가운데에 있는 장소로서 세상적 통치와 영적 통치가 동시에 이루어지는 단위이며, 회초리와 사랑, 율법과 복음이 공유되는 장소이다. 그리고 가정은 육적 보살핌, 즉 먹이고, 입히고, 키우는 일과 영적 교육, 즉 말씀으로 양육하고, 키우는 일을 동시에 담당하는 통전적 교육이 이루어지는 장소이어야 한다. 더불어 우리는 그와 같은 가정의 교육개념으로부터 종교개혁적 '교육'이 통전적이요 전인적인 교육의 개념이라는 것을 배우게 된다.

2) 루터의 학교교육에 나타난 교육개혁

(1) 루터의 공교육 개념

앞에서 살펴본 대로 루터는 교육은 일차적으로 '가정'의 과제요 부모의 과제라고 했다. 그러나 부모가 교육적 과제를 잘 담당할 수 없을 때에는, 그 과제를 국가와 통치자(Obrigkeit)가 대신 맡아주어야 한다고 했다. 그는 "국가에 어린이들은 매일 새로 태어나고, 이들이 교육 없이 그냥 방치되면 불행해진다."[49]면서, 국가가 이들을 위해 기관과 시설을 갖추어 이들의 교육을 담당해야 하는데, 이것이 바로 학교라고 했다.[50] 그는 국가가 학교를 세워 성장세대를 양육해야 한다고 호소하는 두 개의 글을 썼는데, 이것이 이른바 "학교문서"이다. 여기에 그의 학교이념이 잘 나타나 있다.

루터가 두 학교문서를 쓸 당시 독일은 교육적 침체기를 맞고 있었다. 유럽에 인문주의로 인한 교육열기가 되살아나고 있었지만, 독일의 시골까지는 아직 영향이 미치지 못했고, 기존의 교회를 중심으로 한 수도원 학교에서는 내실 있는 교육이 이루어지지 못했을 뿐만 아니라, 점차 문을 닫게 되면서 침체의 늪으로 빠져 들어가고 있었다. 루터는 이러한 당시의 학교상황을 비판하면서 학교를 활성화할 것을 강력히 호소했다. 그는 스스로도 학교를 활성화시키는 노력을 기울였고, 이러한 노력이 그의 학교개혁사상으로 이어진다.

따라서 루터의 학교이념은 여러 가지 점에서 이전의 학교이해와는 구별되는 특징을 갖고 있다. 가장 큰 특징으로 꼽을 수 있는 것이 학교의 주체를 '교회'에서 '국가'로 옮겼다는 점이다. 루터는 기존의 학교가 교회에 소속되었고, 따라서 학교가 교회의 재정과 인력으로 운영되었던 것에서, 국가가 그 역할을 담당하는 것으로 바뀌어야 한다고 보았다. 물론 이것 뒤에 있는 당시의 특수한 사회-경제적 배경을 간과할 수는 없을 것이다. 루터는 종교개혁과 더불어 기존의 로마 가톨릭교회와는 결별했다. 학교를 소유하고 관장하던 기관과 결별하면서 그는 필연적으로 재정을 지원해 줄 수 있는 기관을 찾을 수밖에 없었고, 당시 상황으로는 귀족과 시의회만이 그러한 능력을 갖고 있었다. 그가 시의원(Ratsherrn)이나 국가의 요직에 있었던 귀족들에게 학교를 설립할 것을 호소하는 글을 썼다는 것으로부터도 우리는 이와 같은 사실을 확인할 수 있다.

그러나 루터가 학교의 주체를 교회에서 국가로 옮겨야 한다고 보았던 것은 단지 사회-정치적 이유만은 아니었다. 그의 학교 존립의 근거에 대한 이해가 이미 근본적으로 이 입장을 요청하고 있다. 앞에서 살펴본 대로 루터는 그의 "학교문서"에서 학교는 '세상나라'와 '영의 나라' 두 나라의 존립과 발전을 위해 필요하다고 주장했다. 기존의 학교는 교회가 주체가 되어 성직자 양성을 주목적으로 하는 학교였고, 그래서 교회 중심으로 이끌어가는 것이 당연했는지도 모른다. 그러나 그는 이러한 당시 학교의 '성직화 (Klerikalisierung)'에 반기를 들었다. 그는 학교란 단지 성직자만을 위해서 즉 '영의 나라'만을 위해서 있는 것이 아니라고 생각했다. 그는 물론 '영의 나라'를 위해 말씀을 바로 선포할 신학자와 목사를 양성하는 교육이 필요하지만, 동시에 '세상나라'가 하나님의 질서로 다스려지기 위해서는 그곳에 평화와 정의가 구현되어야 하고, 그를 위해서는 시민들을 도덕적으로 바르게 훈련시켜야 하며, 더 나아가 국가에 필요한 인재, 법률가, 공무원, 의사 등을 배출해야 한다고 생각했다. 그러한 점에서 교육은 세상나라의 유지와 발전에 필수조건이었다. 이러한 양면적 과제를 수행하기 위해서 그는 학교를 교회 중심이 아니라 국가 중심으로 바꾸고, 그 대상 영역을 확대해야 한다고 보았다. 이러한 루터의 생각은 국가 중심의 '공교육' 개념에 기초를 제공하는 사고가 되었다. 루터의 이러한 공교육 개념은 서구의 교육사에 '공교육'의 새로운 역사를 여는 계기가 되었다.

(2) 학교에 대한 국가와 교회의 공동책임

루터가 공교육개념을 제시했지만, 그의 학교개념이 오늘날의 공교육과 같이 가치중립성을 표방하는 개념은 아니었다는 사실에 주목할 필요가 있다. 앞에서 언급한 대로 루터는 국가도 하나님의 통치가 이루어져야 할 하나님 나라의 일부분이라고 생각했고, 국가나 교회는 서로 협력하여서 세상

종교개혁과 교육개혁

에 하나님의 통치가 이루어지도록 하는 공동의 목표를 가지고 있다고 보았다. 따라서 그가 생각하는 학교는 설령 그것이 국가에 의해서 세워진 공공학교라 하더라도 국가의 궁극적 목적인 하나님의 통치가 이루어지게 한다는 목적을 수렴하는 기독교적 학교여야 했다. 그래서 루터는 『시의원에게 주는 글』에서도 단순히 '학교'를 세울 것을 요청한 것이 아니라, '기독교학교(christliche Schule)'를 세울 것을 요청했다.

  이러한 루터의 교육개념은 그가 제시하는 교과목에도 반영되고 있다. 그는 학교에서 '언어'와 '예술(7자유과)'이 필요하다고 했는데, 모국어(초등교육)와 라틴어(중등교육), 그리고 문법, 수사학, 변증법, 기하학, 수학 천문학, 음악으로 이루어지는 7자유과목을 의미한다. 이 과목들은 당시 인문주의의 영향을 받은 대부분의 학교에서 가르쳤던 것들이다. 그러나 루터는 이에 덧붙여서 '역사'와 '교리문답', 그리고 '성경'을 가르칠 것을 주장했다.[51] 그는 성직자 희망생뿐만 아니라, 중등 및 초등 교육과정에 이르기까지 교리문답과 성경을 반드시 가르쳐야 한다고 함으로써, 최초로 공교육 안에서 이루어지는 '종교수업'의 전통을 세웠다.[52] 그는 대학에서 법학이나 의학 등다른 학문을 전공하는 사람들까지 성경을 가장 기본적으로 배워야 한다고강조했고, 이것은 박사과정에게도 동일하게 해당한다고 했다. 그에게 '학교'는 궁극적으로 하나님의 나라를 구현하는 것에 목적이 있었다. 즉 그의학교개념은 기본적으로 '기독교 학교'개념이었다.

  또한 루터는 국가의 학교 설립권을 주장했지만, 교회는 학교감독권을행사함으로써 학교의 운영에 적극적으로 참여하는 형태를 정착시켰다. 아스하임은 루터의 학교개념은 외적으로는 국가에 책임이 있지만, 내적으로는 교회에 그 책임이 있는 구조였다고 하였다.[53] 루터는 무엇보다 '목사의 학교감독권(geistliche Schulaufsicht)'을 제정하여 학교를 감독하는 권한을 교회에 두었다. 그는 또한 소위 학교법을 교회법의 우산 아래 둠으로써, 교회에게 학교법을 제정하는(Schulgesetzgebung) 권한을 주었다. 학교법은 오늘날로 말하자면 교육법 혹은 문교법으로 학교와 관련된 모든 법조항뿐만 아니라 학교의 교과과정, 학제, 시간표, 학생의 자격 및 교사의 자격을 규정하여 학교에서 이를 시행하도록 했던 법을 말하는데, 이 법을 교회가 제정하도록 했다. 루터는 멜란히톤(Ph. Melanchthon)과 함께 쿠어작센(Kursachsen)지역의 학교법을 제정했는데, 이것이 후에 독일 개신교지역 학교법령의 모델이 된다.54)

따라서 루터는 국가와 교회는 학교에 대해서 공동의 책임이 있는 기관이라고 보았다고 할 수 있다. 그는 '국가'가 학교를 세워서 모든 시민들을 대상으로 하는 교육을 제공하는 외적 책임이 있는 기관이고, '교회'는 학교의 감독 및 운영을 주관하는 내적 책임이 있는 기관으로서의 기능을 담당한다고 보았다. 국가와 교회는 학교에 대하여 서로 다른 기능을 감당하는 형태의 협력적이고 상호 보충적 관계를 유지해야 한다고 보았다. 이 관계 안에서 우리가 기억해야 할 것은, 교회는 결코 '사사의 영역(privat Bereich)'에 머무는 기관이 아니었고, 역으로 국가도 가치중립적 국가가 아니라 하나님의 통치영역으로서의 국가, 즉 기독교적 국가였다는 사실이다. 그렇게 보았을 때 루터에게는 오늘날처럼 기독교교육이 일반교육과 분리되어 교회라는 제한된 공간에서 행해지는 교리나 성경교육의 좁은 개념이 아니었다는 것을 확인할 수 있다. 그의 기독교교육의 개념은 '삶'과 세상의 영역 즉, 오늘날 우리가 일반교육이라고 구별하여 부르는 영역을 포함하는 포괄적이고 폭넓은 개념이었고, 그의 일반교육 개념은 궁극적으로 세상 안에 하나님 나라를 구현하는 것을 목적으로 존립하는 교육으로서 넓은 의미의 기독교교육이라는 우산 안에 포함되는 개념이었다.

종교개혁과 교육개혁

(3) 루터의 학교교육에 나타난 개혁

루터의 학교교육 개념은 그 이전의 학교개념에 근본적인 개혁을 가져왔다. 학교를 성직자의 전유물로 생각했던 당시의 인식을 근본적으로 개혁하여 학교는 모든 사람을 대상으로 하는 기관이 되어야 하며, 또한 교회가 아닌 국가가 주체가 되어 국가에서 태어나는 모든 국민들에게 교육을 제공하는 교육기관으로 변화시켰다. 그런 의미에서 루터는 서구에서 '공교육의 아버지'로 불리게 되었다.

루터의 학교교육 개념은 오늘날 종교개혁 전통에 접목하는 교회들이 지향해야 할 학교교육 개념에 대한 방향을 제시한다. 그에게 있어서 학교는 궁극적으로 세상 안에서 하나님의 통치를 구현하기 위해 존립해야 하는 기관으로서, 국가를 유지하고 보존함으로써 세상에 하나님의 통치를 구현할 사람들을 교육하는 기관이어야 한다. 그는 세상을 교회와 분리하지 않고, 또한 일반교육을 기독교교육으로부터 분리시키지 않으면서, 학교가 세상과 교회 모두를 위해서 존립해야 한다고 보았다.

이와 같은 루터의 학교교육 개념은 종교개혁의 전통에 서 있는 교회들이 학교에 대해서 어떠한 입장에 서 있어야 하는지에 대한 근본적 통찰을 준다. 그는 교회가 교회만을 위한 교육에 머무를 것이 아니라, 공공의 영역을 위한 교육, 이 사회에 하나님 나라를 구현하기 위한 학교교육을 포기해서는 안 된다는 통찰을 우리에게 준다. 루터가 학교를 영의 나라만을 위해서가 아니라 세상나라를 위해서도 존재해야 하고, 또한 그 둘은 궁극적으로 하나님 나라를 위해 존재해야 한다고 보았다면, 그것은 우리 한국 교회에게 교회학교 중심의 교육, 주일의 신앙교육에만 치중하는 교육이 아니라 세상을 위한 교육, 세상과 국가와 지역사회에 하나님 나라를 구현해야 할 건전한 시민들을 양육하는 공공교육에 관심을 기울여야 한다는 도전을 준다. 그것은 교회가 '학교'를 세상교육의 전유물로 포기하지 않고, 학교에 대한 교회의 의무와 사명을 수행해야 함을 말한다. 또한 건전한 "기독교학교"를 세우고 여기에서 기독교 인재들을 양육하고 그것으로 세상 가운데 하나님 나라를 구현해 나가는 사명이야말로 우리 기독교교육의 가장 중요한 사명이라는 도전을 주는 것이다.

3) 루터의 교회교육에 나타난 개혁사상

루터에게 있어서 학교교육은 교회교육과 구별된 개념이 아니었다. 그의 학교교육 개념에서는 국가가 학교의 재정을 조달할 책임이 있지만, 교회가 학교의 실제적 운영과 감독의 책임이 있어서, 교회와 국가는 상호 협력적 관계 속에서 학교교육을 수행하도록 되어 있었다. 이것은 물론 그의 학교개념이 기독교적 학교개념이기 때문이기도 하지만, 동시에 그의 교회개념이 '국가교회'였기 때문이기도 하다. 독일은 종교개혁 후 각 주마다 영주가 선택하는 종교가 구교냐 개신교냐에 따라 그 주에 사는 사람들 모두의 종교가 결정되었다. 교회는 각 주의 정치적 단위와 직접적으로 연결되었고, 그런 의미에서 교회가 각 주에서 설립하는 공공학교와의 연계성 안에서 생각되었던 것은 당연한 귀결이었다. 당시 학교나 교회는 국민 모두를 위해 공공성을 띠는 단체였다고 할 수 있다.

루터는 이러한 맥락에서 교회의 교육적 과제를 상당부분 학교를 통해서 수행하도록 했다. 그는 교회가 사회 전반에 대한 교육의 사명을 수행해야 한다고 보았고, 이것을 지역사회에 속한 학교를 통해서 시행해야 한다고 보았다. 사실 이러한 전통은 지금까지 남아있어서, 독일 교회의 목사들은 오늘날도 자신들이 속한 지역의 학교에 가서 종교수업을 의무적으로 담당한다. 즉 독일의 교회는 여전히 학교교육에 참여하는 전통을 가지고 있다. 이런 관점에서, 루터에게 있어서 학교교육과 교회교육을 구별하는 것은 불가능하다. 그에게서 학교교육은 교회에 의해서 이루어지는 교회교육의 연장이고, 학교는 교회의 교육 현장이었기 때문이다. 따라서 루터에게 나타나는 교회교육 개념은 학교교육을 포함하는 개념이지만, 여기에서는 앞의 학교교육과 구별되어 교회 안에서 이루어지는 교육에 초점을 맞추어 살펴보도록 하자.

(1) 말씀의 교회

루터의 교회교육 개념을 살펴보았을 때 무엇보다 먼저 발견하게 되는 것은 그의 교회개념의 핵심에 교육이 있다는 것이다. 루터의 교회는 "말씀의 교회"였다. 루터는 "교회의 표징(nota ecclesiae)"을 "말씀이 성경대로 선포되고, 성례전이 말씀대로 집전되는 것"이라 했다.[55] 즉 교회를 교회되게 하는 표시는 그 무엇보다 말씀을 성경대로 선포하는 것과 보이는 말씀으로서의 성례전이 말씀대로 집전되는 것이라는 것이다. 다시 말해 그에게 있어서 교회는 말씀이 근간이 되고 핵심이 되는 "말씀의 교회"라고 할 수 있다.

교회가 '말씀의 교회'라는 것은 교회의 근간에 '교육'이 있어야 한다는 것을 의미한다. 교회가 말씀이 성경대로 선포되는 곳이어야 한다는 것은 말씀을 듣는 사람, 즉 회중들에게 말씀을 성경대로 바로 전하는 곳이 되어야 한다는 것이며, 또한 동시에 회중이 그것을 성경대로 이해할 수 있는 곳이 되어야 한다는 것을 의미하는 것이다. 즉 루터의 '말씀의 교회'는 말씀의 바른 이해가 중시되는 교회라는 의미를 내포한다.

그래서 루터는 교회에서 '말씀'을 강조한 만큼 또한 '말씀의 바른 이해'를 강조했다. 이와 같은 사실은 루터의 예배개혁에서도 단적으로 증명된다.

루터는 당시까지 일반화되었던 '라틴어 미사'를 개혁하여, 모국어인 독일어로 예배를 드리는 예배개혁을 단행했다. 이것이 의미하는 것이 무엇인가? 회중들이 예배를 자신이 알아들을 수 있는 언어로 드리게 했다는 것은 그들이 예배에서 이루어지는 것을 이해하면서 참여하도록 했다는 것이며, 특별히 예배 가운데 선포되는 말씀을 바로 이해할 수 있도록 했다는 말이다. 그의 『독일어 미사 *Deutsche Messe*』는 바로 이와 같은 예배개혁을 위해서 집필된 책이다.[56] 그렇게 볼 때 루터에게 있어서 예배는 그 자체로 교육의 순간이 되는 것이라 할 수 있다. 예배에 참여하는 순간이 곧 회중들에게는 하나님의 말씀인 성경을 듣고 이해하고 깨우치는 순간이 되어야 하는 것이다. 이 같은 점은 루터가 말씀을 교회의 본질이자 징표로 보는 순간, 교육은 교회의 본질이 된다는 것을 말해 준다.

(2) 최초의 교회교육 커리큘럼, 『교리문답』

루터는 예배에서 뿐만 아니라 회중들이 말씀을 바로 이해하도록 교육하는 것에 특별한 관심을 쏟았는데, 그는 회중들이 말씀을 쉽게 이해하도록 돕기 위해 『교리문답』을 집필했다. 종교개혁 이전까지는 사제 외에는 누구도 성경을 갖거나 읽을 수 없었고, 따라서 당시의 사람들에게 성경은 매우 어려운 책으로 인식되었다. 루터는 만인제사장 개념에 입각하여 기독교인이라면 누구나 성경을 읽고 해석할 수 있어야 한다고 했지만, 실제로 당시의 높은 문맹률에서 짐작하듯 보통의 기독교인들은 성경을 읽거나 해석하는 일은 엄두도 낼 수 없는 상황이었다. 루터의 『교리문답』은 그런 사람들에게 성경을 가장 간단하게 축약한 요약본으로서 제시된 책이다. 그는 『교리문답』의 서문에서 모든 목사들이 교인들에게 '교리문답'을 의무적으로 가르칠 것을 권하고 있다.

종교개혁과 교육개혁

루터는 교리문답을 예배 시에도 가르쳐야 한다고 강조했는데, 심지어 교리문답의 형태로 하는 설교를 제안하기도 했다. 설교가 기독교인으로서 반드시 알아야 할 신앙의 내용을 꼼꼼하게 설명해주는 교육의 통로가 되어야 한다고 본 것이다. 그는 스스로도 교리문답식 설교를 했고, 이 설교들이 묶여서 『교리문답』이 되었다. 그의 『소교리문답 Kleiner Katechismus, 1529』은 그가 그동안 교리문답식으로 설교해왔던 "십계명(1518)", "주기도문(1519)" 그리고 "신앙고백(1520)"에 '아침-저녁기도', '오전-오후기도', '죄의 고백', '가정의 사명에 관하여', '직분과 직책에 관하여', 그리고 '목사를 위한 세례집전 지침' 등의 내용을 첨부하여 만들었다.

『교리문답』은 오늘날에는 세례문답 시 활용되고 있지만, 루터가 처음 집필할 때에는 모든 성도들이 반드시 알아야 할 기초적 신앙의 내용이자 성경의 요약을 담은 교육교재였다. 다시 말해서 이 책은 모든 회중들이 규칙적으로 배우고 암기해야 하는 최초의 기독교교육 교재, 혹은 최초의 "공과책"이었다. 그래서 그는 "그동안 자신이 감독관으로서 해왔던 경험을 바탕으로 볼 때, 모든 기독교인들이 쉽게 이해할 수 있는 간단하고 알기 쉬운 기독교적 가르침을 담은 책이 꼭 필요하다는 점을 절감하여 이제 이렇게 출판하게 되었다."고 밝히고 있다.[57]

루터가 밝힌 취지에서 드러나듯이 루터는 교리문답을 통해서 기독교인 됨에 필수적으로 요청되는 기초적인 지식을 매개하려 했다. 다시 말해 그가 교리문답의 내용으로 선정한 것은, 그의 입장에서 보면, 기독교교육의 핵심 커리큘럼이 되는 것이다. 루터는 이 핵심내용을 먼저 십계명, 신앙고백, 주기도문 등으로 보았다. 사실 이것들은 루터가 처음으로 만든 것이 아니고, 이미 고대 교회로부터 내려오던 기독교적 전승들이었으며, 이것들을 루터가 교리문답으로 묶으면서, 교인이라면 누구나 이해할 수 있도록 해설을 덧

붙였다. 그런 의미에서『교리문답』은 어린이나 청소년만이 아닌 모든 평신도들을 일차적 대상으로 한다고 할 수 있다. 신앙인이라면 누구나 반드시 알아야 할 기초적 내용으로서 교리문답은 개신교 최초 평신도교육 교재였다고 할 수 있는 것이다.

루터의『대교리문답 Der große Katechismus』도『소교리문답』과 같은 해에 출간된 책으로『소교리문답』에 대한 보충과 확대 심화의 성격을 갖고 있다. 루터는『소교리문답』을 완전히 배우면 다음 단계로『대교리문답』을 배울 수 있다고 했다.『대교리문답』은『소교리문답』과 같이 십계명, 신앙고백, 주기도문을 다루고, 덧붙여 세례, 성만찬, 죄의 고백을 다루고 있지만,『소교리문답』보다 심화된, 자세하고 깊이 있는 신학적인 해설을 붙이고 있다. 따라서『대교리문답』은『소교리문답』의 기초적 내용들을 완전히 섭렵한 사람들을 대상으로 하는 책으로서의 의미를 갖고 있다. 때문에『대교리문답』은 교육적인 차원에서보다는 교리적인 차원, 특히 조직신학적인 차원에서 더 많이 거론되었고 또 영향을 미쳐왔다.

루터의 교리문답은 다음의 세 가지 요소들을 고려하고 있다.[58] 첫째, 그는 '성서적 전승'을 중요시했다. 그는 모든 사람이 성서를 읽고 이해하면 좋겠지만 그럴 수 없는 사람에게는 성서를 읽기 쉽고 간결하게 요약해 줄 것이 필요한데 교리문답이 바로 그 역할을 할 수 있다고 했다. 그는 '십계명'이 구약을, 주기도문이 신약을 대표하는 글이 된다고 보았다. 두 번째 요소는 교리문답의 삶과의 관련성이다. 루터는 교리문답을 교리의 나열로만 생각하지 않았다. 그가 교리문답을 기독교인으로서 최소한 알아야 할 것을 매개하기 위해 썼다고 했지만 이것을 지적인 차원에서만 생각한 것은 아니다. 기독교인으로서 기본적으로 알아야 할 것에는 기독교인으로서 기본적으로 삶 속으로 살아야 할 것을 함께 포함하는 것이다. 이것은 십계명, 주기도문,

종교개혁과 교육개혁

신앙고백 등의 해설에 역력히 나타나고 있다. 그는 각각의 전승 내용들이 당시를 사는 기독교인의 삶에 어떠한 의미를 갖고 있는지 상세히 설명하고 있다. 뿐만 아니라 각각의 내용들을 당시 사람들의 삶의 정황에 비추어 설명함으로써 쉽게 이해하도록 도왔고, 교리문답의 내용이 그들의 삶에 연계되도록 했다. 여기에서 더 나아가 그는 기독교인의 하루의 삶에 필요한 여러 가지 기도문과 기독교인의 삶의 원칙들, 그리고 교회의 중요한 삶의 표현들을 해설해 주고 있다. 그의 교리문답에서 '기독교적인 삶'은 '성서의 전승'이라는 첫 번째 요소에 필수적으로 접목되어야 할 두 번째 요소이다. 이 두 요소는 궁극적으로 세 번째 요소인 '신앙 안에서의 성장'을 목표로 하고 있다. 즉 교리문답은 궁극적으로 모든 그리스도인들이 이를 배우고 실천함으로써 그들의 신앙이 성장하는 데 도움을 주는 것이어야 한다는 점이다.

교리문답은 앞에서 언급한 대로 모든 평신도들이 배워야 할 내용을 담은 평신도교육용 교과서였다. 그러나 교리문답이 성인만을 대상으로 한 책은 아니었다. 이것은 성인을 포함하여 어린이와 청소년 등 모든 연령층이 배워야 할 책이었다. 물론 그는 이 책을 직접적으로 어린이나 청소년을 대상으로 생각하고 쓰지는 않았다. 이것은 그의 교리문답에 '목사와 설교자들에게'라는 부제를 붙인 것에서 단적으로 확인된다. 다시 말해서 그는 먼저 목사가 이것을 교회의 강단에서 가르쳐서 모든 교인들이 배우기를 원했다. 또한 이 책을 모든 가장들이 익혀서 가정에서 자신의 자녀들에게 가르쳐야 한다고 했다. 그런 의미에서 볼 때 교리문답은 교사용 교재라고 볼 수 있다. 목사와 아버지가 어떻게 그들의 평신도와 자녀를 가르칠 것인지의 지침을 주는 교사지침서의 의미를 지니고 있다. 그는 교리문답을 먼저 목사와 아버지가 배워서 성장세대 교육으로 연결되도록 했다. 교리문답은 회중 전체, 즉 성인 평신도와 어린이, 그리고 청소년 전체를 아우르는 최초의 기독교교육 교과서였다.

따라서 루터의 교리문답은 교회교육을 위한 지침서이면서 동시에 가정교육의 지침서이다. 이것이 후에는 학교에서 종교수업의 주요 교재로도 사용되었다.[59] 멜란히톤과 공저한『감독관 수업』에서 루터는 학교의 학년편성과 각 학년의 커리큘럼에 관한 자세한 지침을 제시하고 있다. 여기에서 어린이는 크게 세 그룹으로 나뉘는데, 세 학년 모두 루터의 교리문답을 기초적으로 배우고, 학년이 올라가면서 그를 계속 확대 심화하도록 되어 있다.[60] 첫 번째 단계의 어린이는 종교수업뿐만 아니라 심지어 읽기와 쓰기까지 교리문답을 가지고 연습하도록 되어 있다. 그리고 다음 단계로 넘어가면서 교리문답의 심화된 학습이 이루어지도록 했고, 마지막 단계로 교리문답과 성서를 병행하여 학습하도록 했다. 이렇게 하여 루터의『소교리문답』은 이미 16세기 중반에 모든 학교의 종교수업의 주교재로 자리 잡게 되었다.[61]

이 같은 점을 바탕으로, 루터에게『교리문답』은 교회와 가정과 학교가 연계되는 지점이라고 할 수 있다. 루터의 교리문답은 교회, 가정, 학교 등 어디에서든지, 기독교인이라면 누구나 반드시 알아야 할 기초적 교육의 내용이고, 또한 그 점에서 교회, 가정, 학교를 서로 연계하는 공통분모가 되고 있는 것을 알 수 있다. 또 역으로 보았을 때 루터에게서 교회의 교육이란 교회 안에서 만의 교육이 아니라, 가정과 학교를 아우르는 교육이었다는 것을 알 수 있다.

(3) 어린이와 청소년을 위한 교육

어린이와 청소년에 관하여 루터는 가정이 가장 핵심적 교육의 장이며, 학교가 보충적으로 교육적 기능을 하는 교육기관이라고 보았다. 그런데 그

종교개혁과 교육개혁

는 교회에서도 성장세대, 특별히 청소년을 대상으로 특화된 교육적 접근이 필요하다고 주장하면서, "교리문답설교(Katechismus-predigt)"를 제시했다. 그는 청소년들에게는 단순히 설교를 제시하는 것에서 넘어서서 설교의 내용을 자세히 설명해주고 또 질문도 하는 교리문답설교가 필요하고, 이 문답식 설교를 청소년들을 위한 예배에 도입해야 한다고 보았다. 그는 교육적 성격을 띠는 교리문답설교를 초기에는 청소년들을 대상으로 실시했다가, 후에는 성인에게도 확대했다.

루터의 교리문답은 이전에 나타난 교리문답의 패러다임을 바꾼 교육적 성격을 가지고 있다. 당시 대부분의 교육은 '암기(Auswendiglernen)'가 중심이었다. 인쇄술의 한계로 모든 사람들이 오늘날처럼 교과서를 가질 수 있는 시대가 아니었던 탓에, 교리 내용을 기억하는 형태의 '암기'가 가장 일반적인 교육의 방법이었다. 더욱이 인문주의가 인간의 '기억(Gedachtnis)'을 훈련시키고 개발하는 통로로 '암기'의 중요성을 강조하면서, 이 흐름을 등에 업은 암기방법은 이 시기에 가히 그 전성기를 맞게 되었다. 따라서 당시 학생들이 수업마다 외워야 하는 분량도 엄청난 것이었고, 16세기 후반에 이르러서는 이에 대한 불평과 비판이 절정에 이르렀다.[62]

그러나 루터는 『소교리문답』의 서문에서 교리문답을 어떻게 가르쳐야 할지에 대한 지침을 주면서, 암기를 뛰어 넘어 어린이와 청소년들이 내용을 실제적으로 이해할 수 있도록 제시해야 함을 강조했다. 그는 우선 당시의 수업형태를 받아들여, 먼저 가르치는 자가 앞에서 교리문답을 '읽어주면(recitatio)', 학생들은 이를 하나씩 따라 읽은 후 암기해야 한다고(memoria) 했다.[63] 여기까지는 당시 사람들에게는 익숙한 방법이다. 그러나 루터는 단지 외우기만 하는 데서 학습이 끝나는 것은 아니라고 보았다. 루터는 학생들이 자신이 외우는 내용들이 무슨 뜻인지 이해하지도 못하면서 그저 입으로 줄줄 외우는 것이 무슨 의미가 있느냐고 반문하면서 교리문답의 '바른 이해'를 위해 이를 바르게 해석해 주고 설명해주는 단계, 즉 "설명(explicatio)"이 꼭 필요하다고 했다.[64] 『대교리문답』의 서문에서도 루터는 "우리의 청소년이 교리문답설교를 들을 때, 이를 해석해 주고(Auslegen), 이해하는(Verstehen) 데 도움을 주어야 한다."고 했다.[65] 다시 말해서 루터는 기존의 수업방법인 '읽어주기', '외우기'에 세 번째 단계인 '설명하기'의 과정을 첨가하여 학습자들이 내용을 이해하고 자신의 것으로 만드는 과정이야말로 교리문답수업의 최종단계가 되도록 했다.

루터는 이 '설명'의 단계에서 특별히 '질문-대답'의 형태가 도움을 준다고 보았다. 교사와 학생 간 질문과 대답 과정에서, 학생은 배우는 내용을 보다 분명히 파악할 수 있고, 교사는 학생의 이해정도를 알 수 있을 뿐만 아니라 또한 학생의 이해단계에 맞추어 적절하게 학습을 유도할 수 있다는 것이다. 따라서 루터의 질문법은 단순히 학생이 아는지 모르는지를 확인하는 것이 아니라, 학생의 이해를 돕는 질문이다. 학생들이 설교를 통해 들은 내용을 심화시킬 수 있는 질문이기도 하다. 루터는 이 질문방법을 그저 제시만한 것이 아니라, 실제로 그의 교리문답을 질문과 대답의 형태로 서술했다. 예를 들면, 그는 십계명 해설에서 교사와 학생의 대화를 다음과 같이 구체적으로 제시하고 있다:

교사 : 첫 번째 계명은 "너는 하나님 외에 다른 신을 섬기지 말라"이다.
　　　이것이 무엇인가요?
대답 : 우리는 하나님을 다른 무엇보다도 우선적으로 두려워하고, 사랑하고, 믿어야 한다는 것입니다.

　　　　　　　　　　　　　　　　종교개혁과 교육개혁

루터는 그의 모든 교리문답을 이와 같은 질문과 대답의 형태로 설명하고 있다. 이 질문과 대답은 교회의 교리문답설교에서는 목사가 묻고 회중들이 대답하는 예전적(liturgisch) 의미를 갖고, 교육학적으로는 수업방법적(didaktisch) 의미를 갖게 된다. 그리하여 루터의 교리문답서의 독일어 제목인 "카테키스무스"는 오늘날 '질문·대답법'을 지칭하는 대명사로 쓰이기도 한다.

이와 같은 사실들은 루터가 교육의 내용적인 측면뿐 아니라 방법적인 측면에서도 청소년에게 특화된 교육을 시도했다는 것을 보여주며, 이것은 그 이전의 교회교육에서는 찾아볼 수 없는 새롭고 개혁적인 시도였음을 알 수 있다.

(4) 루터의 교회교육에 나타나는 개혁

앞에서 살펴본 대로 루터는 교회교육의 영역에서도 새로운 교육방향을 제시하는 개혁적인 시도를 했다. 그는 기독교인됨이라는 것이 단순히 교회에 소속되었다는 것으로 충분한 것이 아니라, 자신이 믿는 바가 무엇인지 분명히 '이해하는 신앙(verstehender Glaube)'이 동반되지 않으면 안 된다는 전제 아래, 교회가 말씀과 기독교신앙의 기초를 가르치는 곳이 되어야 한다고 주장했다. 그리고 그러한 루터의 방향에 따라 개신교의 교회는 교육하는 교회로서의 새로운 정체성을 획득하게 되었다.

또한 그는 모든 성도는 세례와 더불어 제사장이라는 만인제사장 개념을 바탕으로, 모든 평신도가 하나님의 말씀을 읽고 깨달아야 한다는 평신도교육의 방향을 제시했다. 그는 모든 평신도들은 여자든, 남자든, 주인이든, 종이든 세례와 더불어 그들에게 주어진 제사장 직분을 감당할 수 있어야 하며, 교회는 이를 위해 전 회중을 제사장으로 세우는 교회가 되지 않으면 안 된다는 생각을 천명했다. 그에게 있어서 기독교인됨이란 언제까지나 교회의 간섭 아래 머무는 미성숙한 교인이 아니라 하나님의 말씀을 스스로 읽고 해석하며, 더 나아가 다른 사람들에게 말씀을 전하고 그들을 하나님 앞에서 중보하는 제사장적 임무를 수행하는 사람이 되는 것을 의미한다. 또한 교회의 모든 사역은 그런 의미에서 회중을 제사장으로 세우는 교육적 임무와 직접적으로 연결되지 않으면 안 된다고 주장했다. 이 같은 생각 또한 개신교 교회에서 교육의 위치를 새롭게 자리매김하는 것으로, 교육이야말로 교회가 제사장을 세우고 세상 속으로 파송하는 교회가 되는 데 결정적인 역할을 하는 요소가 된다는 것을 천명한 것이다.

이러한 맥락에서 루터는 예배와 말씀선포가 회중이 알아들을 수 없는 라틴어가 아닌 모국어(독일어)로 이루어지도록 개혁했고, 선포되는 말씀 하나 하나가 회중들에게 바르게 이해되도록 예배의 개혁을 이루었는바, 이것은 예배가 그 자체로 회중교육의 장이 되도록 한 것이라 할 수 있다.

또한 그는 성도들이 반드시 알아야 할 신앙의 기초를 『교리문답』으로 펴냄으로써 개신교 최초의 교과서로 평가되는 기독교교육 교재를 제시했다. 그의 교리문답은 개신교회가 무엇을 가르칠 것인가에 대한 새로운 방향을 제시한 것이라 할 수 있다. 나아가 교회 안에서 어린이와 청소년들을 위한 교리문답설교라는 교육적 설교의 모델을 제시하여 성장세대에 특화된 예배와 설교가 자리잡게 했다. 그의 교리문답 설교는 학습자들이 말씀을 바로 이해할 수 있도록 내용적으로나 방법적으로 특화된 교육을 제시했다.

4. 나오는 말 – 루터의 교육생태계 개혁

이제까지 우리는 루터의 교육개혁이 그의 종교개혁 정신과 뗄 수 없이 연결되어 있다는 것을 살펴보았다. 그의 교육개혁은 근본적으로 그의 종교개혁적 사고를 근간으로 나타난 것이었다. 그의 "이신칭의"신학은 '믿음으로 의롭게 됨'을 말하며 종교개혁의 시작을 알렸지만, 믿음이 중요해진 순간 믿음의 내용이 중요해졌고, 그와 아울러 믿음의 내용을 "이해하는 신앙"과 이를 위한 '교육'이 중요해지게 되었다. 또한 그의 만인제사장 개념은 계시의 자리를 교회에서 개인에게로 옮겼고, 이것은 모든 기독교인들이 하나님의 말씀을 바로 알고 배워야 한다는 교육적 차원의 개혁을 가져왔다. 뿐만 아니라 그에게서 세상은 영의 나라와 세상나라로 나뉘어져 있어도 그 두 나라는 모두 하나님의 통치가 일어나는 하나님의 나라이기에 영의 나라인 교회만을 위해서가 아니라 세상나라인 국가를 위해서도 교육이 필요하고, 그런 의미에서 학교는 모든 이에게 개방되는 공교육기관이 되어야 했다.

이와 같은 점들은 루터의 교육개혁사상이 근본적으로 그의 종교개혁적 정신으로부터 출발했다는 것을 밝혀주는 단적인 예가 된다. 이 같은 사실들은 또한 역으로 루터가 왜 교육개혁을 시도했는지에 대한 설명이 되기도 한다. 그에게 있어서 교육개혁은 그의 종교개혁을 구현하는 하나의 통로였던 것이다. 그의 종교개혁은 교회 안에서의 개혁만이 아니라 세상을 변화시키는 통전적 개혁이었고, 교육개혁은 그것을 구현하는 통로들 중의 하나였던 것이다. 그런 의미에서 우리는 그의 교육개혁 없이 통전적 개혁으로서의 종교개혁을 실현하는 것은 불가능했고, 또한 역으로 그의 종교개혁적 정신이 없이 그의 교육개혁은 개혁의 추동이나 분명한 방향성도 없었을 것이라는 것을 확인할 수 있다.

이 같은 사실은 왜 그의 교육개혁이 가정과 학교와 교회 전반을 아우르는 통전적 개혁이어야 했는지에 대한 설명이 되기도 한다. 루터의 종교개혁이 단순히 교회의 개혁이나 신학의 개혁이 아니라 당시 사회 전체를 아우르는 통전적 개혁이었던 것과 마찬가지로, 그의 교육개혁도 가정교육, 학교교육 그리고 교회교육 전체를 아우르는 개혁, 교육생태계 전반에 걸친 개혁이어야 했던 것이다. 또한 그의 교육개혁은 단순히 교육의 방법이나 내용과 같은 미시적 문제들에 대한 변화가 아니라 보다 근본적으로 왜 가정이 일차적 교육기관이 되어야 하는지, 학교는 왜 모든 시민들에게 개방되어야 하는지, 교회는 왜 교육하는 교회여야 하는지에 대한 보다 근본적인 방향에 대한 개혁이었고, 이 개혁의 정신이야말로 각각의 교육의 장에서 일어나야 할 교육의 방향을 결정하는 개혁이었던 것이다. 그의 종교개혁정신으로 인하여 가정과 학교와 교회는 교육의 장으로서의 정체성을 새롭게 획득하게 되었다.

루터 이전에는 '가정'이 기독교교육의 일차적 장소가 아니었고, 학교 또한 모든 사람을 대상으로 하는 공교육기관이 아니었으며, 교회는 교육하는 곳이기보다는 예전이 이루어지는 장소였다. 그러나 루터는 하나님이 자녀를 가정 안으로 주셨고 또한 자녀에게 부모를 공경하라는 의무를 주신 순간, 가정의 본질이 교육에 있게 됨을 새롭게 천명했다. 또한 학교는 교회의 소속으로서 성직자만을 양성하는 특수기관이 아니라, 국가 안으로 태어나는 모든 시민들을 대상으로 교육함으로써 영의 나라와 세상나라에 하나님의 통치를 가져와야 할 통로로서의 교육기관이 되어야 함을 천명했다. 그의 교회가 "말씀의 교회"가 되는 순간 교회는 교육하는 교회가 되었으며, 이전에는 예전으로만 머물렀던 예배가 그 자체로 회중들에게 말씀을 깨우치는 교육의 통로가 되었다. 이와 같은 루터의 개혁은 교육의 내용이나 방법과 같은 미시적 개혁이 아니었고, 교육이 일어나는 생태계 자체를 개혁함으로써 교육 전체를 개혁하는 교육개혁이었다고 할 수 있다. 루터의 교육개혁은

종교개혁과 교육개혁

그의 종교개혁정신을 바탕으로 새롭게 획득된 교육생태계 자체의 정체성의 개혁이고, 그런 의미에서 그의 교육개혁은 교육생태계 자체의 개혁을 통한 개혁이었다.

루터와 더불어 우리 개신교, 즉 루터의 종교개혁 전통에 소속해 있다고 고백하는 우리의 교회, 그리고 '언제나 개혁하는 교회(ecclesia reformata semper reformanda)'로서의 정체성을 가지고 있는 우리의 교회는, 그런 의미에서 언제나 우리의 교육생태계 전체를 새롭게 하는 개혁의 과제 앞에 서 있다고 할 수 있다.

주 ——————————————————————————————————————

1) M. Luther, "An die Ratsherren aller Städte deutsches Landes, daß sie christliche Schulen aufrichten und halten sollen 1524", WA 15, 9-53

2) M. Luther. "Eine Predigt, daß man Kinder zur Schulen halten solle 1530", WA 30II, 508-588.

3) M. Luther, *Enchiridion. Der kleine Catechismus für die gemeine Pfarrherr und Prediger* 1529, WA 30 I, 239-425 : BLSK 499-542 / *Deudsch Catechismus (Der große Katechismus)* WA 30 I, 123-238 : BSLK 543-733.

4) M. Luther, *Deutsche Messe und Ordnung des Gottesdienstes* 1526, WA19, 44-113.

5) M. Luther, "An den christlichen Adel deutscher Nation von des christlichen Standes" Besserung 1520, WA 6, 404-465.

6) *Unterricht der Visitatoren an die Pfarrherren im Kurfürstentum zu Sachsen* (1528), jetzt durch D.Mart.Luther korrigiert(1538), WA26, 237-240.

7) M. Luther, "Eine Predigt(1531)", WA 34, 1, 412ff.

8) Ivar. Asheim, *Glaube und Erziehung bei Luther, Ein Beitrag zur Geschichte des Verhältnisses von Theologie und Pädagogik,* (Heidelberg, Quelle & Meyer, 1961), 20ff.

9) M. Luther, "Auslegung von Exod 1524-27", WA 16, 353, 5-7.

10) M. Luther, "Der Große Katechismus, vorrede", WA 30 I, 123-238

11) Miklos Palfy, "Luthers Zwei-Reiche-Lehre und wir", Communio viatorum, January 1, 1964.

12) Paul Althaus, "Art. Zwei-Reiche-Lehre", EKL 3(1959).

13) M. Luther, WA 12, 51, 241.

14) M. Luther, "An die Ratsherren aller Städte deutschen Landes, daß sie christliche Schulen aufrichten und halten sollen(1524)", WA 15, 9-53

15) M. Luther, "An die Ratsherrn", WA 15, 9-53

16) M. Luther. "Eine Predigt, daß man Kinder zur Schulen halten solle 1530", WA 30II, 508-588.

17) M. Luther, "An die Ratsherrn", WA 15, 9-53

18) Ibid.

19) M. Luther, "Eine Predigt"

20) M. Luther, "An die Ratsherrn", WA 15, 9-53

21) 만인제사장 개념이 본격적으로 루터의 저술들에서 확인되는 것은 1520년부터, 특별히 『신약성경에 대한 설교 Sermon von dem Neuen Testament, 1520』와 『독일 그리스도인 귀족에게 An den Christlichen Adel deutscher Nation von des christlichen Standes Besserung, 1520, 21』에서다. 『독일 그리스도인 귀족에게』는 루터가 특별히 로마 가톨릭과 교황의 교권주의를 비판하면서 개신교의 입장을 밝히고 있는 개혁 프로그램적 저술인데, 이 글에서 '만인제사장' 개념이 본격적으로 나타난다. 그 이후 『기독교인의 자유에 관하여 Von der Freiheit eines Christenmenschen, 1520』와 『미사의 오용에 관하여 Vom Missbrauch der Messe』에서도 부분적으로 언급되고, 무엇보다 1523년에 라틴어로 발표된 『교회의 사역자를 세우는 것에 관하여(De instituendis ministris ecclesiae, 1523)』에서 앞글들에서 언급한 만인제사장 개념이 체계적으로 정리되어 있는 것을 발견할 수 있다.

22) WA 6, 370, 24-28.

23) Klaus Petzold, Die Grundlagen der Erziehungslehre im Spätmittellalter und bei Luther, Heidelberg, 1969, 70.

24) M. Luther, "Ein Sermon vom ehelichen Stand(1519)", in: ed. Franz Hofmann, Pädagogik und Reformaion, (Berlin, Volk und Wissen Volkseigener Verlag, 1983), 63.

25) "결혼은 놀라운 성례전이다. 그것은 하나님이 인간과 하나가 됨을 보여주는 성례전으로서 하나님이 인간에게 자신을 버리고 오셔서 인간과 하나가 되고, 하나님이 우리의 것이 된 것을 보여주

는 성례전이다. 왜냐하면 남자가 여자에게 자신을 버리고 와 하나가 되면서 여자의 것이 되는 것을 구체적으로 보여주기 때문이다." Ibid.

26) M. Luther, "Ein Sermon vom ehelichen Stand(1519)", in: ed. Franz Hofmann, Pädagogik und Reformation, (Berlin, Volk und Wissen Volkseigener Verlag, 1983), 65.

27) M. Luther, "Ein Sermon vom ehelichen Stand(1519)", in: ed. Franz Hofmann, Pädagogik und Reformaion, (Berlin, Volk und Wissen Volkseigener Verlag, 1983), 64.

28) M. Luther, "Ein Sermon vom ehelichen Stand(1519)", in: ed. Franz Hofmann, Pädagogik und Reformaion, (Berlin, Volk und Wissen Volkseigener Verlag, 1983), 65.

29) 루터성경에는 "네 부모를 공경하라"가 네 번째 계명으로 나온다.

30) M. Luther, "Deutsch Katechismus(1529)" WA 30

31) M. Luther, "Deutsch Katechismus(1529)" WA 30, 1, 214, 18-32.

32) I. Asheim, Ibid., 250.

33) M. Luther, *Deudsch Catechismus* 1529, WA 30, 1, 147, 20-36.

34) M. Luther, *Großer Katechismus* (1529), WA 30, 1, 152, 19-25. / in: ed. Franz Hofmann, *Pädagogik und Reformaion*, (Berlin, Volk und Wissen Volkseigener Verlag, 1983), 116.

35) I. Asheim, Ibid., 250.

36) Petzold, Ibid., 69쪽 이하.

37) M. Luther, *Deutsch Katechismus* (1529), WA 30, 1.

38) M. Luther, *Deutsch Katechismus* (1529) WA 30, 1, 152, 19-25. / in: ed. Franz Hofmann, Pädagogik und Reformaion, (Berlin, Volk und Wissen Volkseigener Verlag, 1983), 118.

39) I. Asheim, Glaube und Erziehung bei Luther, Ein Beitrag zur Geschichte des Verhältnisses von Theologie und Pädagogik, (Heidelberg, Quelle & Meyer, 1961), 45.

40) M. Luther, *Deutsch Katechismus* (1529), WA 30, 1, 155, 3-6.

41) M. Luther, *Deutsch Katechismus* (1529), WA 30, 1, 152-157.

42) M. Luther, "Vom ehelichen Leben 1522" WA 10, 2, 301. / 비슷한 구절 "Et parentes deo gratias agere debent, quod habent regere pueros et corporaliter et spiritualiter (부모는 그들이 아들을 육적으로 뿐만 아니라, 영적으로도 다스리게 하시는 하나님의 은혜에 감사해야 할 것이다)" M. Luther, "Predigt 1528", WA 27, 7, 7f.

43) M. Luther, *Deutsch Katechismus*, 1529 WA 30, 1, 151, 30-32.

44) M. Luther, "Konziliis und Kirchen 1539", WA 50, 652, 14-17.

45) M. Luther, "Genesis 1535-45", WA 43, 75, 2-16.

46) M. Luther, "Vom ehelichen Leben (1522)", WA 10, 2, 301, 23-28.

47) M. Luther, WA 41, 406,3-407,3, WA 29, 15-22, 30,7 등.

48) I. Asheim, Ibid. 44.

49) M. Luther, "Ratsherrnschrift", 1524 : Nipkow, Schweitzer, Ibid., 46 이하.

50) Klaus Goebel, "Luther als Reformer der Schule", in : K. Goebel (편), *Luther in der Schule*, Bochum 1985, 7쪽.

51) M. Luther, "Eine Predigt, dass man Kinder zur Schule halten solle,"

52) Ivar Asheim, *Glaube und Erziehung bei Luther*, 73. 실제로 독일에서는 그와 같은 루터의 전통이 오늘날까지 이어져, 모든 공교육 안에서 '종교수업'이 실시되고 있다.

53) I. Asheim, *Glaube und Erziehung bei Luther*, 67.

54) 그 외에도 루터의 글들은 학교를 활성화하고 개혁하는 독일의 학교개혁에 실제적인 파급효과를 가져왔다. 『시의원에게 주는 글』(1524)의 영향으로 독일의 막데부르크(Magdeburg), 노르드하우젠(Nordhausen), 할버슈타트(Halberstadt)와 고타(Gotha) 등의 여러 도시에 학교가 세워졌다. 이들은 모두 독일의 초기 공교육에 모델이 되었다. 또한 루터는 종교개혁의 신학적 작업에서 그의 오른팔 역할을 했던 멜란히톤(Melanchthon)과 함께 학교개혁을 실제적으로 계획하고, 무엇보다 라틴어학교(현재의 인문계 고등학교의 전신)의 활성화에 힘썼다. 그는 멜란히톤과 쿠어작센(Kursachsen)지역에 라틴어학교를 세우고, 전 지역을 감독(Visitation)하면서, 많은 실제적인 경험을 쌓았다. 이 경험을 바탕으로 멜란히톤은 이 지역의 목사들을 대상으로 『감독관 수업 *Unterricht der Visitatoren*』이라는 글을 썼는데, 루터가 이를 재수정했다. 이 글은 오랫동안 독일의 '학교제도'에 지침과 방향을 제시하는 모범으로서의 역할을 했다. "von Philipp Melanchthon und Dr.Martin Luther eignehaendi gestellt Schulordnung fuer Herzberg(1538)" Fr. Hahn, *Die Evangelische Unterweisung in des Schulen des 16. Jahrhunderts*, (Heidelberg, Quelle&Meyer, 1957), 33에서 재인용.

55) M. Luther,

56) M. Luther, *Deutsche Messe und Ordnung des Gottesdienstes* 1526, WA19, 44-113.

57) "Vorrede zum Kleinen Katechismus", in: BSLK Bd2, 501.

58) H.B.Kaufmann, "Martin Luther", in: H.Schröer: D.Zilleßen, Klassiker der Religionspädagogik, Frankfurt a M., 12쪽 이하

59) H. J. Fraas, Katechismustradition, Göttingen, 1971, 20쪽

60) P.Melanchton, Unterricht der Visitatoren an die Pfarrherrn im Kurfürstentum zu Sachsen (1528), in: Nipkow, Schweizer, Ibid., 86쪽 이하.

종교개혁과 교육개혁

61) Fr.Hahn, Die Evangelische Unterweisung in den Schulen des 16.Jahrhunderts, Heidelberg, 1971, 32쪽

62) Fr. Hahn, Ibid., 55쪽 이하

63) Kleiner Katechismus, BSLK Bd.2, 503.

64) Ibid., 504.

65) Der Großer Katechismus, BSLK S.559.

칼뱅의 교회론에
나타난 교육목회

+++

1. 들어가는 말

오늘날 개신교 교육목회의 뿌리를 찾으려 하는 사람은 개신교의 아버지들 중 한 사람인 칼뱅을 비껴갈 수 없다. 물론 칼뱅 당시에 오늘날 기독교교육 영역에서 말하는 '교육목회(teaching ministry)'의 개념이 있었던 것은 아니었고, 칼뱅이 스스로를 교육목회자로 칭하지도 않았다. 칼뱅은 단지 그의 목회지였던 제네바와 스트라스부르에서 그의 종교개혁 프로그램을 목회 전반에 걸쳐 통전적으로 수행했을 뿐인데, 이것이 오늘날 개혁교회 교육목회에 방향을 제시하는 뿌리와 같은 역할을 하게 되었다. 이 같은 사실은 칼뱅이 추구했던 종교개혁적 목회 자체가 이미 본질적으로 교육목회였다는 것을 의미한다고 할 수 있다.

종교개혁과 교육개혁

이 장에서는 그와 같은 칼뱅의 교육목회 개념을 추적하기 위해 그의 교회론을 살펴보려 한다. 그가 추구했던 교회의 이해와 교회에서 교육의 위치들을 살펴보면서 왜 그의 목회가 교육목회일 수밖에 없었는지를 발견해보고자 한다. 또한 그의 저술들에 나타난 교육목회의 이론적 근거와 그가 제네바에서 실제로 행한 교육목회의 실천을 살펴봄으로써 그의 교육목회 개념을 전반적으로 재구성하고, 그 현대적 의미를 살펴봄으로써 오늘날 개혁교회가 언제나 다시금 돌아가고 시작해야 할 교육목회의 근본을 가늠해보고자 한다.

2. 칼뱅의 교회론에 나타난 "하나님 교육(paedagogia Dei)" 개념

칼뱅의 저술에 나타나는 교회개념은 지속적으로 변화하고 확대 심화되는 양상을 보이고 있다. 그의 교회론은 이미 『기독교강요』(1536)의 초판에서부터 나타나는데, '사도신조 해설'과 '거짓성례전론' 그리고 '그리스도인의 자유'를 다룬 장들에서 각각 분산되어 나타나던 그의 교회개념이, 1539년 판에서는 더욱 발전되고 정리된 형태로 '사도신조 해설' 부분에 자리 잡고 있는 것을 볼 수 있다. 또한 1543년도 판에서는 더 많은 내용이 첨가되어 '사도신조 해설' 중 세 개의 장을 차지하게 되고, 1599년 라틴어 최종판에서는 제 4권 전체가 성례전론을 포함하는 교회론에 관한 장이 되고 있는 것을 볼 수 있다.[1]

칼뱅의 교회개념의 발전은 단순히 이론상으로만이 아니라 그의 목회활동과도 긴밀하게 연결되고 있다. 『기독교강요』 초판을 쓸 당시 목회의 경험이 아직 없었던 칼뱅은 로마 가톨릭교회의 교회개념에 대항하여 '보이는 교회', 즉 건물이나 제도, 성직자 집단과 같은 보이는 교회만이 아니라, 보이지 않지만 하나님의 선택된 인간들의 모임으로서의 '불가시적 교회'에 관심을 보였다.[2] 그러나 그는 1536년 이후 제네바에서 종교개혁에 동참하면서 11월에 시의회에 "교회법(Ordonnances ecclesiastiques)"을 제출하게 되는데, 이 글에서 성만찬, 치리의 필요성, 회중의 시편찬송, 어린이를 대상으로 하는 교리문답교육 등 '가시적 교회'와 관련된 내용에 대하여 제안하고 있다.[3] 이 같은 제안들은 그가 제네바의 목회를 통해 '보이는 교회'의 구체적 목회에 대한 관심을 갖게 되었다는 것을 의미한다고 할 수 있다.[4]

스트라스부르에서의 3년 체류기간이 지난 후 다시 제네바로 귀환했던 1541년 9월에 칼뱅은 시의회에 새로운 "교회규범(Les Ordonnances ecclesiastiques)" 초안을 제출한다.[5] 이 문서에서 칼뱅이 이른바 교회의 4대 직무설과 치리 및 성도들의 윤리적 삶에 관한 지침 등, 『기독교강요』에서 전개했던 교회론을 실천적 관점으로 적용하고 있는 것을 볼 수 있다. 그러한 그의 이론과 실천적 관점의 교회론이 1559년에 나온 『기독교강요』 최종판에 총망라되어 있는데, 그는 이 책의 4권을 교회론에 관한 독립된 부분으로 할애하고 있다. 따라서 이 장에서는 먼저 그의 교회론의 결정판이라고 할 수 있는 『기독교강요』[6] 최종판에 나타나는 교회론을 통해 그의 교육목회 개념을 살펴보고자 한다.[7]

1) 교회론의 제목 – "그리스도와의 연합을 위한 외적 도움"

칼뱅은 그의 교회론에 해당하는 『기독교강요』 4권에 "하나님께서 우리를 그리스도와의 연합으로 부르시고, 그 안에 머물게 하시려는 외적 수단과 도움에 관하여"라는 제목을 붙이고 있다. 특별히 4권의 1~2장에서 칼뱅이 교회에 관하여 여러 정의를 제시하고 있는 것을 찾아볼 수 있다. 그러나 우

종교개혁과 교육개혁

리는 그 정의들을 살펴보기에 앞서 그가 4권의 첫머리, 즉 교회론 자체에 붙이고 있는 이 제목에 먼저 주목함으로써 그의 교회관에 접근할 필요가 있을 것 같다.

(1) 그리스도와의 연합

이 제목에서 먼저 눈에 띄는 것은 "그리스도와의 연합(communio cum Christo)"이라는 단어이다. "그리스도와의 연합"은 칼뱅의 신학, 특별히 그의 구원론에서 핵심적인 의미를 갖는 개념이다.[8] 칼뱅은 교회론의 바로 앞부분인 3권 성령론 전체를 통해서 기독론에 해당하는 2권에서 설명한 예수 그리스도의 위격과 사역이 '성령'에 의하여 우리의 것이 된다고 설명한 바 있다. 3권은 바로 성령에 의해서 우리가 그리스도와 연합하는 것, 즉 그리스도가 우리의 것이 되는 것에 관한 모든 것을 서술한 장이라고 할 수 있다. 그래서 칼뱅은 3장에서 믿음, 칭의, 성화 등의 구원론과 관련된 주제들을 다루고 있다.

그는 3권의 첫머리에 우리가 그리스도와 연합하는 것이 구원의 시작임을 분명히 밝히고 있다 :

우선 우리는 그리스도께서 우리 밖에 계시고 우리가 그와 떨어져 있는 한, 인류의 구원을 위해서 그가 고난당하시며 행하신 일은 모두가 우리에게 무용, 무가치한 것임을 알아야 한다. 그러므로 아버지에게서 받으신 것을 우리에게 나눠주시기 위해서는, 그가 우리의 것이 되며 우리 안에 계셔야 했다.[9]

칼뱅은 그(그리스도)가 "우리 것이 되고, 우리 안에 계실 때" 구원이 이루어지는 것이라면서, 그리스도와의 연합이 구원의 과정에서 필수적임을 말하고 있다. 연이어 칼뱅은 그리스도와 우리가 연합하는 형태들을 "머리"(엡 4:15), "많은 형제 중에서 맏아들"(롬 8:29), "접붙임"(롬 11:17), 그리고 "그리스도로 옷입는다"(갈 3:27)와 같은 이미지들로 표현하고 있다.[10] 다시 말하면 우리와 그리스도의 연합은 몸과 머리의 관계일 수도 있고, 맏아들과 다른 형제들의 관계일 수도 있으며, 접붙임의 형태, 혹은 우리가 그리스도로 덧입는 형태일 수도 있는데, 그는 이 같은 연합이 성령께서 연결하는 활동에 의해 일어난다고 했다.[11]

칼뱅은 성령에 의해 일어나는 그리스도와의 연합은 일종의 신비적인 연합(mystische union)이며, 이 신비적 연합을 통해서 우리가 그리스도를 소유할 때 그리스도가 받은 은사를 우리도 공유하게 된다고 했다. 이 은사에는 그 무엇보다 그리스도의 의가 속하는데, 그리스도와 연합함으로써 우리는 그리스도의 의를 덧입게 되며, 그의 의가 우리의 의가 된다고 했다 :

나는 그리스도께서 우리 안에 들어와 계실 때까지 우리는 이 비할 데 없는 선을 가질 수 없다는 것을 고백한다. 그러므로 머리와 지체들과의 결합, 즉 우리의 마음속에 그리스도가 내주하심을 간단히 말하면, 신비로운 연합을 우리는 최고로 중요시한다. 그리스도는 우리의 소유자가 되심으로써 그가 받은 선물을 우리도 나눠가지게 하신다. 그러므로 우리가 우리 밖에 계신 그리스도를 멀리서 바라봄으로써 그의 의가 우리에게 전가되는 것이 아니라, 그를 옷입으며 그의 몸에 접붙여지기 때문에 간단히 말해서 그가 우리를 자기와 하나로 만드시기 때문에 그의 의가 우리에게 전가된다.[12]

따라서 그리스도와의 연합은 그의 의를 전가 받아 우리도 의롭게 되는 "칭의"사건에 결정적인 전제조건이라고 할 수 있다.

종교개혁과 교육개혁

칼뱅에게서 그리스도와의 연합은 칭의뿐만 아니라 성화를 가능케 하는 조건이 되기도 한다. 칼뱅은 의로움과 거룩함은 뗄 수 없는 관계라고 하면서 그리스도와의 연합은 칭의뿐만 아니라 신자가 평생 걸어가야 할 '성화'의 전제조건이 된다고 했다 :

여기에서는 의와 거룩함이 문제가 되어 있으므로, 이에 대해서 더 자세히 말하려 한다. 우리는 둘을 구별하지만, 그리스도께서는 자신 안에 두 가지를 다 포함하시며, 그 둘은 서로 뗄 수 없게 결합되어 있다. 그리스도 안에서 의를 얻기를 원하는가? 그렇다면 우선 그리스도를 소유해야 한다. 그러나 그리스도를 소유하면서 그의 거룩함에 참여하지 않을 수 없다. 그는 둘로 나누어 질 수 없기 때문이다(고전 1:13). 주께서 우리에게 이 은혜를 주시며 우리가 이 은혜들을 누리도록 하시는 방법은 그가 자기를 우리에게 주시는 것뿐이므로, 그는 동시에 두 가지를 함께 우리에게 주신다. 한 쪽이 있으면 반드시 다른 쪽도 있다. 그러므로 우리가 의롭다함을 받는 것은 행위와 떨어진 것이 아니면서도 행위에 의한 것이 아님이 사실인 것은 분명하다. 우리는 그리스도 안에 참여함으로써 의롭다함을 받으며, 그리스도 안에 참여한다는 것은 의에 못지않게 거룩함을 포함한다.[13]

칼뱅은 이처럼 칭의와 성화가 서로 분리될 수 없이 함께 가며, 이 둘은 그리스도와의 연합에서 나온다고 보았다. 따라서 신자의 평생에 걸친 성화의 과정은 그리스도와의 연합이 없이 이루어질 수 없는 것이다.[14] 칼뱅은 물론 칭의와 성화뿐만 아니라 중생, 신앙, 회심, 기도 등에 있어서도 그리스도와의 연합이 전제되어야 한다고 보았다. 기독교인이 되고, 기독교인으로서 성장하는 모든 과정에서 그리스도와의 연합은 필수적인 것이다.[15]

2권과 3권 전체를 통해 이처럼 핵심이 되는 "그리스도와의 연합" 개념이 바로 그의 교회론 4권을 시작하는 첫 제목으로 등장하는데, 그것이 바로 "하나님께서 우리를 그리스도와의 연합으로 부르시고, 그 안에 머물게 하시려는 외적 수단과 도움에 관하여"인 것이다. 이와 같은 제목으로부터 우리는 칼뱅이 생각했던 교회는 하나님이 신자들을 그리스도와의 연합으로 부르시고, 그 연합 안에 머물게 하시기 위하여 존재하는 기관이라는 점을 알 수 있다. 그에게 교회는 신자의 평생에 걸친 기독교인으로서의 여정, 즉 의롭게 되는 '칭의'와 지속적으로 거룩하게 되는 '성화'의 모든 과정을 돕기 위해 존재한다. 교회는 우리가 신자로 태어나고, 신자로서 성장하는 모든 신앙의 여정을 동반하는 기관이고, 따라서 교회 없이 신자로서의 삶은 불가능한 것이다.

(2) 외적 수단과 도움

칼뱅이 교회론에 붙인 제목에 나타나는 또 하나의 중요한 개념은 "외적 수단과 도움"이라는 것이다. '외적 수단(ausserliche Hilfsmittel)'이란 구체적으로 눈에 보이는 도움과 방편들을 의미하는데, 여기서 그가 사용한 "외적"이라는 표현은, 앞 장(3장 성령론)에서 살펴본 성령의 활동이 내적 도움이라고 한다면, '교회'는 겉으로 드러나는 구체적 수단, 즉 목사, 교사, 성찬, 세례와 같은 수단을 통해서 돕는다는 의미를 담고 있는 듯하다. 다시 말해서 교회는 하나님이 우리를 그리스도와의 연합으로 부르시고 그 안에 머물게 하기 위해 제정하신 것으로써, 인간이 구체적으로 보고 경험할 수 있는 도움의 수단이라는 것이다 :

전편(3장)에서 설명한 바와 같이, 우리가 복음을 믿음으로 말미암아 그리스도께서는 우리의 그리스도가 되시고, 우리는 그가 갖고 오신 구원과 영원한 부에 참

종교개혁과 교육개혁

여하게 된다. 그러나 우리의 믿음을 일으키고, 키우며, 목적지까지 전진시키려면 무지하고 태만하고 교만하기까지 한 우리들에게는 외적인 도움이 필요하다. 하나님께서는 우리의 약함(infirmitas)을 돕기 위해 이러한 외적 수단들을 첨가하셨다. 복음을 설교하는 것이 효과적이게 하기 위해 하나님은 교회에게 이 보물(복음)을 주셨다. 하나님은 또한 '목자'와 '교사'를 세우셔서(엡 4:11) 그들의 입을 통해 그의 백성들을 가르치게 하셨으며, 그들에게 권위를 덧입히셨다. 한마디로 말해 하나님은 신앙 안에서의 거룩한 연합과 올바른 질서를 위해 도움이 될 만한 것은 하나도 빠뜨리지 않으셨다. 하나님은 우리가 경험을 통해서 알고 있는 바와 같이 신앙이 자라고 강화되는데 최고로 도움이 되는 수단인 성례를 제정하셨다. 우리는 우리의 육신의 감옥에 갇혀있어서 아직 천사들의 수준에 도달하지 못했다. 따라서 하나님은 우리의 이해수준으로 스스로를 조절하셔서(accommodatio), 아직 그로부터 까마득히 멀리 떨어져 있는 우리가 어떻게 하면 그에게로 가까이 갈 수 있는지에 대한 하나의 방법과 길을 제시하신 것이다."[16]

위의 인용 글은 『기독교강요』 4권 1장 1절의 첫머리인데, 사실 이 안에 칼뱅이 생각하는 교회의 본질과 기능이 모두 함축되어 있다고 해도 과언이 아니다. 칼뱅은 여기에서 교회를 "외적인 도움이요 수단"이라고 칭하고 있는데, 우리는 그가 왜 교회가 외적 수단과 도움이 되어야 한다고 보고 있는지를 주목할 필요가 있다.

칼뱅은 우리의 약함이 바로 우리가 외적 수단을 필요로 하는 결정적 요인이라고 주장한다. 우리는 무지하고 태만하며 교만할 뿐만 아니라, 아직 육신의 감옥에 갇혀 있어서, 천사들의 수준에 도달하지 못한 약한 존재들이라는 것이다. 우리가 가지고 있는 이와 같은 약함은 필연적으로 그에 맞는 형태의 도움을 필요로 하는데, 칼뱅은 그것이 바로 교회라고 했다. 교회를 통해서 주는 외적 도움들, 즉 복음의 설교, 목사와 교사를 통한 가르침, 성례 등이 아직 육체 가운데 거하는 인간인 우리가 우리의 수준에 맞게 보고, 경험하며, 느낄 수 있는 외적 수단이라는 것이다. 같은 맥락에서 칼뱅은 뒷부분의 성만찬 설명 부분에서도 "그리스도와 신자가 은밀하게 연합된다는 이 신비는 본래 이해할 수 없는 것이기 때문에 하나님께서 우리의 약한 능력에 맞게 볼 수 있는 표징을 주셔서 그 신비를 보여주신다."[17]고 하면서, 그것이 바로 성만찬이라고 설명한다. 우리가 실제로 그리스도의 살과 피를 상징하는 떡과 포도주를 먹음으로써 그리스도와 우리가 하나가 되는 신비적 연합을 구체적으로 경험할 수 있게 하신 것이라는 뜻이다.

그러면서 칼뱅은 여기에서 그 유명한 "하나님의 자기조절(아콤모다찌오 데이, accommodatio Dei)"이라는 표현을 사용한다.[18] 즉 교회는 하나님이 인간의 눈높이로 자신을 조절하여 인간에게 가까이 오시는 하나의 방법이요 수단이라는 것이다. 하나님은 영이시고 육이 아니시기 때문에 육적일 필요가 없지만, 아직 육의 감옥에 갇혀있는 인간의 약한 이해능력에 맞게 자기를 조절하여(accommodiert) 인간에게 다가오시는데, 그 통로가 교회라는 것이다. 교회 안에서 이루어지는 모든 외적 수단, 즉 말씀의 설교, 목사와 교사의 가르침, 성례와 같은 외적 도움들은 모두 약한 인간의 이해수준에 맞게, 인간이 감각하고 경험할 수 있도록 자신을 조절하여 오시는 하나님의 "자기조절 교육"의 일환이라는 것이다.

칼뱅이 교회론에 붙이고 있는 제목과 교회론의 첫머리에서 우리는 칼뱅의 교회개념에서 교육적 모티브가 핵심적이라는 사실을 발견하게 된다. 지속적으로 그리스도와의 연합을 지향해야 하나 아직 약하고 미완성인 존재라는 인간개념은 그 자체로 '교육인간학적'인 전제가 된다. 교육은 미성숙

종교개혁과 교육개혁

한 인간을 도와 성숙으로 이끄는 행위이다. 아직 완성되지 않은 약한 인간에게 지속적으로 그리스도와의 연합을 이루고, 신앙성장이 이루어지도록 돕는 기관으로서의 교회개념 안에는 '교육'의 개념이 핵심적인 것이다. 뿐만 아니라 '하나님의 자기조절'이라는 개념 안에서도 우리는 그 바탕에는 교육의 모티브가 있는 것을 발견했다. 교사가 미성숙한 학습자의 발달의 단계와 수준에 맞도록 자기를 조절하여 접근하는 것은 교육의 기초적인 원리이다. 교회가 미성숙한 신자들의 수준에 맞게 하나님이 자신을 조절하여 다가오시는 '아콤모다찌오 데이'의 통로라는 정의는 칼뱅의 교회이해에서 '교육'이 주변적인 관심이 아니라 핵심적 관심이라는 것을 단적으로 드러내는 것이다. 이를 증명이라도 하듯 칼뱅은 이어지는 교회의 첫 번째 정의를 "어머니 교회"로 칭하고 있다.

2) 어머니 교회

칼뱅은 『기독교강요』 4권의 앞부분에서 교회에 관한 정의를 여러 가지로 내리지만, 첫 번째로 그가 선택한 단어는 "어머니"이다 :

그러면 나는 먼저 교회를 논하고자 한다. 하나님께서는 이 교회의 품속으로 자녀들을 모으시기를 기뻐하셨는데 이는 그들이 유아와 어린아이일 동안 교회의 도움과 봉사로 양육 받을 뿐 아니라 어머니와 같은 교회의 보호와 지도를 받아 성인이 되고, 드디어는 믿음의 목적지에 도달하게 하시려는 것이다. "하나님이 짝지어 주신 것을 사람이 나누지 못하므로"(막 10:9), 하나님이 아버지가 되는 사람에게는 교회가 어머니가 되어야 한다. 이것은 율법 아래에서도 그랬고, 그리스도가 오신 후에도 그러했다. 그래서 바울은 우리에게 이렇게 가르치지 않았

는가: 우리는 새 예루살렘의 자녀들이라고(갈 4:26).[19)]

위의 인용구에서 우리는 칼뱅이 '가정'이라는 이미지를 사용하여 우리와 하나님, 교회의 관계를 설명하고 있는 것을 발견한다. 하나님이 아버지가 되는 사람은 교회가 어머니가 되고, 신자들은 어머니의 품인 교회 안에서 자라나는 자녀들이라는 것이다. 물론 교회를 '어머니'로 칭하는 것은 이미 터툴리안이나 키프리안 그리고 어거스틴에게서도 발견되는 개념이다.[20)] 그러나 칼뱅이 그와 같은 이미지를 그의 교회에 관한 첫 정의로 선택하고 있는 것은 그가 교회의 양육적 본질을 얼마나 중시하고 있는지를 단적으로 보여주고 있는 것이라고 할 수 있다 :

이제 가시적 교회에 관하여 이야기해 보자. 나는 앞에서 이미 교회에 '어머니'라는 귀한 이름을 붙였는데, 이 이름이 교회를 아는데 얼마나 유용한 것인지 배워야 한다. 이 어머니가 우리를 잉태하여 품으시고, 우리를 낳으시며, 젖을 먹여 기르고 우리가 이 육신을 벗고 천사같이 될 때까지(마22:30) 우리를 보호 지도해 주지 않는다면 우리는 생명으로 들어갈 길이 없다. 연약한 우리는 일평생 교회라는 학교(schola)에서 떠나는 허락을 받을 수 없는 학생들이다.[21)]

위의 인용에서 보는 바와 같이 칼뱅은 가시적 교회를 '어머니'라고 정의함으로써 가시적 교회의 필요성이 신자를 잉태하고 양육하는 것에 있음을 분명히 했다. 교회가 어머니라는 것은 교회는 신자를 잉태하고 기르며 신자를 평생 양육하는 기관이라는 뜻이다. 또한 이러한 어머니 교회의 교육하는 기능을 강조하기 위해서 칼뱅은 교회를 '학교'라고 했고, 모든 신자들은 나이에 상관없이 교회라는 학교의 '학생'으로서 이곳을 떠날 수 없다고 했다. 교회는 학교이고, 신자인 우리는 학생이며, 우리의 평생은 교육의 과정이라는 것이다. 칼뱅이 교회와 관련하여 사용하는 이와 같은 이미지들은 칼뱅의 교회개념이 얼마나 강하게 교육적 관점 위에 세워져 있는지를 단적으로 증명해주는 것이라고 할 수 있다.

3) 가시적 · 불가시적 교회

(1) 가시적 교회와 불가시적 교회의 관계

칼뱅은 그의 교회론에 해당하는 『기독교강요』 4권의 제목을 "…외적 수단 및 도움"이라고 붙임으로써 그의 교회론이 '불가시적 교회'보다는 '가시적 교회'에 초점을 맞춘다는 점을 시사하고 있다. 이 같은 그의 의도는 교회론의 순서에서도 분명하게 나타나는데, 그는 『기독교강요』 4권을 "교회와 교회정치, 교회의 직제, 성례전, 교회와 국가"[22)]의 순으로 전개함으로써, 눈에 보이는 지상의 교회가 실제로 행해야 할 구체적 사항들에 대하여 서술하고 있다.

그러나 칼뱅은 우리 눈에 보이는 '가시적 교회'와 구별하여, "우리 눈에는 보이지 않고, 하나님의 눈에만 보이는"[23)] 불가시적 교회의 존재를 말했는바, 이 교회는 현재 살아 있는 사람뿐만 아니라 죽은 사람까지 포함하는 하나님의 모든 "선택된 자들의 무리(electorum turba)"라고 했다(Institutio, IV, i, 2). 이 교회는 오직 "하나님의 자녀 삼으심과 성령의 성화"에 의해서만 그 일원이 될 수 있으며, 그렇기 때문에 "하나님 앞에서 참된 교회"로서 인간의 눈에 보이는 '가시적 교회'와 대비되는 교회라고 했다 :

우리는 성경에는 두 가지 교회가 있다고 말했다. (1) 성경에서 '교회'라고 말할 때, 그것은 진정한 의미에서 하나님 앞에서의 교회로서, 이 교회에는 하나님의 자녀로 삼으시는 은혜를 통해 자녀 된 자와, 성령의 성화에 의해서 예수님의 지체가 된 자만이 속할 수 있다. 이 교회는 현재 지상에 살아있는 성도들뿐만 아니라, 천지창조 이후 지금까지 선택받은 모든 사람을 포함한다. (2) 그러나 성경은 교회라는 표현에서 세계 각지에 산재한 모든 사람들, 즉, 한 하나님과 그리스도를 경배한다고 고백하고, 세례로 그리스도에 대한 믿음을 증명하며, 성만찬에 참가함으로써 진정한 교리와 사랑에 의한 우리의 연합을 증거하고, 주의 말씀 안에서 일치하며, 말씀을 설교하기 위해 제정하신 성직을 보존하는 사람들의 무리를 지칭하기도 한다. 이런 교회 안에는 그러나 이름과 외형만 있고 그리스도는 전연 없는 위선자들이 많이 있다. 따라서 우리는 앞서 말한 하나님의 눈에만 보이는 '불가시적 교회'를 믿어야 하며, 동시에 우리가 '교회'라고 부르는 '보이는 교회'를 귀하게 여기고 그와의 교통을 지속해야 한다.[24]

'보이지 않는 교회'에 속하게 되는 기준인 '하나님의 자녀 삼으심'과 '성령의 성화'란 하나님의 은밀한 선택과 내적 부르심에 의해 이루어지는 것이기에 칼뱅은 이 교회에 누가 속하게 되는지의 지식, 즉 선택받은 자와 버림받은 자를 판단하는 지식은 하나님께만 일임해야 한다고 말했다.[25] 따라서 이 교회는 '하나님만 아시는 교회'이다. 하나님만 아시고 인간에게는 보이지 않는 이 '불가시적 교회'야말로 칼뱅에게 하나님 앞에서의 진정한 교회이고 이상적인 교회이다.[26]

그러나 칼뱅은 이 '불가시적 교회'만이 성서가 인정하는 유일한 교회라고 본 것은 아니다. 위의 인용 글에 나타난 대로 그는 사람들이 '교회'라고 부르는 '가시적 교회'의 개념도 성서에 나타나는 교회개념의 하나라고 했는바, 이는 신앙고백, 세례, 성만찬, 말씀 안에서의 일치, 그리고 성직이라는 외형적인 기준으로 설명할 수 있다고 했다. 다만, 칼뱅은 외형적인 기준

종교개혁과 교육개혁

으로 설명되는 '가시적 교회'는 "위선자"와 "야심과 탐욕과 시기가 가득한 사람들, 불결한 생활을 하는 사람들"도 섞여 있어서 '가시적 교회'에 소속된 사람들이 곧 '불가시적 교회'의 영역에 속하는 사람인 것은 아니라고 말했다.

콜프하우스(W. Kolfhaus)는 '불가시적 교회'와 '가시적 교회'가 같은 교회의 양면, 즉 신적인 면과 인간적인 면이라고 설명했지만,[27] 사실 이 두 교회를 같은 교회의 양면이라고 보기에는 어려운 점이 있다. 오히려 불가시적 교회를 가시적 교회가 지향해야 할 목표로 보는 것이 타당할 것 같다.[28] 그럼에도 불구하고 칼뱅은 신앙고백에서 우리가 "공교회"를 믿는다고 할 때 이 교회의 개념에는 '불가시적 교회'만이 아니라, 현실적 교회인 '가시적 교회'를 포함한다고 했고,[29] 모든 신자들은 가시적 교회를 귀히 여기고 이 교회와의 교통을 지속해야 한다고 강조했다.

왜 그런가? 칼뱅은 그 이유를 "그리스도의 몸"과 "성도의 교통"에서 찾고 있다. 칼뱅은 모든 선택된 사람들은 그리스도 안에서 연합되었고(엡 1:22-23) 그리스도를 머리로 하여 서로가 한 몸의 지체와 같이 결합되었으며,[30] 이 결합 안에서 서로 교통해야 한다고 했다. 그런데 이 교통은 '불가시적 교회'에서 뿐만 아니라 '가시적 교회'에서도 일어나는 것이다 :

사도신경의 이 조항은(성도가 서로 교통하는 것) 어느 정도 외면적인 교회에도 적용된다. 즉 우리는 각각 하나님의 모든 자녀들과 형제적 일치를 유지하며 교회가 당연히 가져야 할 권위를 교회에 부여하고 당연히 양떼의 일원으로 행동해야 한다. 이 목적을 위해 '성도의 교통'이라는 내용이 사도신경에 첨가된 것이다.[31]

따라서 비록 '가시적 교회'에 위선자와 불경건한 자들이 있을지라도, 그래서 '가시적 교회'가 '불가시적 교회'와 반드시 일치하지는 않다고 해도, 그리스도의 몸의 지체들로서 성도가 서로 교통함이 이루어지는 통로로서 '가시적 교회'는 '불가시적 교회'와 서로 공유하는 영역이 있는 것이다. 가시적 교회에서 성도들은 그리스도를 머리로 하나가 되어 형제애로 서로 연합하고, 각자 받은 은혜를 서로 나눔으로써 점점 더 '불가시적 교회'에 가까이 가게 되는 것이다.

(2) "하나님 교육(paedagogia Dei)"의 통로로서 가시적 교회

그러나 칼뱅이 '가시적 교회'가 존재해야 하는 이유로 그 무엇보다 중요하게 생각했던 것은 "교육적 기능" 때문이라고 할 수 있다.[32] 칼뱅은 『기독교강요』 4권 1장 2절과 3절에서 '불가시적 교회'와 '가시적 교회'의 관계 및 차이를 논한 후, 4절에서 이제 '가시적 교회'를 논해보자며 논지를 '가시적 교회'로 돌린 후, 바로 '어머니' 교회의 개념을 다시 거론한다.[33] 그는 가시적 교회가 존재하는 것은 어머니처럼 신자들을 잉태하고 키우기 위함이라고 재차 강조한다.[34] 육신을 입고 사는 인간이 가지는 "연약함"은 필연적으로 보호와 지도를 필요로 하고, 교회는 이들을 지도해야만 하며, 또한 신자들은 일평생 교회에서 배우는 자로 지내야만 한다는 것이다. 그래서 그는 교회를 신자들이 결코 떠날 수 없는 "학교"라고 칭했다.

칼뱅은 가시적 교회가 교육적 사명을 가진 것은 일차적으로 인간의 '연약함' 때문이라고 했지만, 그와 동시에 교회가 교육적 사명을 수행해야 하는 보다 근본적인 이유는 교회가 하나님이 사용하시는 교육의 통로이기 때문이라고 했다. 그는 하나님이 그의 백성들을 다른 어떤 것도 아닌 교회의 교육을 통해서만 장성한 분량에 이르도록 성장하게 하는 의지를 가지고 계시다고 했다 :

종교개혁과 교육개혁

하나님께서는 일순간에 그의 백성을 완전하게 만드실 수 있지만 그들이 교회에서 교육을 받음으로써만 장성한 사람이 되도록 하시고자 하는 뜻을 갖고 계신다. 이 교육의 방법은 목자들이 하늘의 가르침을 설교하는 형식을 통해서이다. 또한 그들 모두가 예외 없이 그 목적을 위해 세워진 교사의 인도와 가르침을 받도록 하셨다.[35]

칼뱅은 '교회'를 하나님이 당신의 백성들을 교육하시는 방편으로 세우셨고, 목사와 교사, 그리고 그들의 설교와 가르침의 형식을 직접 제정하셨다고 했다. 다시 말해서 교회는 '하나님 교육'의 수단이요 방편으로 하나님이 제정하셨다는 것이다. 이것은 교회의 교육적 권위를 가리키는 것으로, 교회는 하나님으로부터 그의 백성들을 교육하도록 위탁받은 기관이라는 것을 의미한다. 교회는 하나님이 그의 백성을 교육하기 위해 세우신 수단이기 때문에 모든 신자들은 기꺼이 하나님 교육의 통로인 교회의 교육 아래에서 머물러야 한다. 그가 모든 신자들이 평생 어머니 교회를 떠날 수 없다고 한 것은 바로 이와 같은 이유 때문이다.

헤트케(R. Hedtke)는 『칼빈의 교회교육』이라는 저서에서 칼뱅의 교회교육 개념은 본질적으로 '하나님의 교육' 개념의 연장선에서 보아야 한다고 했다.[36] 그에게서 교회의 교육은 단순히 교회에서 이루어지는 교육을 의미하는 것이 아니라, 보다 근본적으로 하나님이 그의 백성을 교육하시는 하나님 교육, 즉 '패다고기아 데이'의 일환이라는 것이다.

이를 증명하듯 칼뱅은 교회를 통한 하나님 교육이 이미 구약에서부터 보여주시는 '하나님 교육'의 연장선에서 일어나는 하나님의 활동이라고 보았다. 하나님이 교회를 통해 가르치시는 것은 구약의 백성들을 성소에 모이게 하시고 제사장을 통해 배우게 하셨으며, 또한 예언자를 통해 가르치셨던 하나님 교육의 연장이라는 것이다.[37] 또한 하나님이 제사장과 예언자를 세워 그들을 통해서 말씀하시듯, 오늘날 교회 안에 교사를 세워 그들을 통해서 말씀하시는 것이라고 했다 :

옛날에 백성을 천사들에게 맡기시지 않고 땅의 교사들을 세워서 천사의 직책을 진실하게 수행하도록 하신 것과 같이, 지금도 사람을 사용하여 우리를 가르치고자 하신다. 옛날에 율법만으로는 충분치 못하다고 생각하여 제사장들을 해석자로 삼아 사람들이 율법의 참 뜻을 그들의 입을 통해 배우도록 하신 것과 같이(말 2:7), 지금도 우리가 율법을 읽기를 원하실 뿐만 아니라 우리를 도울 교사들을 임명하신다. 이 일은 이중으로 유익한데, 한 편으로는 우리가 목사의 말을 하나님 자신의 말씀같이 들을 때 이것을 아주 좋은 수단으로 삼아 우리의 순종을 시험하신다. 또 한편으로는 우리의 연약함을 고려하셔서, 친히 우리를 향하여 우뢰같이 말씀하시면 우리가 도망갈 것이므로 사람인 해석자들을 통하여 말씀하심으로써 우리를 자신에게로 이끄신다. 참으로 모든 경건한 사람들이 하나님의 위엄 앞에서 압도될 것을 두려워하여 이와 같이 우리에게 친숙한 교수방법을 사용하신다.[38]

위의 인용 글에서 보는 바와 같이 하나님은 그의 백성들을 위해 교사를 세우시고, 그들을 통해 인간의 언어로 교육하신다. 그것은 하나님이 인간이 갖고 있는 '약함', 혹은 인간적 조건에 맞추어서 인간에게 친숙한 방법을 사용하시기 때문인데, 이것이 바로 앞에서 언급한 "하나님의 자기조절(accommodatio Dei)"이다. 따라서 칼뱅은 비록 인간인 교사가 말하지만, 그 말은 사람이 아니라 그를 통해 역사하시는 하나님의 말씀으로 간주한다. 하나님은 교사의 "입과 혀를 성별하시고, 그것을 통해서 자신의 음성이 들리

종교개혁과 교육개혁

게 하신다."[39)]

　헤트케는 칼뱅의 '하나님 교육' 사상에서 지속적으로 발견되는 핵심적 생각은 하나님은 자신의 교육을 인간인 교사를 통해 하시고, 인간은 하나님 교육의 '도구(instrumenta)'로서의 역할을 하는 것이라고 했다.[40)] 하나님은 마치 수공업자가 공구를 사용하여 작업을 하듯, 그의 교육에서 인간의 행위 (Dienst)를 도구로 사용하신다고 했다 :

　　하나님만이 교회를 지배하시며, 교회 안에서 권위 또는 우월한 지위를 가지셔야 한다. 그리고 이 권위는 그의 말씀에 의해서만 행사된다. 그러나 그는 눈에 보이게 우리들 중에 계시는 것이 아니므로(마 26:11), 우리는 그가 사람들의 봉사를 이용하셔서 자신의 뜻을 우리들에게 말로 명백하게 선포하신다고 말했다. 하나님께서는 사람들에게 이 일을 위임하셨으나 그것은 자신의 권리와 영광을 이양하신 것이 아니고 단지 그들의 입을 통해서 자신의 사업을 성취하시려는 것이다. 노동자가 일을 할 때에 연장(instrumenta)을 쓰는 것과 같다.[41)]

　하나님은 그의 백성들을 교육하실 때, 사람인 교사를 세워서, 그들의 봉사를 이용하셔서 하신다. 그들의 봉사란 다름 아닌 하나님의 말씀을 인간의 말로 분명하게 가르치고 선포하는 일이다. 인간이 말하지만 그들의 입을 통해서 하시는 하나님의 말씀이다. 따라서 교회의 교육은 인간인 교사를 통해 이루어지지만, '하나님의 교육' 즉, '패다고기아 데이'가 되는 것이다.

　이와 같은 칼뱅의 '하나님 교육' 개념은 교회가 인간의 교육이 아닌 '하나님 교육'의 대표적인 통로로서 권위를 가졌음을 말해준다. 교회를 통해서 이루어지는 모든 교육적, 양육적 활동은 하나님이 그의 백성의 약함을 돕기 위해 세우신 교사들을 통해, 구약시대부터 시작되어 지금까지도 계속하는

'하나님 교육'의 통로인 것이다. 하나님은 약한 그의 백성들을 한순간에 완전하게 하실 수 있지만, 오직 교회의 교육을 통해서 성장하게 하는 뜻을 갖고 계신다. 따라서 하나님의 백성이라면 그 누구도 신자를 잉태하고 양육하는 교회의 품을 떠나서는 안 되는, 교회라는 학교의 학생들이다. "하나님 교육" 앞에서 순종해야 할 하나님의 백성들이라면 '교회의 교육'에 순종하고 그곳에서 배우고 성장해야 하는 것이다.

4) 교회의 표지(notae ecclesiae)

'하나님 교육'의 개념은 교회의 표지에 대한 생각에서도 나타난다. 앞서 언급한 대로 칼뱅은 보이지 않는 교회와 보이는 교회를 구별했는데, 보이지 않는 교회는 하나님에게만 보이지만, 보이는 교회는 인간의 눈에도 분명히 확인되는 두 가지의 표시를 가지고 있다고 했다 :

> 우리의 눈에 보이는 분명한 교회의 모습이 나타나 있다. 즉 하나님의 말씀이 크게 설교되고 청종되며, 또한 성례가 그리스도께서 제정하신 대로 집행되는 것을 우리는 모든 곳에서 분명히 보게 됨으로써 하나님의 교회가 우리 앞에 있다는 사실을 결코 의심할 수 없다.[42]

칼뱅은 이 둘, 즉 하나님의 말씀이 선포되고, 성례가 집전되는 것이 있다면 그것을 교회로 인정해야 한다면서, 그 둘을 교회의 표징으로 인정하는 이유는 "이런 일들에는 열매가 있는 것이 확실하기 때문"이라고 했다[43] :

> 이 일들은 하나님의 복을 받아, 반드시 결실이 있으며, 또 반드시 성공을 거둔

종교개혁과 교육개혁

다. 말씀이 선포되는 곳마다 즉시 결실이 있다고 말하는 것은 아니다. 그러나 말씀을 받아들이고 언제나 말씀이 거하는 곳에서는 반드시 효과가 나타난다.[44)]

교회의 표지와 관련된 칼뱅의 언급에서 우리는 먼저 칼뱅의 교회개념 안에 '말씀'이 핵심적이라는 사실을 확인한다. 말씀의 선포나 성찬의 집례, 모두 말씀을 근간으로 해서 이루어지는 활동이다. 그는 설교가 "들려지는 말씀"이라면, 성례는 "보이는 말씀"으로 "하나님의 약속들을 그림에 그리듯이 분명한 형상으로 그려서 우리의 눈앞에 보여주고 있다."고 했다.[45)] 따라서 이 둘은 모두 말씀의 선포이고, 말씀이 선포되는 곳에는 말씀 스스로가 가져오는 결실이 있다는 것이다.

이러한 그의 표지개념에서 우리가 다시금 확인하게 되는 사실은 교회를 '하나님 교육의 통로'로 보는 칼뱅의 교회관이 반영되고 있다는 점이다. 말씀이 결실을 가져온다는 것이 의미하는 것이 무엇인가? 곧 그것이 신자들의 성화와 신앙성장을 효과적이게 한다는 뜻이다. "우리의 믿음을 일으키고 키우며, 목적지까지 전진시키는 데" 있어서 이 둘, 즉 말씀의 선포와 성찬의 집행이 효과가 있고 결실을 가져온다는 것이다.

(1) 말씀의 선포

가시적 교회의 첫 번째 표지인 "말씀을 선포하는 것"은 하나님이 '하나님 교육'을 실현하는 가장 직접적인 활동이다. 앞서 살펴본 대로 칼뱅은 하나님이 백성을 교육하실 때 교사를 세우시고, 그들을 통해 말씀을 설교하게 함으로써 하나님의 교육을 실현하신다고 했다. 따라서 칼뱅에게 '말씀의 선포'라는 활동은 철저히 '하나님의 말씀'을 선포하는 하나님의 활동이 되어야 한다. 그는 하나님이 말씀을 선포하실 때, 인간은 도구나 연장과 같이 쓰

임을 받게 된다고 했다 :

> 우리는 그가 사람들의 봉사를 이용하여서 자신의 뜻을 우리에게 말로 명백하게
> 선포하신다고 말했다. 하나님께서는 사람들에게 이 일을 위임하셨으나 그것은
> 자신의 권리와 영광을 이양하신 것이 아니고 단지 그들의 입을 통해서 자신의
> 사업을 성취하시려는 것이다. 노동자가 일을 할 때 연장을 쓰는 것과 같다.[46]

  그는 또한 말씀의 선포에는 하나님의 이중적인 역사가 함께하는데, "내
적으로는 성령을 통해서, 외적으로는 말씀을 통해서"라고 했다.[47] 성령은
말씀과 결합하여 역사하면서 성경의 권위를 입증하고, 성경은 성령을 검사
하는 상호적 관계 안에 있다. 목사의 '말씀 선포'가 '하나님의 말씀'을 선포
하는 것이 되는 것은 이처럼 외적으로는 하나님의 말씀인 성경, 내적으로는
성령의 역사로 함께하기 때문이다. 오스머(R. Osmer)의 말대로 칼뱅에게서
말씀을 선포하는 교사의 권위는 목사라는 특별한 사람으로부터 비롯되는
것이 아니라 바로 성경과 성령의 권위에서 비롯되는 것이다.[48]
  그런데 우리가 여기에서 주목할 것은 칼뱅이 교회의 표지를 "말씀의 선
포"라고 했을 때, 그것은 일차적으로 공적 예배에서의 설교를 의미하는 것
이었지만, 반드시 공적 예배에서의 설교에만 국한되는 것은 아니었다는 사
실이다. 예를 들어 칼뱅은 '목사'의 직분을 '복음을 전하고 성례를 집전'하
여 교회의 표지를 구체화하는 역할로 설명하면서, '복음을 전하는 일'을 '가
르치는 일'과 동일시하고 있다 :

> 우리는 목사의 직분에는 복음을 전하며 성례를 집례한다는 두 가지 특별한 기능
> 이 있다고 추론할 수 있다. 가르치는 방법은 공개적인 강론만이 아니라 각 가정

종교개혁과 교육개혁

에서 사적으로 가르칠 수도 있다. 그래서 바울은 에베소 신자들에게 "유익한 것은 무엇이든지 공중 앞에서나 각 집에서나 꺼림이 없이 너희에게 전하여 가르치고 유대인과 헬라인들에게 하나님께 대한 회개와 우리 주 예수 그리스도께 대한 믿음을 증거한 것"을(행 20:20-2) 그들도 안다고 말하였고, 조금 뒤에 자기는 쉬지 않고 눈물로 각 사람을 훈계하였다고 했다(행 20:3). 그러나 나는 지금 선한 목사의 은사를 자세히 말하려는 것이 아니라 오직 목사를 자칭하는 사람들이 무엇을 해야 하는가를 보이려는 것뿐이다. 즉 그들이 교회 위에 임명된 것은 무위도식하라는 것이 아니라 그리스도의 교훈으로 사람들에게 진정한 경건을 가르치며 거룩한 성례를 집례하고 올바른 권징을 유지하며 실시하라는 것이다.[49]

위의 인용 글에 나타난 대로 칼뱅은 목사의 직분이 "복음을 전하며 성례를 집례하는 일"을 수행한다고 말했는데, 연이어 "가르치는 방법은 공개적인 강론만이 아니라 각 가정에서 사적으로 가르칠 수도 있다."고 언급하고 있다. 따라서 칼뱅이 목사의 복음 전하는 일을 곧 가르치는 일로 보고 있다는 것을 알 수 있다. 뿐만 아니라 그는 복음 전하는 일은 단순히 공중예배 시의 설교행위에만 국한된 것이 아니라, 모든 가능한 상황에서 공적, 혹은 사적으로 가르치는 모든 것을 포괄하는 개념으로 보았다. 그래서 그는 인용구의 말미에서 목사의 직무를 다시 요약하면서 '그리스도의 교훈(doctrina)'으로 사람들에게 진정한 경건을 가르치며, 성례를 집례하고, 권징을 실시하는 것이라고 했다. 복음을 전한다, 혹은 선포한다는 개념 대신 "그리스도의 교훈으로 경건을 가르친다."는 표현을 쓰고 있는 것이다. 이 같은 표현은 칼뱅이 '말씀을 선포'하는 일을 말씀을 '가르치는 것'으로 폭넓게 이해하며, 여기에는 모든 공적, 사적인 상황에서 말씀을 가르치는 행위가 포함된다는 것을 나타내 준다.

여기에서 우리는 설교와 교육의 관계에 대한 루터와 칼뱅의 차이를 볼 수 있다. 루터의 경우 '교육'과 설교를 서로 분리하여 생각하는 이분법적 사고를 가지고 있었다. 그는 설교는 하나님의 말씀을 선포하는 행위로서 직접적으로 믿음과 관련이 되고, 또한 구원과 관련이 되는 행위라고 생각했지만, 교육은 '인간적 책임(menschliche Verantwortung)'으로서 구원과 직접적으로 관련이 없는 활동이라고 생각했다.[50] 믿음으로만 의롭다함을 얻는다는 그의 '이신칭의' 신학에서 볼 때 인간적 책임인 교육은 인간을 의롭게 하거나 구원에 이르게 하는 요소가 될 수 없는 것이다. 그는 율법이 인간적 노력과 관련되었으나 복음의 능력은 하나님의 은혜와 관련되었다고 본다면, 설교는 '복음'과 그리고 '교육'은 율법과 관련된 것이라는 이분법적 사고를 갖고 있었다. 따라서 그는 '교육'이 매우 중요한 것이기는 하지만, 구원에는 직접적으로 관련을 맺을 수 없는 것이라고 보았다.

반면 칼뱅에게서는 그러한 이분법을 찾을 수 없다.[51] 칼뱅은 교회 자체가 하나님의 "구원교육적(heilspaedagogisch)" 수단이고, 설교든 교육이든 모두 하나님의 말씀을 바탕으로 하는 하나님 교육의 일환이다. 그런 의미에서 그 둘 모두는 하나님이 자신을 인간의 언어와 표현으로 낮추어 오시는 '아콤모다찌오 데이', 즉 하나님 교육의 수단이다.[52] 따라서 칼뱅에게서 우리는 많은 경우 말씀을 설교하는 것과 말씀을 가르치는 것이 서로 혼용되고 있는 것을 발견하게 된다. 그는 하나님이 "목자와 교사를 세우셔서 그들의 입을 통해 그의 백성들을 가르치게 하셨다."고 했고,[53] 하나님이 제사장이나 예언자와 같은 '교사'들을 통해 하나님의 말씀을 전한 것처럼 오늘도 '교사'인 '목사'를 임명하여 자신의 말씀을 듣도록 하셨다고 하면서, 그것이 하나님이 쓰시는 '교수방법'이라고도 했다.[54] 그는 또 하나님은 그의 백성을 교회의 교육을 통해서만 성장시키려는 뜻을 갖고 계시는데, 이 교육의 방법은 "목자들이 하늘의 가르침을 설교하는 형식"이고, 우리 모두는 그 목적을 위해 세워진 "교사의 인도와 가르침을 받아야 한다."고 했다.[55] 이 같은 점을 바탕으로 보면 칼뱅에게 있어서 "말씀의 선포"는 교회가 신자들의 신앙의 성장과 성화를 위해 하나님의 말씀으로 설교하고 가르치는 모든 행위들을 지칭하는 것이라고 할 수 있겠다.

(2) 성례의 집행

칼뱅의 이와 같은 교육적 사고는 교회의 두 번째 표지인 성례전에 관한 생각에서도 구체적으로 발견된다. 칼뱅은 성례에 대한 교리를 시작하면서 무엇보다 먼저 성례는 "우리의 믿음을 돕는 또 하나의 수단이며, 이것은 복음선포와 관련되어 있다."[56]고 했다. 그는 성례는 하나님의 말씀을 통해 인간인 우리의 믿음이 확립되기 위해 있는 것이며, 인간의 이해능력에 맞게 하나님이 자신을 조절하시는 '아콤모다찌오 데이' 즉 하나님의 인간을 향한 눈높이 교육의 일환이라고 했다 :

정확히 말하면 성례는 하나님의 거룩한 말씀을 확인하기 위해서 필요하다기보다는 그 말씀에 대한 우리의 믿음을 확립하기 위해서 필요하다. 하나님의 진리는 그 자체만으로 확고부동하며, 자체 이외에서 더 훌륭한 확인을 받을 수 없다. 그러나 우리의 믿음은 연약해서(infirmitas), 각종 수단을 사용하여 사방으로 괴어주고 받쳐 주지 않으면 떨리고 흔들리며 비틀거리다가 결국은 무너지고 만다. 그래서 우리의 자비하신 주의 그 무한하신 자비로 우리의 능력에 자신을 조절하여(accommodiert), 우리가 항상 땅에 붙어 기어다니고, 육에 붙어 떨어지지 않으며, 영적인 일은 조금도 생각하지 않고, 상상조차 하지 못하므로, 하나님께서 자신을 낮추셔서 이런 땅에 붙은 것까지 이용해서 우리를 자신에게로 인도하시

며 육에 있는 우리 앞에 영적인 복의 거울을 두신 것이다.[57]

칼뱅은 물론 『기독교강요』 4권의 14장에서 성례에 관한 다양한 설명들을 전개한다. 그러나 그가 무엇보다 강조하는 것은 성례를 하나님께서 제정하신 목적이 약한 인간의 "믿음을 확립하고 증진하는 데" 있다는 것이다.[58] 이를 위해서 하나님이 자신을 인간의 수준으로 조절하셔서 오시는 활동, 즉 아콤모다찌오 데이의 일환이 성례라고 주장한다. 성례는 인간이 육체와 오감을 지닌 존재로서 영적인 것을 바로 이해할 수 없기 때문에 하나님이 구체적인 형태를 가진 것 안에 영적인 것을 담아서 가르치시는 그의 "조절교육"이라는 것이다. 그는 "만약 우리가 형태가 없는 존재라면 하나님께서도 형태가 없는 모습으로 우리에게 주셨을 텐데, 우리의 영혼이 신체에 붙어있기에, 하나님께서도 우리의 수준에 맞게 영적인 것을 눈에 보이는 것 속에 넣어주신 것이다."[59]라고 했다. 그렇게 함으로써 성례는 인간에게 "하나님의 은혜를 확증하고, 우리의 믿음을 지탱하고, 자라게 하며, 강화하고 증진시키는"[60] 하나님의 눈높이 교육의 통로가 된다고 하는 것이다.

성례(sacrament)가 하나님의 은혜를 사람이 확실히 믿도록 만들기 위하여 사용하시는 표징이라고 보았을 때, 칼뱅은 성례를 넓게 생각할 수 있다고 했다.[61] 성서에서 우리는 하나님이 그의 약속을 인간의 눈높이로, 즉 자연물이나 기적과 같은 사건으로 보여주신 예를 수없이 확인할 수 있고, 이것들은 넓은 의미로 모두 성례였다는 것이다. 아담과 하와에게 영생의 보증으로 나타내 보여주신 "생명나무"나 노아에게 보여주신 "무지개", 기드온에게 승리의 약속으로 나타내셨던 "양털", 히스기야에게 회복을 약속하셨던 "해 그림자" 등이 모두 "인간의 미약한 믿음을 지탱하며 강화하기 위하여" 하나님이 사용하신 성례였고, 그런 의미에서 '아콤모다찌오 데이'였던

종교개혁과 교육개혁

것이다. 칼뱅은 더 나아가 자연물뿐만 아니라 할례와 희생제 및 다른 여러 의식들(레 1-10장)도 유대인들의 성례였다고 했다.[62] 그러한 상징들은 단순히 우리의 이해수준에 맞게 나타내신 하나님의 표징이기만 했던 것이 아니라, 언제나 교육적 의미를 갖는 의식이었다. 그러한 표징을 통하여 인간은 하나님의 언약을 다시 확인하고, 경건하고 순결하고 충성된 삶을 살겠다는 다짐을 하게 되었고, 그래서 성례는 의식이며 동시에 훈련이었다.[63]

물론 칼뱅은 그러한 구약성서의 성례들은 모두 은혜와 구원의 증거로서 그리스도를 계시하는 것이라고 했다.[64] 그러나 이제 그리스도께서 오심으로써 이것들은 폐지되었고, 세례와 성만찬이라는 두 가지 성례가 제정되었다. 그래서 칼뱅은 옛 계약 아래에 있었던 이스라엘 백성은 '아동기(pueris)'에 해당된다고 했다.[65] 그들은 그리스도께서 오기 전의 시기에 속한 사람들로서 그리스도에 관한 완전한 계시를 받아들일 수 있을 만큼 성숙하지 못했고, 따라서 하나님은 아동기에 맞게 강력한 '아버지'로서 그들을 교육하셨다고 했다. 그리고 그들을 가르칠 몽학선생, 즉 율법을 주셨고, 자연이나 기적과 같은 유아적 방법으로 교육하셨다고 했다. 그러나 새 계약의 백성은 아동기보다는 성숙한 청소년기에 비유된다. 그들은 예수 그리스도의 계시를 직접적으로 받아들일 수 있는 단계에 있기 때문에 하나님은 그들에게 자연물이나 기적과 같은 것을 통하여가 아니라, 직접 예수 그리스도를 상징하는 성례전을 통하여 교육하신다는 것이다.[66] 그러한 눈으로 보았을 때 성서는 하나님의 그 백성에 대한 눈높이 교육의 책이라고 할 수 있다.

칼뱅에게서 하나님 교육이 하나님에 의한 교육이듯이 그의 일환인 아콤모다찌오 데이로서의 성례는 반드시 성령에 의하여 인도되는 것이어야 한다. 그는 성례가 인간에게 하나님의 은총이 확증되고, 믿음을 자라게 하는 힘이 되기 위해서는 단순한 외적 표징으로만이 아니라 내적인 '성령의

역사'가 함께 와야 한다고 했는데, 이때 성령을 "내적 교사"로 표현하고 있다 :

성례가 그 임무를 올바르게 수행하려면 반드시 저 내적 교사인 성령께서 오셔야 한다. 성령의 힘이 아니면 마음속에 침투하고 감정을 움직이며 우리의 영혼을 열어서 성례가 들어오게 할 수 없다. 성령이 없으면 먼 눈에 비치는 태양의 빛이나 막힌 귀에 울리는 음성과 같이 성례는 아무 성과도 얻을 수 없다. 성령의 힘이 없으면 성례는 아무 유익도 주지 못하며, 이 교사의 가르침을 이미 받은 마음속에서 성례가 믿음을 강화하며 증진시키는 것을 아무것도 막을 수 없다.[67]

　그는 성례에서 "귀에 들리는 말씀"과 "눈에 보이는 말씀"인 성례가 헛되지 않기 위해서는 내적 교사인 성령의 가르침이 필요한데, 이 가르침은 "우리의 완고한 마음을 부드럽게 하시고, 당연히 순종해야 할 주의 말씀에 순종하도록 준비시키시며, 그 둘을 우리의 귀와 눈으로부터 영혼에 전달하는 역할을 한다."고 했다.[68] 칼뱅의 이와 같은 성례의 이해와 구조에는 성례가 우리의 믿음을 자라게 하며 강화시키는 하나님 교육의 일환이라는 사실이 잘 나타나고 있다.
　위에서 살펴본 바와 같이 칼뱅의 교회이해에서 나타나는 교회의 두 표지, 즉 "말씀의 설교"와 "성례전의 집행"은 모두 교회를 '하나님 교육', 즉 '아콤모다찌오 데이'의 통로로 보았던 칼뱅의 이해와 연결되는 개념이고, 그런 의미에서 그 둘은 교회가 '하나님 교육'이 시행되게 하는 수단들이라고 할 수 있다.

(3) 권징(disciplina)

앞에서 살펴본 대로 칼뱅은 루터와 멜란히톤이 아우구스부르크 신조에서 제시한 대로 교회의 두 표지를 '말씀선포'와 '성례전의 집행'이라고 정의했다. 그러나 칼뱅의 교회개념 안에서 또 하나의 중요한 개념이 있는데, 그것이 권징(disciplina)이다. 베버(O. Weber)는 만약 칼뱅에게서 세 번째 교회의 표지가 있었다면 그것은 틀림없이 '권징'이 될 것이라고 했다.[69] 권징은 칼뱅의 교회론 안에서 특별히 교인들의 삶을 지도, 감독하는 기능인데, 루터나 멜란히톤의 교회개념 안에는 없는 칼뱅적 교회의 특징이라고 할 수 있다.

칼뱅이 권징, 즉 삶의 교육을 중시한 것은 그가 생각했던 "성도의 표지(notae fidelium)"와 긴밀하게 연결된다. 칼뱅은 교회만이 표지가 있는 것이 아니라 성도로 인정하는 표지가 있는데, "믿음의 고백", "삶의 모범", "성례의 참여"가 그것이라고 했다.[70] 교인에게서 믿음의 고백이 교회의 표지인 말씀의 선포와 직접적으로 관련이 있고, 성례의 참여가 교회의 표지인 성례전의 집행과 관계가 있다면, "삶의 모범"은 바로 권징과 관련이 있다. 권징은 교인들을 견책하기 위해 있는 것이 아니라, 교인들의 삶을 지도하는 데에 목적이 있는 활동이다.

칼뱅은 권징을 가리켜 "열쇠의 권한과 영적 재판권에 의존한다."[71]고 했고, 이를 주로 견책과 출교라는 방법으로 제시하고 있다. 때문에 권징은 대체적으로 교회의 견책기능으로 생각되어 왔고, 우리말에서도 '권징'이나 '치리'와 같은 단어로 번역되고 있다. 그러나 라틴어 "디시플리나(disciplina)"는 '훈육', '훈련'을 의미하는 교육적 용어이고[72], 실제적으로 칼뱅은 교인의 삶 전반을 교회가 동반하고 교육한다는 의미로 사용하고 있다. 그래서 그는 권징을 다루고 있는 12장 1절에서 디시플리나와 '가르침'

을 의미하는 "독트리나(doctrina)"를 나란히 놓고 설명하고 있다 :

　그리스도의 구원의 가르침(doctrina)이 교회의 영혼이라면, 권징(disciplina)은
　교회의 힘줄이다.

　물론 칼뱅은 강요에서 독트리나를 디시플리나처럼 한 장으로 따로 떼어서 취급하지는 않았지만, 독트리나는 '가르침'으로, 혹은 가르침의 내용이 되는 '교리'로, 또 때로는 '교훈'으로도 번역이 되는 단어이다. 헤트케는 칼뱅의 신학에 가장 많이 등장하는 말은 아마도 "독트리나"일 것이라고 했다.[73] 칼뱅은 성서를 가리켜서 "하늘의 교리"(doctrina)라고 했고, 복음을 가리켜 "예수님의 구원의 가르침"(doctrina)이라고도 했으며, 교부들의 가르침에도 독트리나라는 단어를 사용하는 등 설교와 모든 교회의 가르침에 폭넓게 독트리나라는 단어를 사용하고 있다. 성례가 표징이라면, 그 표징은 반드시 믿음을 일으키는 복음의 선포가 동반되어야 하는데, 이때에도 칼뱅은 "표징과 '교훈'(doctrina)은 서로 분리시킬 수 없다."고 했다.[74] 따라서 칼뱅에게 독트리나는 교회의 표징인 말씀선포와 성례에 함께 포함되어 있을 뿐만 아니라 모든 교회의 가르침에 함께 있는 단어이다. 그래서 칼뱅은 독트리나는 교회의 "기초요 반석"이라고 했다.[75] 칼뱅이 독트리나를 한 장으로 따로 취급하고 있지 않은 것은 그의 교회론 전체에서 독트리나를 다루고 있기 때문이다.

　칼뱅은 디시플리나를 이 독트리나와 나란히 놓고 보면서 독트리나가 인지적인 가르침이라면 디시플리나는 그를 삶으로 실천하는 가르침으로 독트리나를 뒷받침하는 역할을 한다고 했다 :

　　　　　　　　　　　　　　　　　　　　　종교개혁과 교육개혁

교리(doctrina)를 전하기만 하고, 사적인 충고와 시정과 기타 보조수단을 첨가해서 교리를 지탱하며 실천하게 하지 않는다면 각 사람이 제멋대로 행하게 되는 결과가 올 것이다. 그러므로 디시플리나는 그리스도의 교훈(doctrina)에 반대해서 날뛰는 사람들을 억제하며 길들이는 굴레와 같으며, 나태한 사람을 고무하는 박차와 같고, 더 중한 타락에 빠진 사람들을 그리스도의 영의 유화함으로써 부드럽게 징벌하는 아버지의 매와 같다.[76)]

그래서 디시플리나는 교회가 신자들에게 말씀(혹은 가르침)을 삶과 연결시키는 교회의 생활지도였다. 따라서 디시플리나는 말씀과 연결되는 삶의 교육이라고 할 수 있다. 교회는 단순히 교리를 가르치거나 지적인 가르침을 주는 것에서 끝나는 것이 아니라 "어느 교인이 그 의무를 기꺼이 다하지 않거나 불손한 행동을 하거나 점잖지 못한 생활을 하거나 비난받을 행동을 했을 때에"(IV. xii. 2) 기꺼이 충고해야 하고, "설교와 교훈으로 충분한 성과가 없을 때에 각 가정에 다니면서 충고하고 경고"하는 과제를 가졌는데, 그것이 디시플리나이다. 따라서 디시플리나가 있을 때에 "목사의 교훈(독트리나)에 힘과 권위가 있다". 그렇게 볼 때 디시플리나는 교회의 두 표지인 말씀선포와 성례가 바른 기능을 담당하도록 보조하는 역할을 하고 독트리나, 즉 말씀의 교육을 실천적 교육으로 보완하는 삶교육적 차원의 의미를 가졌다고 할 수 있다.

디시플리나는 근본적으로 기독교인의 삶을 바르게 인도하는 것에 있었다. 독트리나에서 칼뱅은 열쇠의 권한을 바탕으로 수찬정지와 출교를 사용할 수 있다고 하지만, 이것의 목적은 삶을 교정하는 데 있었다. 최악의 경우 교회가 출교 조치를 취한다 하더라도 그것의 목적은 죄인을 교정하는 것에 있는 것이지 출교 자체가 목적은 아니라고 했다.[77)] 칼뱅은 디시플리나가 교회의 생활지도인 만큼 그 대상에 따라 다양한 방법으로 수행되어야 한다고 했다. 엄격함과 온유함을 겸해야 하고, "고치려고 하다가 도리어 죽일 수 있다."는 점을 염두에 두어 온화한 방침으로 하는 것이 좋다고 했다. 칼뱅이 디시플리나의 이름 아래서(12장) 출교나 수찬정지뿐만 아니라 금식과 기도, 회개 등에 관한 지침을 주고 있는 것도 디시플리나가 기독교인으로서의 삶에 관한 생활지도라는 점을 나타내주는 증거라고 할 수 있겠다.

디시플리나는 또한 '공동체적 교육'의 차원에서 의미를 지닌다. 칼뱅은 디시플리나의 목적을 세 가지로 정의하고 있다. 첫째, 잘못된 삶을 사는 자에게서 그리스도의 이름을 빼앗는 것이다. 그것은 그리스도의 몸인 교회가 썩는 지체에 의해서 부패되지 않게 함이다. 둘째, 선한 지체가 악한 지체로 인하여 타락하게 되지 않도록 하기 위함이다. 셋째, 잘못된 자로 하여금 회개하도록 하기 위함이다.[78] 이처럼 칼뱅이 제시하는 디시플리나의 목적은 궁극적으로 그리스도의 몸인 교회를 바로 세움으로써 모든 신자들이 바른 길을 걷도록 하는 데에 있다. 그래서 칼뱅은 디시플리나에 대한 책임이 우선은 교회 전체에 있다고 했다 :

모든 사람이 형제에 대하여 충고를 하도록 노력해야 하고, 또한 모든 사람이 충고를 들을 용의가 있어야 한다.[79]

그는 고대 교회의 예를 들면서, 한 사람에 대한 치리가 진행되는 동안 그는 수찬이 금지되고, 교회 앞에서 회개한 증거를 보이도록 할 뿐만 아니라, 그가 개선의 표시를 보일 때 회중 앞에서 안수함으로써 그를 다시 받아들여야 한다고 했다. 여기에서 성직자들이 치리하고 다시 화목을 선포할 수 있지만 궁극적으로 교회원들의 찬성을 얻을 필요가 있다고 했다. 교회의 재

종교개혁과 교육개혁

판권이 발효되는 출교와 같은 경우에도 한 사람에 의해서 결정되어서는 안 되고, 장로회(consensus Seniorum)에서 결정되어야 하며, 이것을 교회 전체가 찬동해야 한다고 했다.[80] 이것은 교회 전체가 그 지체들에 대하여 책임을 지고, 그의 개선에 동참해야 한다는 것을 의미한다.

따라서 칼뱅에게 있어서 '디시플리나'는 교회가 '하나님 교육'을 바로 수행할 수 있도록 지원하는 삶과 실천의 교육이라고 할 수 있다. 그것은 무엇보다 말씀을 바탕으로 이루어지는 교육을 삶으로 연장시킴으로써 말씀을 삶 속에서 구체화하기 때문이고, 더 나아가 교회공동체를 바로 세움으로써 교회의 하나님 교육이 구현될 수 있도록 이바지할 수 있기 때문이다.

5) 교회의 직제

칼뱅은 '보이는 교회'가 '하나님 교육'의 통로, 즉 하나님이 '그의 사람들'을 세워서 그의 백성들을 교육하시는 곳이라고 정의했는데, 이러한 그의 교회개념은 일종의 '직제 교회(Amtskirche)'를 암시하고 있다. 그것은 하나님이 일정한 사람들을 구별하여 세워서 일하신다는 것을 의미하기 때문이다.[81]

칼뱅은 하나님이 당신의 대리자를 통해 일하신다고 하면서,[82] 교회 안에 항존적으로 있어야 할 네 가지의 직분을 말했는바, 목사(목자), 교사, 장로, 집사가 그것이라고 했다.[83] 목사는 잘 알려진 대로 "말씀의 선포"와 "성례의 집전"을 담당하고, 교사는 "말씀을 연구하고 가르치는 일"을, '다스리는 직'으로서의 '장로'는 특별히 "권징(disciplina)"을, 집사는[84] "구제하는 일"을 중점적으로 담당하는 직이다.[85]

여기서 특별히 주목해보고 싶은 직책은 칼뱅이 교회의 가장 중요하고 핵심적인 것으로 생각했던 '목사'의 직인데, 그가 생각했던 '하나님 교육'의 통로로서의 교회개념이 '목사'의 직분에 고스란히 나타나고 있다. 칼뱅에 의하면 "목사(혹은 목자)"의 직분은 교회의 표지인 "복음을 전하고 성례를 집전"하는 일을 하여 교회를 교회되게 하는 기능을 담당한다고 할 수 있다. 그런데 여기에서 기억해야 할 것은 앞서도 지적한 바와 같이, 목사의 복음 전하는 일을 '가르치는 일'과 동일하게 보고 있다는 사실이다 :

우리는 목사의 직분에는 복음을 전하며 성례를 집례한다는 두 가지 특별한 기능이 있다고 추론할 수 있다. 가르치는 방법은 공개적인 강론만이 아니라 각 가정에서 사적으로 가르칠 수도 있다. 그래서 바울은 에베소 신자들에게 "유익한 것은 무엇이든지 공중 앞에서나 각 집에서나 꺼림이 없이 너희에게 전하여 가르치고 유대인과 헬라인들에게 하나님께 대한 회개와 우리 주 예수 그리스도께 대한 믿음을 증거한 것"을(행 20:20-21) 그들도 안다고 말하였고, 조금 뒤에 자기는 쉬지 않고 눈물로 각 사람을 훈계하였다고 했다(행 20:31). 그러나 나는 지금 선한 목사의 은사를 자세히 말하려는 것이 아니라 오직 목사를 자칭하는 사람들이 무엇을 해야 하는가를 보이려는 것뿐이다. 즉 그들이 교회 위에 임명된 것은 무위도식하라는 것이 아니라 그리스도의 교훈으로 사람들에게 진정한 경건을 가르치며 거룩한 성례를 집례하고 올바른 권징을 유지하며 실시하라는 것이다.[86]

칼뱅은 목사의 복음을 전하는 일을 공적 예배 시의 설교행위만이 아니라, 모든 공적, 사적인 장소의 가르침을 포괄하는 활동으로 이해했고, 그 모든 활동이 곧 '가르치는 일'이라고 주장했다. 목사는 "그리스도의 교훈"으로 경건을 가르치는 교사라는 것이다.

그는 또 목사와 교사의 직무를 서술하면서, 그 둘은 시대를 막론하여 교

종교개혁과 교육개혁

회 안에 없어서는 안 될 항존직이라고 한 후, 그 둘의 차이점을 다음과 같이 설명하고 있다 :

> 교사들은 치리(disciplina)와 성례의 집행, 훈계와 권면하는 일을 맡지 않고, 성
> 경을 해석하여서 신자들에게 건전하고 순수한 교리를 유지시켜주는 일만을 맡
> 는다. 목사는 이 두 임무를 겸한다.[87]

위의 인용 글에 나타난 대로 교사가 하는 일은 신자들에게 건전하고 순수한 교리를 세우기 위해 '성경을 해석하는 일'을 담당한다.[88] 그런데 칼뱅은 목사가 바로 그와 같은 교사의 일을 겸하여 한다고 했다. 목사는 단순히 '말씀선포'와 '성례의 집전'이라는 가르침의 활동에만 주력하는 것이 아니라, 그것이 보다 잘 수행될 수 있도록 먼저 성경을 해석하고 연구하고 순수한 교리(doctrina)를 세우는 역할을 감당해야 한다. 목사가 교사의 역할을 겸해야 하는 이유는 그와 같은 연구의 바탕 위에서만 가르치는 일과 훈계와 권면을 바로 세워갈 수 있기 때문이다. 목사의 업무, 즉 들리는 말씀으로서의 '말씀선포'와 보이는 말씀으로서의 '성례전 집행'은 말씀의 연구와 해석 위에서만 바르게 수행될 수 있는 것이다.

목사는 또한 말씀을 연구하고 가르치는 일에 그치는 것이 아니라, 실제로 그 말씀이 교인들의 삶에 구체화될 수 있도록 지도하는 '삶 교육'인 '권징(disciplina)'의 활동에도 동참해야 한다. 칼뱅에 의하면 '장로'는 평신도 중 선택된 사람들로서 "도덕적인 견책과 권징을 시행하는 일"을 맡는다고 했는데, 목사는 이 일을 장로와 함께 수행해야 한다고 했다.[89] 권징은 앞에서 우리가 고찰한 바와 같이 교회의 신자들에 대한 '삶 교육'으로, 독트리나의 교육을 삶 속에서 구체화하고, 공동체를 바로 세우는 교육이다. 칼뱅 당

시 목사는 제네바시의 시의회 의원 중에서 선출된 장로가 중심이 된 "컨시스토리(Consistory)"의 당연직 회원으로, 교인의 삶을 돌아보고, 그들이 예배와 교리교육에 정기적으로 참석해 하나님의 말씀을 배우는지, 성례전을 소홀이 여기지는 않는지, 이웃과의 삶에서 선한 증거를 보이는지 확인하고 교육하고 상담하는 역할을 했다.[90]

이렇게 보았을 때 목사는 앞에 언급한 '교회의 표지(notae ecclesiae)', 즉 말씀을 선포하고 성례전을 집전함으로써 신자들에게 말씀의 열매를 맺게 할 뿐만 아니라, 말씀을 삶으로 구체화하는 교육, 즉 권징(disciplina)에도 참여하며 교회의 모든 교육적 교역을 담당한다. 이러한 목사의 활동은 '성도의 표지(notae fidelium)'와도 연결되는 활동으로 "믿음의 고백", "삶의 모범" 그리고 "성례의 참여"라는 교인으로서의 삼중적 표지들이 바로 이루어지도록 도와주는 역할을 한다. 따라서 목사의 활동은 말씀을 바탕으로 교회를 교회되게 하고, 신자를 신자되게 하는 통전적인 교육목회활동이라고 할 수 있는데, 이를 표로 나타내 보면 다음 〈표 I-2-1〉과 같다.

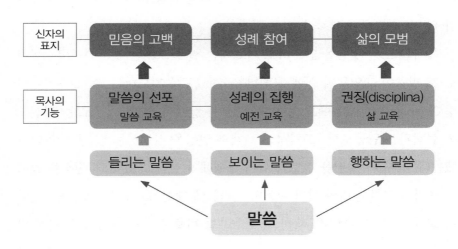

〈표 I-2-1〉 목사의 교육목회적 활동

종교개혁과 교육개혁

이와 같은 목사의 기능에서 우리는 칼뱅이 '하나님 교육'의 장으로서 '양육하는 교회' 개념을 목사의 기능에서도 구체화하고 있는 것을 볼 수 있다. 목사가 '말씀을 선포'하고, 보이는 말씀으로서 '성찬을 집례'하며, 말씀의 실천교육으로서 '권징'의 활동을 하는 것은 교회가 '하나님 교육'의 통로로서 그의 백성들을 가르치는 모든 측면의 교육을 아우르는 활동이다. 그래서 베버(O.Weber)는 칼뱅의 사중직이라는 직제는 네 개의 분리된 직제를 의미하는 것이 아니라, 목사가 수행하는 통합적 목회활동에 '교사'와 '장로' 그리고 '집사'가 동참하여 각기 특별한 과제를 함께 수행하는 구조라고 했다.[91]

칼뱅에게 목사는 하나님의 백성들을 양육하는 삼중적 '하나님 교육' 활동을 통전적으로 수행하는 하나님의 교사라고 할 수 있다. 그래서 칼뱅은 목사를 교사로 혼용해서 부르기도 했는데, 그것은 좁은 의미의 '교사' 직책을 의미하기보다, 목사가 하나님이 그의 백성들을 교육하기 위해 세우신 '교사'라는 의미였다. "하나님께서 땅에 교사들을 세워서 천사의 직책을 진실하게 수행하도록 하신 것과 같이, 지금도 사람을 사용하여 우리를 가르치고자 하신다."라거나 "하나님은 하늘교리를 전파하기 위한 교사를 세우셨다."라는 표현들에서 나타나는 '교사'는 앞의 사중직에서 말하는 좁은 의미의 '교사'가 아니라, '목사'를 지칭하는 것이다. 아래의 인용구에서 교사를 바로 목사라고 바꾸어 부르고 있는 것은 그에 대한 단적인 예이다 :

하나님은 지금도 우리가 율법을 읽기를 원하실 뿐만 아니라, 우리를 도울 교사들을 임명하신다. 이 일은 이중으로 유익한데, 한 편으로는 우리가 목사의 말을 하나님 자신의 말씀같이 들을 때 이것을 아주 좋은 수단으로 삼아 우리의 순종을 시험하신다.[92]

위의 인용처럼 칼뱅에게 목사는 바로 하나님이 그의 교육을 수행하기 위해 그의 교회에 세우신 하나님의 교사이다. 신자들이 목회의 전 영역을 통해서 성장해야 하는 것처럼, 목사는 '말씀의 선포'와 '말씀의 집행'으로서의 성례(예전), 그리고 '말씀의 삶'을 위한 '권징'을 통해서 신자들의 신앙과 삶 전체를 교육적으로 동반하는 교육목회자인 것이다.

목사의 직책에 대한 이 같은 이해에서 우리는 칼뱅의 '교육목회적' 차원을 읽게 된다. 그는 교회는 하나님이 그의 백성을 양육하시는 '하나님 교육'의 장이고, 목사는 이를 위해 세움 받은 하나님의 교사라는 이해를 가지고 있었다. 따라서 그는 목사의 모든 활동은 궁극적으로 하나님 백성들의 신앙의 성장과 성화를 이끄는 교육적 활동으로 이해했다. 다시 말해, 그는 목사의 모든 목회적 활동, 즉 설교, 가르침, 예전, 권징 등은 모두 궁극적으로는 하나님의 백성들을 양육하고 가르치는 활동에 기여해야 한다고 이해했고, 그런 의미에서 '교육목회적'인 활동이 되어야 한다고 보았다.

6) 칼뱅의 교회론에 나타난 교육목회의 구조

앞에서 살펴본 대로 칼뱅의 『기독교강요』 4권의 '교회론'은 전체적으로 칼뱅의 '교육목회'를 나타내주는 책이라고 할 수 있다. 이제 앞의 고찰을 바탕으로 그의 교회론에 나타난 '교육목회'의 기본구조를 정리해보자.

(1) 인간이해

그의 '교육목회' 개념이 전제하는 인간이해는 "교육필연적 존재"이다. 인간은 "그리스도와의 연합"을 통해 칭의를 이루지만, 그것으로 완성되는 것이 아니라, 평생 지속적으로 그 연합을 이루어가는 성화의 과정에 서 있

종교개혁과 교육개혁

는 존재들이다. 다시 말하여 인간은 아직 온전하지 않아 "약함(infirmitas)"을 본성으로 하는 존재이다. 이 약함은 무엇보다 아직 신앙의 목적인 그리스도와의 온전한 연합을 이루지 못하여 '무지'하고, '태만'하고, '교만'한 존재적 불완전함을 의미하며, 동시에 인간이 가지고 있는 영적 한계, 즉 육신을 입고 있어서 '그리스도와의 신비한 연합'의 영적인 차원을 혼자의 힘으로는 온전히 이해할 수 없는 약함을 의미한다. 따라서 인간은 그러한 인간적 특성과 수준에 적합한 도움이 필요한 존재이고, 그와 같은 도움을 통해서 그리스도와의 연합을 지속적으로 이루어갈 '교육필연적 존재'이다.

따라서 '교육필연적 존재'로서의 인간은 평생 배워야 하고 양육되어야할 "학생"이다. 인간을 한순간에 완전케 하지 않으시고 교회의 교육목회를 통해서 점진적으로 성숙시키시는 하나님의 의지에 따라 인간은 평생 '교회'라는 어머니 학교에서 배우고 성숙해야 하는 학생이다. 바로 이 같은 '교육필연적 존재'로서의 인간이해야말로 칼뱅의 목회가 왜 교육목회가 되어야 하는지에 대한 교육인간학적 근거가 된다.

(2) 교육목회의 목적

칼뱅의 교회론에 나타나는 교육목회의 목적은 이미 앞에서 언급한 대로 "그리스도와의 연합"이라고 할 수 있다. 인간은 그리스도에게 접붙여져 그의 의를 덧입을 때 구원을 이루게 되며, 또한 그와 연합될 때 하나님께서 그리스도를 통해 우리에게 주신 은혜의 선물이 우리의 것이 되고 거룩함을 이루어 갈 수 있다. 따라서 그리스도와의 온전한 연합을 통하여 그리스도의 장성한 분량에 이르도록 성장하게 하는 것이야말로 교육목회의 최종적 목적이라고 할 수 있다. 칼뱅은 그것을 위해 교회도 존재한다고 말한다.

또한 우리는 칼뱅의 교회개념에서 '그리스도와의 연합'을 실제적으로 구현하는 하위의 목표들을 발견하게 된다. 칼뱅은 '그리스도와의 연합'을 지향하는 신자들에게 구체적으로 나타나는 세 가지 "성도의 표지(notae fidelium)"가 있는데, 그것이 바로 "믿음의 고백", "삶의 모범", "성례의 참여"라고 했다. 이 세 가지는 물론 일차적으로 성도를 확인하고 인정하는 외형적 기준이지만, 심층적으로는 신자가 그리스도와의 연합을 구현하는 과정에서 구체적으로 도달해야 할 목표들이라고 할 수 있다.

먼저 "믿음의 고백"이라는 목표는 신자가 삼위일체 하나님에 대한 확신과 그와의 인격적 관계 위에 자신의 정체성을 형성하게 하며, 그를 구체적으로 '신앙고백'으로 표현하는 것이다. "삶의 모범"은 신자가 자신이 고백하는 신앙을 구체적 삶으로 나타내는 활동이다. 따라서 '삶의 모범'이라는 교육의 목표는 신자로 하여금 삶의 모든 순간을 믿음과 통합해가도록 하여, 믿음이 삶으로 확장되게 하는 것이라고 할 수 있다. '성찬의 참여'는 일차적으로는 교회의 성례전에 참여하는 활동이지만, 나아가 신자가 그리스도의 몸 된 신앙공동체에 유기적 지체로 참여하는 것을 말한다. 따라서 '성찬의 참여'라는 목표는 신자로 하여금 그리스도의 몸 된 교회의 지체가 되고, 교회가 추구하는 삶과 삶의 표현에 동참하게 하는 것을 의미한다고 할 수 있다.

(3) 교육목회의 내용

교육목회의 목적인 그리스도와의 연합은 "신비적 연합"이고, 그 어떤 인간적인 노력이나 능력을 통해 이루어지는 것이 아니다. 칼뱅은 그것을 가능하게 하는 유일한 길이 있다면 하나님이 세우신 사람을 통해 하나님의 말씀을 가르침으로써 말씀이 스스로 결실을 맺게 하는 방법뿐이라고 단언한다. 따라서 "하나님 교육"의 핵심적 교육내용은 철저히 "하나님의 말씀"이어야 한다. 이 말씀은 앞에서 살펴본 대로 먼저 이중적 형태, 즉 선포되는 "들리는 말씀"과 "보이는 말씀", 즉 성례로 가르쳐져야 하고, 이 이중적 말씀은 말씀을 다시금 삶으로 살도록 돕는 권징, 즉 "행하는 말씀"으로까지 이어져야 한다.

이 삼중적 말씀은 일차적으로 쓰여진 하나님의 말씀인 "성경"을 기반으로 하면서, 좀 더 확대된 의미에서 교회의 모든 본질적 기능들을 포괄한다고 할 수 있겠다. 쓰여진 말씀이 '성경'을 선포하고 가르치는 것은 '케리그마'와 '디다케'를 포괄한다고 할 수 있고, '보이는 말씀'으로서의 성례전은 '레이투르기아'를, 그리고 행해지는 말씀으로서의 권징은 섬김과 사귐, 즉 '디아코니아'와 '코이노니아'를 포괄한다고 할 수 있겠다.

(4) 교육목회의 방법

쓰여진 말씀, 보이는 말씀, 그리고 행하는 말씀이 교육목회의 내용이라면, 그 말씀들이 행해지는 교회의 모든 삶의 양식들은 곧 교육목회의 방법이라 할 수 있다. 즉 쓰여진 말씀을 선포하는 '케리그마'와 '디다케', 그리고 보이는 말씀으로서의 '레이투르기아,' 행하는 말씀으로서의 '디아코니아'와 '코이노니아'는 모두 세 말씀들의 내용 자체이자, 그것이 전해지는 방법이라고 할 수 있다.

그렇게 보았을 때 우리는 이미 초대교회부터 교회의 기본적 삶의 양식 모두가 성도들을 교육하는 통로였다는 점, 다시 말해서 성도들이 교회의 삶에 참여하는 것 자체가 성도를 하나님과의 일치로 이끌어가는 교육목회의 통로가 되었다는 점을 발견하게 된다. 이러한 맥락에서 볼 때, 칼뱅의 교회론은 오늘날과 같이 학교식 가르침(schooling)을 교육의 중심으로 이해하는 편협한 입장이 아니라, 교회의 모든 삶의 양식을 곧 교육목회의 방법으로 이해하는 것이 개혁교회의 전통이라는 것을 분명하게 보여준다.

(5) 교육목회의 주체와 대상

칼뱅의 교육목회 개념 안에는 무엇보다 이 교육목회의 주체가 누구여야 하는가가 명시되어 있다. 그에게 있어서 교육목회의 주체는 언급할 필요도 없이 '하나님'이시다. 따라서 하나님 교육의 일차적인 교사요 목회자는 하나님이다. 그의 교회론에는 하나님이 '교사'로 묘사된다. 그런데 그와 나란히 칼뱅은 하나님이 교육목회의 주체이지만 동시에 그분은 사람인 '교사'를 세워서 교육하신다는 것을 강조한다. 그래서 그는 모세, 여호수아와 같은 지도자들과 제사장, 그리고 예언자들도 모두 하나님이 그의 백성들을 교육하기 위해 세운 교사들이라고 했다. 같은 맥락에서 하나님은 교사인 '목사'를 세우셨다.

하나님은 그의 백성들을 교회를 통해서 교육하시고, 그곳에 "구별된 교사"를 세워서 교육하시지만, 그들의 말이 아니라 "하나님의 말씀"으로 가르치도록 하신다. 따라서 칼뱅의 교육목회의 권위는 사람인 교사 개인의 권위가 아니라 말씀으로부터 오는, 그리고 말씀을 내적으로 동반하는 성령으로부터 오는 권위이다. 따라서 교사는 무엇보다 먼저 말씀에 기초한, 말씀에 충실한 가르침을 줄 수 있도록 준비되어야 하며, 성령과 교제하고 성령의 역사에 자신의 가르침을 맡길 수 있는 사람이어야 한다.

'하나님 교육'의 교사는 또한 학습자의 전인적 신앙의 성장을 동반하는 교육목회자여야 한다. 그는 학습자들을 하나님의 말씀으로 가르칠 뿐만 아니라, 그들이 말씀대로 살도록 지도하고 인도하며, 그리스도의 몸 된 교회의 지체로서 살아갈 수 있도록 돕는 전인적 교사이어야 한다. 그는 케리그마와 디다케, 레이투르기아와 디아코니아 그리고 코이노니아의 모든 측면

종교개혁과 교육개혁

에서 학습자가 말씀을 경험하고 배우고, 축하하고, 살아갈 수 있도록 돕는 교육목회자이어야 한다.

그렇다면 칼뱅의 교육목회에서 그 대상은 누구인가? 이미 앞에서 살펴본 바와 같이 칼뱅에게 있어서 교육목회의 대상은 어린이와 청소년만이 아니라 모든 성도들이다. 앞의 인간이해에서 살펴본 대로 모든 성도들은 아직 그리스도의 장성한 분량에 도달하지 못하고, "육체의 감옥에 갇혀서 사는 약한" 어린이들이기 때문이다. 신자들은 평생 하나님이 세우신 교육의 장인 어머니 교회를 떠나서는 안 되는 어머니 학교의 학생들이요, 교육목회의 대상이다.

3. 나오는 말 – 칼뱅의 교육목회의 현대적 함의

칼뱅의 교회론에 나타난 교육목회의 핵심개념은 무엇보다도 교육목회의 주체는 '하나님'이고, 그것은 철저히 '말씀'에 기초한 것이어야 한다는 점이다. 이것은 개혁교회 기독교교육의 정체성을 결정하는 핵심적 요소로서, 오늘날의 기독교교육이 언제나 다시금 돌아가야 할 '기본'이라고 할 수 있다. 기독교교육은 인간을 통해 이루어지는 교육이지만, 하나님이 그의 백성을 그의 말씀으로 양육하고 성숙시키는 하나님 교육의 수단이다. 따라서 그것은 그 어떤 인간적인 능력이나 수단에 의지하는 교육이 아니라 하나님이 주도하시는 교육이고, 그렇기 때문에 하나님 말씀의 변화시키는 힘으로 이루어지는 교육이다. 이것은 수많은 매체가 발달되고 다양한 프로그램이 개발된 현대의 기독교교육 상황에서도 언제나 진리이고, 우리가 늘 돌아가야 할 '기본'이다.

오늘날 이른바 "에듀테인먼트"라는 말이 유행이다. 수없이 쏟아지는 다양한 매체들을 동원해서 교육을 엔터테인먼트처럼 함으로써 학생을 즐겁게 하고 교육을 효과적으로 한다는 취지에서 나온 말이다. 그러나 칼뱅의 하나님 교육목회 개념은 그 어떤 화려하고 흥미롭게 하는 교육행위도 말씀의 스스로 가르치는 힘보다 선행해서는 안 된다는 것을 강조한다. 하나님의 말씀 자체의 변화시키는 힘에 의지하지 않는 기독교교육은, 칼뱅적 개념에서 볼 때, 참 기독교교육이 될 수 없다. 교육목회의 생명은 말씀의 생명력이고, 그 외 것은 비본질적인 것이라는 것이 칼뱅의 교육목회 개념이다.

'말씀'에 기초하는 교육목회 개념은 또한 교사와 교수직의 권위가 말씀에 있다는 것을 시사해 준다. 로마 가톨릭교회에서는 교수직의 권위가 '마지스테리움', 즉 교사 자체에 있다면, 칼뱅의 교육개념에서 교수직의 권위는 교사에게 있는 것이 아니고 '말씀'에 있다. 이것이 의미하는 것이 무엇인가? 목사와 전도사, 평신도 지도자, 교회학교 교사에 이르기까지 교육을 담당하는 모든 교사는 철저히 말씀으로 준비된 말씀의 전문가이어야 한다는 것이다. 오늘날의 한국 교회에서 교육을 담당하는 교사의 직은 목사 한 사람에게로 집중되는 것이 아니라 평신도 지도자에게로까지 분산되어 있다. 특별히 주일학교운동의 영향을 받은 미국과 한국적인 교회교육의 상황에서는 평신도 지도자가 교육을 담당하는 구조가 일반화되어 있다. 뿐만 아니라 최근에 성인을 대상으로 한국 교회에 등장한 "셀목회"나 "가정교회"같은 형태도 평신도 중심의 교육구조를 이루고 있다. 칼뱅적 교육 개념에 의하면, 그것이 성인을 대상으로 하는 공적 예배의 설교든지 사적 가르침이든지, 어린이나 청소년을 대상으로 하는 교회학교의 설교나 가르침이든지, 모든 교회의 교육목회는 말씀을 기초로 이루어져야 하고, 그것은 '말씀'을 가르칠 수 있도록 준비되고 훈련된 교사에 의해서 이루어져야 한다. 칼뱅의 교육목회 개념은 평신도 지도자든 목사든 전도사든 누구를 막론하고, 교육에 참여하는 교수직을 담당하려는 사람은 말씀을 가르칠 수 있는 전문적 훈련으로 준비되어야 한다는 것을 시사한다.

칼뱅의 교육목회 개념은 그 무엇보다 교회를 하나님이 그의 백성을 양육하시는 하나님 교육의 장으로서 이해하게 한다. 이 말은 목회의 모든 영역이 궁극적으로 하나님 백성의 신앙의 성장과 성화를 이끄는 교육적 활동이 되어야 함을 의미하는 것이다. 그런 의미에서 목사의 모든 활동, 즉 설교, 가르침, 예전, 권징 등 모든 목회적 활동은 궁극적으로 하나님 백성을 양육하고 가르치는 활동, 즉 교육목회적 활동이 되어야 한다는 것을 의미한다.

이러한 칼뱅의 교육목회적 개념에 비추어 보면, 어린이와 청소년만이 아니라 모든 하나님의 자녀들은 지상에 사는 동안 어머니 교회로부터 배워야 하는 학생, 즉 교육목회의 대상이 된다. 어떠한 연령의 교인이던지 모든 신자들은 평생 성화의 과정 위에서 '그리스도와의 연합'을 지향하는 사람들이고, 여전히 완전하지 못한 '약함'을 본질로 하는 존재들이다. 그들은 교회의 외적 도움, 즉 말씀의 가르침, 성례전, 말씀의 삶 교육을 필요로 하는 사람들이다. 칼뱅의 교육목회적 개념 안에서는 교회의 교육적 활동이 모든 신자들을 아우르는 활동이 된다.

또한 칼뱅의 교육목회 개념에서는 교회의 교육이 무엇인가를 가르치는 일에만 국한되지 않는다. 이른바 '교회학교 중심'의 '학교식(schooling)' 교육개념 안에서는 교회의 교육마저 학교식 수업 형태로 이루어지는 교육이라는 생각이 주축을 이룬다. 그러나 칼뱅적인 교육목회 개념 안에서는 그것이 설교이든, 가르침이든, 예전이나 친교, 더 나아가 신자가 삶의 순간순간에 내리는 윤리적 결정을 안내하는 일도 모두 교육목회적 활동이 되는 것이다. 교회의 기본적 삶의 양식들, 즉 케리그마, 디다케, 코이노니아, 레이투르기아, 디아코니아는 모두 궁극적으로 신자들을 그리스도와 연합하게 하는 통전적 성화의 과정을 돕는 "하나님 교육"의 수단이요 교육목회의 통로가 되는 것이다.

이와 같은 칼뱅의 교육목회 개념은 개혁교회의 교육이 처음부터 오늘날과 같은 교회학교 중심의 교육구조를 가졌던 것이 아니었음을 분명하게 보여주며, '교육목회'야말로 우리 개혁교회가 언제나 다시금 돌아가고 회복해야 할 종교개혁적 전통임을 분명히 보여준다.

주 ——

1) 이오갑, "교회론", 한국칼빈학회, 『칼빈 신학과 목회』(서울, 대한기독교서회, 1999), 231.

2) Ulrich Kuehn, *Kirche Handbuch Systematischer Theologie* (Gueterloh, Guethersloher Verlag, 1990), 58.

3) *Calvini Opera* 10a 12. (이하 CO로 표기함)

4) 황정욱, "칼빈의 목회" 한국칼빈학회편, 『칼빈 신학과 목회』261

5) CO 10a 15ff.

6) Johannes Calvin, *Institutio Christianae Religionis*, Otto Weber(uebersetzt und bearbeitet), Unterricht in der christlichen Religion Institutio Christianae Religionis, 1559 (Neukirchen, Neukirchener Verlag, 1988) 이 책은 Weber의 독일어판 외에도 한글 번역본을 참고했다. 김종흡, 신복윤, 이종성, 한철하 공역, 『기독교강요』(서울, 생명의말씀사, 1988)

7) 칼뱅의 '교회' 개념은 물론 『기독교강요』만이 아니라 다양한 그의 성서주석들에도 나타나 있다. 김재성은 강요를 중심으로만 살펴본 칼뱅의 교회론은 교리적 강조점이 지나치다고 평한 바 있다. [김재성, "칼빈의 교회론과 오늘의 교회갱신", 장로회신학대학, 종교개혁기념학술강좌 (2004.10.28)]. 물론 그가 『기독교강요』외의 다른 자료들을 통해 칼뱅의 교회개념을 정리한 것은 큰 기여라고 할 수 있겠지만, 강요에 나타나는 교회론을 '교리적'으로만 평가하는 것은 무리가 있다. 칼뱅의 『기독교강요』최종판은 그의 오랜 제네바에서의 목회를 바탕으로 실제로 교회 안에서

종교개혁과 교육개혁

이루어져야 할 구체적인 방향들을 제시하고 있다. 4권의 제목에서도 나타나는 바와 같이 그의 교회론은 추상적인 원리를 설명하는 것이 아니라, 가시적 교회에서 실제로 이루어져야 할 직제와 교회의 회의, 교회의 정치, 권징의 구체적 방향 등을 제시한다. 뿐만 아니라, 당시 상황에서 혼돈을 가져오는 반대파들(교황주의, 재세례파)의 오류를 지나치리만큼 구체적으로 지적하고 있다. 따라서 『기독교강요』 최종판에 나타나는 교회론은 단순히 그의 교리적 서술이 아니라 다른 어떤 글보다 조직적이고 체계적으로 정리된 교회와 목회의 실제에 대한 칼뱅의 생각의 반영이라고 할 수 있다.

8) Wilhelm Niesel, *The Theology Calvins*, 이종성 역, 『칼빈의 신학』(대한기독교서회, 1973) 118f. 니이젤은 칼뱅에게서 구원을 우리의 것으로 만드는 것이 곧 그리스도와의 연합에 달려있다고 했다.

9) *Institutio*, III i,1.

10) Ibid.

11) "… 그러나 그리스도께서는 오직 성령의 사역에 의해서 우리와 연합하신다. 이 성령의 역사를 통하여 우리들이 그리스도의 몸의 지체가 되면, 그리스도는 그의 생명으로 우리를 먹이시고, 우리도 또한 그리스도를 우리 자신의 것으로 소유한다", *Institutio*, III i,3. "그리스도께서 우리를 자신에게 효과적으로 연결시키시는 띠는 성령이다" *Institutio*, III i,1.

12) *Institutio*, III xi, 10.

13) *Institutio*, III xvi, 1.

14) "그리스도와의 교제를 떠나서는 성화도 없다", *Institutio*, III xiv, 4.

15) 최홍석, "신비적 연합의 객관적 측면에 대한 칼빈의 견해", 『신학지남』 통권 제286호 2006.03.01 31~59

16) *Institutio*, IV, i, 1.

17) *Institutio*, IV, xvii.1.

18) 필자는 졸저 『종교개혁과 교육사상』에서 칼뱅의 'accommodatio Dei'를 '하나님의 눈높이교육'으로 의역한 바 있다. 피교육자의 이해수준에 맞게 자기를 조절하여 접근한다는 개념을 소위 '눈높이교육'이라는 오늘날의 표현이 잘 함축하고 있다고 보았기 때문이다.

19) *Institutio*, IV, i,1.

20) E. G. Jay, *The Church*, 주재용 역, 『교회론의 역사』(서울, 대한기독교서회, 1986), 104-105.

21) *Institutio*, IV. 1, 4.

22) *Institutio*, IV, i, 1.

23) *Institutio*, IV, i, 7.

24) *Institutio*, IV, i, 7.

25) *Institutio*, IV, i, 2.

26) 칼뱅은 누가 불가시적 교회에 속하는 하나님의 자녀인지는 하나님만 아시는 것이라고 했지만, 그와 아울러 하나님께서 우리에게 그를 어느 정도 알 수 있는 능력을 적용시켜 주시기도 했다고 했다. 즉 "믿음의 고백"과 "삶의 모범"과 "성례에 참여"를 통해서 어느 정도 알 수 있도록 해 주셨다고 했다. (*Institutio*, IV, i, 8)

27) W.Kolfhaus, *Christusgemeinschaft bei Johannes Calvin*, (Neukirchen, 1939) 87.

28) 황정욱, "칼빈과 오늘의 개혁교회 - 교회론을 중심으로", 장로회신학대학, 종교개혁기념학술강좌, 〈깔뱅, 칼비니즘, 오늘의 개혁교회〉, 2004, 10. 황정욱은 불가시적 교회가 가시적 교회가 지향해야 할 목표라고 하면서, 칼뱅이 가시적 교회라는 교회의 이상을 말하면서 동시에 불가시적 교회를 말하는 것은 가시적 교회인 현실의 교회가 끊임없이 불가시적 교회를 향하여 개혁되어야 한다는 현실적 과제를 가졌음을 의미한다고 했다. U. Kuehn, Ibid. 61.

29) "사도신경에서 우리가 공회(교회)를 믿는다고 할 때 여기에서 교회는 지금 우리가 말하고자 하는 가시적 교회만을 말하는 것이 아니라, 이미 죽은 사람도 포괄하는 하나님의 모든 선택된 자들도 지칭하는 것이다." *Institutio*, IV, i, 2.

30) "모든 선택된 사람들은 그리스도 안에서 연합되었으므로(엡 1:22-23 참조) 한 머리에 의존하며 서로가 한 몸이 되고 한 몸에 달린 지체들같이 서로 단단히 결합된다." *Institutio*, IV, i, 2.

31) *Institutio*, IV, i, 3.

32) U. Kuehn, *Kirche*, 60.

33) "이제 가시적 교회에 관하여 이야기해 보자. 나는 앞에서 이미 교회에 '어머니'라는 귀한 이름을 붙였는데, 이 이름이 교회를 아는 데 얼마나 유용한 것인지 배워야 한다. 이 어머니가 우리를 잉태하여 품으시고, 우리를 낳으시며, 젖을 먹여 기르고, 우리가 이 육신을 벗고 천사같이 될 때까지(마 22:30) 우리를 보호하고 지도해주지 않는다면 우리는 생명으로 들어갈 길이 없다. 연약한 우리는 일평생 교회라는 학교(schola)에서 떠나는 허락을 받을 수 없는 학생들이다." *Institutio*, IV. 1, 4.

34) Ibid.

35) *Institutio*, IV, i, 5.

36) Reinhold Hedtke, *Erziehung durch die Kirche bei Calvin.* (Heidelberg, Quelle&Meyer, 1969) 137.

37) *Institutio*, IV, i, 5.

38) *Institutio*, IV, i, 5.

39) Ibid.

40) R. Hedtke, Ibid., 135.

41) *Institutio*, IV, iii, 1.

42) *Institutio*, IV, i, 9.

43) Ibid.

44) *Institutio*, IV, i, 10.

45) *Institutio*, IV, xiv, 7.

46) *Institutio*, IV, iii, 1.

47) OS III, 303, II, 5,5: "Bifariam Deus in electis suis poeratur: intus, per Spiritum: extra, per verbum." CR 6, 345; CR 37, 276. 이사야 54,13

48) Richard Osmer, *Teachable Spirit*, (Rouisville, Kentucky, John Knox Press, 1990), 박봉수 역, 『교육목회의 회복』(서울, 한국장로교출판사, 1996) 143.

49) *Institutio*, IV, iii, 6.

50) 양금희, 『종교개혁과 교육사상』 (한국장로교출판사, 1999).

51) Bernhard Buschbeck, "Johannes Calvin", Hrsg) H. Schroeer und D. Zillessen, *Klassiker der Religionspaedagogik*, (Frankfurt am Main, Deisterweg, 1989), 37.

52) Ibid. 38.

53) *Institutio*, IV, i, 1.

54) *Institutio*, IV, i, 5.

55) *Institutio*, IV, i, 5.

56) *Institutio*, IV, xiv, 1.

57) *Institutio*, IV, xiv, 3.

58) *Institutio*, IV, xiv, 9.

59) *Institutio*, IV, xiv, 3.

60) *Institutio*, IV, xiv, 7.

61) *Institutio*, IV, xiv, 18.

62) *Institutio*, IV, xiv, 20.

63) "그러므로 우리는 이런 성례를 의식이라고 부르며, 그 의식에 의해서 하나님께서는 그의 백성을 훈련시키고자 하신다고 말할 수 있다. 즉 우선은 그들 안에 믿음이 배양되고 고무되며 강화되도록 하시고, 그 다음에 사람들 앞에서 자기의 종교를 증거하도록 훈련시키신다고 하는 것은 옳은 말이다." (*Institutio*, IV, xiv, 19)

64) "저 고대의 성례들은 현대의 성례전들과 똑같은 목적을 위한 것이었다. 즉, 사람들을 그리스도에게로 향하게 하고, 손을 잡고 그리스도에게로 인도하거나 또는 형상으로서 그리스도를 나타내고, 그리스도를 사람들에게 알려주는 것이 그 목적이었다." (*Institutio*, IV, xiv, 20)

65) *OS III*, 328. II. 7,2; CR, 24, 404 (출 25:8); Hedtke, Ibid. 13.

66) *OS III*, 435, II, 13; CR, 50, 224ff (갈 4:1); 양금희, Ibid. 114f.

67) *Institutio*, IV, xiv, 9.

68) *Institutio*, IV, xiv, 10.

69) O. Weber, "Calvins Lehre von der Kirche", O. Weber, *Die Treue Gottes in der Geschichte der Kirche*, (Neukirchen, Neukirchner Verlag, 1968) 28.

70) *Institutio*, IV, i, 8.

71) *Institutio*, IV, xii,1.

72) 독일어권에서는 이 단어의 본래의 뜻을 살려서 훈련, 혹은 양육의 의미를 갖는 "Zucht"라고 번역하고 있다.

73) Hedtke, Ibid.

74) *Institutio*, IV, xiv, 4.

75) CR 48, 57 (행 2:42); 참조. K. Reuter, *Das Grundverständnis der Theologie Calvins*, 1. Teil, (Neukirchen, Neukirchner Verlag, 1963) 86f.

76) *Institutio*, IV. xii 1.

77) "출교도 벌을 주는 것이지만 장차 정죄를 받으리란 것을 미리 경고함으로써 사람을 불러 돌이켜서 구원을 얻게 하려는 것이다. 그가 돌아온다면 언제든지 화해와 교제의 회복이 그를 기다리고 있다. … 우리는 온갖 수단을 다해서 그들을 바른 생활로 돌이키며 교회에 돌아와서 함께 연합된 생활을 하도록 인도해야 한다."(*Institutio*, IV, xii, 10); "출교하는 목적은 죄인을 회개하도록 인도하자는 것이며, 신자들 사이에서 나쁜 예를 제거함으로써 그리스도의 이름이 훼방을 받지 않고 다른 사람들이 자극을 받아 본받는 일이 없도록 하자는 것이다."(*Institutio*, IV, xii, 8)

78) *Institutio*, IV, xii, 5.

79) *Institutio*, IV, xii, 2.

80) *Institutio*, IV, xii, 7.

81) 이와 같은 점은 루터의 교회이해가 보다 강하게 "만인 제사장" 개념에 근거하고 있는 것과는 대조를 이루는 입장이라고 할 수 있다. U. Kuehn, Ibid. 65.

82) "주께서 성직이 극히 필요하다는 것을 말씀뿐만 아니라 실례로 공포하셨다", *Institutio*, IV, iii, 3.

83) 그는 예배소서 4장에 나타나는 여러 가지 직분을 논하면서 에베소서 4장 11절에 나타나는 앞의 세 직분 "사도", "선지자", "복음전하는 자"를 일종의 임시직으로 그리고 마지막 두 직분, 즉 "목사"와 "교사"를 "교회에 없어서는 안 되는 항존적인 직책"이라고 했다. *Institutio*, IV, iii, 4.

84) 집사의 임무는 가난한 자들을 돌보는 일이었다. 그는 로마서 12장 8절에 근거하여 두 가지 종류의 집사가 있다는 것을 언급했다. 즉 구제물자를 나누어주고, 구제사업을 관리하는 집사와 직접 빈민과 병자를 돌보는 집사가 있었는데, 그와 같은 집사제도를 "본받는 것이 마땅하다."고 했다.

Institutio, IV, iii, 9.

85) *Institutio*, IV, iii, 8, 9.

86) *Institutio*, IV, iii, 6.

87) *Institutio*, IV, iii, 4.

88) 칼뱅 당시 '교사(doctor)'는 제네바의 아카데미에서 가르치는 일을 겸했다.

89) *Institutio*, IV, iii, 8.

90) 이정숙, "제네바 컨시스토리: 신학과 목회의 접목", "『기독교신학논총』23집(2001). Raymond A.Mentzer, "Theory in Practice: Calvin's Ecclesiology in the French Churches" 이정숙 역, "이론을 실천으로 프랑스교회에 나타난 칼빈의 교회론", 세계칼빈학회『칼빈연구』(세계칼빈학회 제9차, 2006년), 한국장로교출판사, 153.

91) 칼뱅의 교회이해에서 목사의 직은 다른 항존직의 기능과 구별되는 일을 맡는 여러 직분 중의 하나가 아니라, 교회의 모든 교역(ministerium)을 아우르는 역할을 한다는 것이다. 베버(O.Weber)는 칼뱅의 직제에서는 목사의 직분에 다른 항존직들이 부분적으로 참여하는 것이라고 했다. (O. Weber, Ibid. 34.)

92) *Institutio*, IV, i, 5.

종교개혁기의 교육생태계 개혁
- 학교와 국가, 그리고 교회의 관계

✦✦✦

1. 들어가는 말

유럽의 종교개혁기는 학교와 국가 그리고 교회 간의 새로운 관계가 형성된 시기였다. 그것은 종교개혁과 더불어 봉건영주의 선택에 의해 한 지역의 종교가 구교인지 개신교인지가 결정되는 대격변이 일어났으며, 그에 따라 각 구역에 속한 학교들의 개폐 및 종교적 방향이 전반적으로 재조정되었기 때문이다. 뿐만 아니라 중세 때의 학교가 주로 성직자 후보생이나 소수의 귀족을 위해 존립했던 것에 반해, 종교개혁기는 모든 시민들이 학교교육의 대상이 되어야 한다는 교육이념적 변화가 사회적으로 확산되었던 시대였다. 물론 이러한 현상은 당시 유럽에 널리 퍼져 있었던 인문주의의 영향 및 중세 말의 도시발달과 시민층의 확산이라는 다양한 사회적 변수와 맞물려서 일어났다. 따라서 교회와 국가 그리고 학교 간의 새롭게 형성된 관계가 반드시 종교개혁으로 인해 파생된 결과라고 하기는 어렵다.

그러나 종교개혁이 이 새로운 관계에 결정적 역할을 한 것은 주지의 사실이다. 종교개혁가들은 당시 교회와 국가(시)에게 학교 설립 및 운영의 방안을 제시하고, 실제로 학교의 운영에 직간접적으로 참여하면서 학교가 국가 및 교회와 어떠한 관계를 맺어야 하는가에 대한 새로운 모델을 제시했다. 이들의 입장은 개신교의 학교와 교회 그리고 국가 간의 관계에 대한 원형적 모델로서의 의미를 갖기도 하지만, 실제로 서구사회에서 근대 전체를 거쳐, 길게는 현대의 초입에 이르기까지 학교와 국가, 그리고 교회의 관계 형성에 영향을 미쳐 왔다.

그런데 종교개혁가들에게서 나타나는 학교와 교회 그리고 국가 간의 관계를 탐색하려는 사람은 곧 그것이 '교회와 국가'의 관계에 대한 개혁가들의 생각과 뗄 수 없이 연결되어 있다는 사실을 발견하게 된다. 종교개혁자들에게서 학교는 그 어떤 것보다 '교회와 국가'의 관계 사이에 놓여있던 문제였기 때문이다. 따라서 이번 장에서는 종교개혁자들에게서 나타나는 교회와 국가의 관계를 살펴보고, 그를 바탕으로 하여 이들이 어떻게 '교회와 국가 그리고 학교'와의 관계를 모색하고 형성해 갔는지를 살펴보고자 한다.

2. 중세의 교육제도에 나타난 학교, 교회, 그리고 국가의 관계

종교개혁기 이전, 즉 중세 유럽의 학교는 모두 교회에 의해 세워지고 운영되는 학교였다. '수도원학교(Kloster Schule)'나 '대성당학교(Dom Schule)', '대주교학교(Kathedrale Schule)'와 같은 당시 학교 형태들은 이미 그 이름에서 나타나는 바와 같이 교회나 성당, 혹은 교구가 학교를 세우고 관할하고 있었으며, 이 학교들의 일차적 존립목적은 성직자를 양성하는 데 있었다.[1] 수도원학교가 좀 더 폐쇄된 환경 가운데에서 수도사를 양성하는 것에 목적을 두었다면, 대성당학교 혹은 대주교학교는 성직자뿐만 아니라 일반인을 수용하던 학교였다.

기록에 남아있는 '수도원학교'의 예로 8세기에 보니파치우스(Bonifatius)가 독일에 세운(754년) 베네딕트수도회의 학교를 들 수 있는데, 그는 이 학교의 설립취지를 "어린 소년들을 어릴 때부터 수도사로 양육하기 위함에 있다."고 밝히고 있다. 이른바 어릴 때 하나님께 드려진 소년(pueri oblati)을 양성하는 것이 당시 수도원학교의 일차적 목적이었다는 것이다.[2] 반면 대성당학교나 대주교학교는 보통 대도시 한 가운데에 위치하는 특성상 세상에 대해 보다 개방적이었다. 이 학교들 역시 성직자 희망생을 교육하는 것을 목적으로 설립되었지만, 당시 글이나 학문을 배울 수 있는 다른 학교가 없었기 때문에 지역의 귀족이나 학자지망생, 세속적 지도자들에게도 점차 개방되었다.

이러한 현상이 확대되자 칼 대제(Karl der Große)는 789년의 칙령에서 모든 수도원이나 대성당, 대교구들은 반드시 학교를 세울 것과 그곳에 성직자 희망생뿐만 아니라 일반 학생들도 수용하여 교육할 것을 명했다 :

모든 수도원이나 대성당은 그 자체로 학교가 되어 소년들이 시편과 성경언어, 찬송, 교회력 셈하기와 문법을 배울 수 있도록 하여야 한다.[3]

그와 같은 시대적 상황에 따라 이 학교들은 소위 "내부학교(innere Schule)"와 "외부학교(externe Schule)로 나뉘어서, 내부학교는 수도승에게, 외부학교는 귀족이나 일반학자들에게 개방되기도 했다.[4]

그러나 교회가 주체가 되는 학교들만으로는 중세 말의 활발한 도시발달로 인해 커져가는 시민들의 교육에 대한 욕구를 다 채울 수가 없고, 급기야 그와 같은 수요에 부응하기 위하여 도시들이 학교를 세우기 시작했다.[5] 그러나 당시 사회에서 학교를 설립하고 운영하는 권한은 교회에만 있었고, 또한 도시들이나 봉건영주가 학교를 세울 경우 교회가 주체가 되는 학교에 재정적 타격을 줄 수도 있었기 때문에, 학교를 설립하는 문제로 봉건영주와 교회 사이에 격렬한 갈등과 논쟁이 빈번하게 일어나기도 했다. 급기야 교회와 국가(도시국가, 봉건영주) 사이에 일종의 타협이 이루어졌는데, 영주나 시장은 학교를 세우기 위해서 반드시 비숍과 교회의 허락을 받도록 함으로써, 학교를 세울 수 있는 교회의 독점권을 인정하면서도 시(국가)가 학교를 세우고 시에서는 교회에 재정적 지원과 학교감독권을 유지하도록 했다.[6]

이렇게 해서 출현하게 된 세속적 학교가 라틴어학교(Latein-schule)와 문법학교(Gramma-schule), 그리고 독일어학교(Deutsche-schule)이다.[7] 라틴어학교와 문법학교에서는, 수도원학교나 대성당학교와 큰 차이 없이, 라틴어와 성경, 그리고 소위 칠자유과를 중심으로 하는 교육이 실시되었고, '독일어학교'는 라틴어 학교의 하위 단계, 즉 오늘날로 하면 초등교육 수준의 학교로서 모국어의 읽기, 쓰기 등이 가르쳐졌다.

중세의 교육제도에서 주목해야 할 또 하나의 학교 형태는 중세 말기, 즉 13세기에 최초로 출현한 대학(Universität)이다. 대학의 출현은 '학교의 주체'라는 측면에서 볼 때, 하나의 새로운 사건이었다고 할 수 있는바, 대학은 교회나 국가(도시)가 아닌, 교사 혹은 학생이 모인 조합(길드)의 형태로 시작되었기 때문이다.[8] 대학은 교사(magistor)나 학생(scholar)들이 자발적으로 모여 이룬 일종의 독자적 조합으로 행정적, 정치적, 재정적 독립을 이룬 단체였다. 대학이 출현하여 유럽 전역으로 확산되면서, 중세 초기에 수도원

학교나 대성당학교에서 했던 고등교육의 기능이 대학으로 이양되고, 수도 원학교는 쇠퇴의 길로 들어서게 되거나, 대학이라는 고등교육기관으로 가 기 위한 준비기관으로서의 성격을 띠게 되었다.

종합적으로 보았을 때, 중세 유럽의 학교는 일차적으로 교회에 설립권 과 감독권이 있었다고 할 수 있다. 학교의 일차적 존립목적은 교회의 지도 자 양성이었고, 단지 귀족이나 세속의 지도자들 같은 특별한 계층의 사람 들만이 학교교육의 혜택을 누릴 수 있었다. 오늘날과 같이 국가 주도의 시 민 모두를 대상으로 하는 공교육개념은 존재하지 않았다. 또한 학교에서 가 르치던 교사도 대부분 교회나 수도원 소속의 사제가 주축을 이루었다. 물론 중세 말기로 가면서 시민들의 교육적 욕구가 늘어나고, 국가(시)의 학교 설 립 및 운영에 대한 필요가 증대되었지만, 아직은 교회에 학교 설립 및 운영 권이 있었고, 국가는 교회의 허락 하에 교육에 참여하는 과도기적 형태를 띠었다.

3. 루터와 칼뱅의 학교, 교회, 그리고 국가의 관계

앞에 서술한 중세의 학교와 국가의 관계는 종교개혁과 더불어 변화가 나타나기 시작하는바, 종교개혁으로 인하여 교회와 국가 간의 관계에서 변 화가 나타나면서, 동시에 그들과 학교와의 관계에서도 변화가 나타났기 때 문이다. 이러한 변화의 상황 가운데에서 종교개혁가들은 자신들이 속한 지 역에서 학교를 설립하거나 개혁함으로써 새로운 학교와 국가 그리고 교회 의 관계를 모색해 갔다. 루터는 독일의 시의회와 귀족에게 학교를 세울 것 을 호소했고, 멜란히톤과 함께 학교를 개혁했으며, 함께 학교법을 제정하기 도 했다. 칼뱅 또한 제네바에서 학교 감독에 참여했고, 인생 후반부에는 제네바아카데미를 설립하고 운영하기도 했다. 따라서 다음으로는 종교개혁가들 중 학교제도 변화에 결정적 영향을 미친 두 개혁가, 루터와 칼뱅에게서 나타나는 학교와 국가 그리고 교회의 관계들을 살펴보고자 한다.

1) 루터에게 나타난 학교, 국가 그리고 교회의 관계

루터는 아마도 종교개혁가 중 학교역사에 가장 큰 영향을 끼친 개혁자라고 할 수 있다. 그는 개신교 지역에 새로운 학교개념을 제시했으며, 교회와 국가 그리고 학교에 대하여 최초의 개신교적 관계를 모색함으로써 다른 개혁가들과 그들이 활동한 개신교 지역에도 영향을 미쳤기 때문이다.

(1) 루터에게 있어서 교회와 국가의 관계

루터의 학교와 교회 그리고 국가 간 관계는 무엇보다 그의 '교회와 국가'의 관계에 기초하고 있다고 할 수 있다. 중세 가톨릭교회는 '하나의 교회(unam sanctam)' 개념을 바탕으로 교회가 국가의 상위개념이며, 또한 국가가 세속적이고 일시적인 인간의 감정영역인 것에 반해 교회는 '영적'이고 우월한 영역이라고 가르쳤다. 또한 교황권만이 문명세계의 주권자로서 모든 영적 권세와 교회적 권세가 집결되기에, 교회는 국가에 그 권세를 행사함으로 영향을 미치지만, 역으로 국가는 하나님과 직접적 관계가 없다고도 했다.[9]

교회와 국가의 관계에 대한 중세 가톨릭교회의 이해에 대해 루터는 새로운 패러다임을 제시했다.[10] 그는 중세 가톨릭교회가 영적인 것과 세속적인 것, 교회와 국가를 이분법적으로 구분하여 교회만을 하나님의 나라로 이해하는 것에 반대하면서, 이른바 두 나라설(zwei Reichen Lehre, 혹은 두 정부론zwei Regimenten Lehre)[11]을 제시했다. 이 두 나라는 서로 다른 형태의 통치양식, 즉 '영의 나라(geistliches Regiment)'와 '세상 나라(weltliches Regiment)'로 이루어져 있는바, 영의 나라는 인간의 영적 구원을 목적으로 하는 나라로서 하나님의 말씀과 성령이 다스리는 나라이고 '교회'와 동의어로 쓰였다면, 세상나라는 시민들의 안녕을 목적으로 하면서, 그 안에 질서를 유지하기 위해 이성과 법과 강제(검)가 다스리는 나라로, '국가'와 동의어라고 할 수 있다.[12] 간단히 말해서 그에게서 영의 나라가 기독교인 및 경건한 사람을 만드는 나라라면, 세상나라는 외적인 평화를 만드는 나라이다 :

> 따라서 하나님은 두 나라(통치)를 주셨는바, 하나는 영의 나라로 기독교인들과 경건한 사람들이 그리스도 안에서 성령을 통해서 하는 통치이고, 다른 하나인 세상나라는 비기독인이며 악한 자들을 대상으로 하는 통치로 그들을 평화롭고 평온하도록 하는 통치이다.[13]

그러나 루터는 이 두 나라가 중세 가톨릭교회의 이해처럼 하나가 다른 하나를 배격하는 두 개의 상반된 통치질서라고 보지는 않았다. 그는 이 두 나라가 모두 하나님께로부터 기원하며, 그래서 모두 하나님의 질서에 의해 다스려지는 하나님의 나라여야 한다고 보았다. 즉 이 두 나라는 기원이나 궁극적 목적은 같지만, 기능적으로 서로 다른 나라인 것이다 :

> 교회가 교만한 인간을 성스러운 인간으로, 죽은 자를 산자로, 저주받은 자를 축복받은 자로, 사단의 자식을 하나님의 자녀로 만드는 과제가 있는 것 같이, 세상의 정부도 야만적인 동물과 같은 자들을 인간으로 만드는 과제가 있다.[14]

그래서 그는 이 두 나라를 서로 공존해야 하는 두 영역이라고 보았다. 이 두 나라는 함께 가야 하는데, 왜냐하면 세상나라에 평화와 질서가 있을 때 교회도 영원한 평화와 영원한 질서를 가르칠 수 있으며, 또한 세상의 평화가 궁극적으로는 교회가 추구하는 것의 기본 조건을 형성해주는 것이기 때문이라는 것이다.[15]

그러나 그럼에도 불구하고 루터는 교회와 국가는 엄연히 각자 담당하는 기능상의 차이가 있다고 했다. 따라서 국가가 영의 나라의 일을 하려 하거나, 교회가 국가의 역할을 하는 것은 옳지 않다고 보았다. 그는 교회가 인간의 내면, 즉 영혼을 위해 존재하듯 국가는 사회질서 유지를 위해 존재한다는 기능상의 분류가 엄격히 지켜져야 한다고 보았다. 특히 그는 세상나라의 법이 아무리 강력하더라도 영혼은 국가지배 이외의 영역이므로 국가가 간섭해서는 안 된다고 보았다 :

세속 정부는 생명을 다루지 않는 한도 내에서 법을 갖고 있으니 이는 하나님께서 자신 외에 누구도 영혼을 지배하도록 하실 수도 없고 허락하시지도 않을 것이기 때문이다. 그러므로 세속권력이 영혼에 대한 법을 규정하려고 한다면 그것은 하나님의 정부를 침해하는 것이며 영혼을 잘못 인도하여 파멸로 이르게 하고 말 것이다.[16]

루터는 그 두 나라, 즉 교회와 국가는 서로 공존해야 하지만, 동시에 기능상으로는 엄격하게 구분되는 영역으로 이해했다.

(2) 루터의 공교육개념

루터의 종교개혁은 교육개혁 혹은 학교개혁이라고 할 정도로 루터는 학교와 교육에 많은 관심을 쏟았다. 종교개혁 이후 개신교 지역에서 옛 수도원이나 구교 소속 학교들이 폐쇄되었고, 새로운 개신교 목회자 및 국가에 필요한 인재를 양성하기 위해 학교를 설립해야만 했다. 이에 루터는 시의회나 귀족들에게 학교 설립을 호소하는 '학교문서(Schulschrift)'를 썼는데, 여기에 그의 학교이념과 국가 및 교회와의 관계가 잘 드러나 있다.[17]

그의 학교문서에 일차적으로 나타나고 있는 것은 학교의 필요성 및 목적에 대한 그의 생각인바, 그는 앞에서 살펴본 두 나라, 즉 '영의 나라'와 '세상나라' 모두의 존립과 발전을 위해서 학교가 필요하다고 했다. 『시의원에게 주는 글』에서 그는 성경을 이해하기 위해서나 세상나라를 바르게 이끌어가기 위해서는 '예술(Kunst)'과 '언어(Sprache)'가 필요한데 이를 위해서 학교가 필요하다고 했다.[18] 물론 여기에서 예술이라는 것은 당시 학교에서 가르쳐졌던 7자유과(septem artis leberalis)를 지칭하는 말이다.

왜 그 두 나라를 위해 '예술'과 '언어'가 필요한가? 그는 먼저 '영의 나라'의 가장 핵심적인 것은 복음과 성경인데 이것을 바르게 이해하고 가르치기 위해서는 '언어'가 필요하다고 했다. 물론 루터는 일차적으로 성직자 후보생들에게 특별히 성서언어인 히브리어나 헬라어와 같은 고전어의 학습이 필요하다고 했지만, 더 나아가 그는 '만인제사장설(das allgemeine Priestertum)'에 근거하여 '모든 사람'이 모국어로 된 성경을 읽고, 또한 자녀들에게 가르칠 수 있어야 한다고 보았다. 따라서 '영의 나라'를 위해서 학교가 필요하다는 말은 단순히 성직자 지망생을 생각한 것이 아니라, 모든 그리스도인을 포함하는 것이라고 할 수 있다.

루터는 또한 '세상나라'의 존립과 발전을 위해서도 학교가 필수불가결하다고 보았다. 그는 우선 당시 만연했던 "학교는 성직자를 위해서만 필요하다."는 생각에 일침을 놓는다. 『시의원에게 주는 글』에서 그는 "우리의 아이들이 목사가 될 것도 아닌데 무엇 때문에 공부를 시킨단 말인가? 라고 말하는 부모들이 많다."고 했다.[19] 그러면서 그는 학교는 세상나라 자체를 위해서도 필수불가결한 것이라고 했다. 그는 세상나라에 교육이 없다면, "야만스러운 짐승처럼 서로 물고 뜯고 죽이고 … 그리하여 세상은 무질서가 횡행하는 세상이 되어버릴 것이다."라고 했다.[20] 또한 "세상나라가 잘 돌아가려면 현명한 남자들이 그들의 땅과 그들에게 속한 사람들을 잘 다스리고 통치할 수 있어야 하고, 현명한 여자들이 그들의 집과 자녀와 종들을 잘 가르치고 부릴 수 있어야 한다."고 했다.[21] 세상나라는 야만적 동물에서 그런 현명한 남성과 여성을 만들 책임이 있고, 이를 위해서 '소년과 소녀를 바로 가르치고 키워야 한다."는 것이다.[22] '예술(7자유과)'은 소위 '이성'과 '지혜'를 키우는 것들로서 세상나라를 위하여 꼭 필요한 과목들이라고 했다.

그의 학교에 대한 생각에서 두드러지는 또 하나의 입장은 학교를 세워야 하는 주체를 '국가'로 보고 있다는 것이다. 앞서 살핀 대로 중세에는 교회에 학교의 설립권과 감독권이 있었지만, 루터는 '국가'가 학교를 설립할 것을 제안하고 있다. 이 같은 그의 생각은 우선 그가 학교를 세워야 한다는 호소문을 모든 도시의 시의원들을 대상으로 썼다는 사실에서 발견할 수 있다. 루터가 학교의 설립을 국가의 문제로 보는 데에는 먼저 국가야말로 종교개혁 당시 학교를 세우고 운영할 수 있는 재정적 힘을 소유한 기관이라는 사회적 배경과 밀접하게 연결되어 있다.[23]

그러나 그가 국가가 학교를 세우는 주체가 되어야 한다고 본 것은 학교가 '영의 나라'뿐만 아니라 '세상나라'를 위해서도 존립해야 한다는 그의 학교이념과 연결되어 있는바, 따라서 국가는 스스로의 유지와 발전을 위해 학교에 대한 의무를 다해야 한다는 것이다.

사실 루터에게서 교육에 대하여 의무를 가지는 일차적 주체는 '가정'이요 '부모'다.[24] 앞서 우리는 그의 세계가 '영의 나라'와 '세상나라'로 구분된 다는 점을 살펴보았지만, 사실 그는 이와 나란히 '가정나라(Hausregiment)' 를 첨가하여 '삼-지위론(Drei-Staende-Lehre)'을 전개했다.[25] '삼지위론'은 세상을 다스리는 세 지위를 일컫는데, 영적 지위인 '목사', 세상을 다스리는 '통치자(Obrigkeitsstand)' 그리고 마지막으로 가정을 다스리는 '부모'가 그 것이라고 했다. 이 지위들은 각각 자신의 영역에서 다스림의 과제를 하나님 으로부터 위탁받았는데, 무엇보다 세 번째 지위인 부모가 자녀를 다스리는 것이 곧 '교육(ziehen)'을 의미한다고 했다. 그는 또한 가정은 '영의 나라'와 '세상나라'에 동시에 속한다고 했고, 따라서 부모는 영적 가르침과 세상적 가르침 모두에 대한 책임을 하나님으로부터 부여받았다고 했다.[26]

그런데 루터는 부모가 그러한 일차적 교육적 과제를 담당할 수 없을 때 에는 그 과제를 국가와 '통치자(Obrigkeitstand)'가 대신하여야 한다고 했다. "국가에 어린이들이 매일 새롭게 태어나는데, 이들이 교육 없이 그냥 방치 되면 불행해진다."고[27] 하면서 국가가 이들을 위해 기관과 시설을 갖추어 이들의 교육을 담당해야 한다고 했는바, 이것이 바로 '학교'여야 한다는 것 이다.[28]

이와 같은 루터의 생각에는 오늘날의 공교육개념이 나타난다. 그는 특 별한 계층, 즉 성직자나 귀족만이 교육의 대상이 아니라 국가에 태어나는 모든 소년 소녀가 교육의 대상이 되어야 한다고 보았고, 국가는 그들에 대 한 교육의 의무를 수행해야 한다고 보았다. 이것은 중세의 학교개념 및 학 교와 국가 그리고 교회의 관계를 근본적으로 새롭게 하는 개념이 되었다. 그는 학교의 설립권을 교회에서 국가로 이전했고, 학교의 목적도 성직자 양 성만이 아니라, 교회와 국가 모두를 위해서 존립한다는 개념을 제시했으며, 더 나아가 학교교육의 대상을 소수의 특권계층으로부터 모든 시민에게로 확대했다.

(3) 루터에게 있어서 학교와 국가 그리고 교회의 관계

우리는 루터가 공교육개념을 제시했다고 해서, 그의 학교개념이 오늘날의 공교육과 같이 가치중립성을 표방하는 개념은 아니었다는 사실에 주목할 필요가 있다. 앞에서 살핀 대로 루터는 국가도 하나님의 통치가 이루어져야 할 하나님 나라의 일부분이라고 생각했고, 국가나 교회는 서로 협력하여 세상에 하나님의 통치가 이루어지게 하는 공동의 목표를 가지고 있다고 보았다. 따라서 그가 생각하는 학교는 설령 그것이 국가에 의해서 세워진 공공학교라 하더라도 국가의 궁극적 목적, 즉 하나님 나라의 통치가 이루어지게 한다는 목적에 수렴하는 기독교적 학교여야 했다. 그래서 루터는 『시의원에게 주는 글』에서도 단순히 '학교'를 세울 것을 요청한 것이 아니라, '기독교학교(christliche Schule)'를 세울 것을 요청했다.

이러한 루터의 교육개념은 그가 제시하는 교과목에도 반영되고 있다. 그는 학교에서 '언어'와 '예술(7자유과)' 즉, 모국어(초등교육)와 라틴어(중등교육), 그리고 문법, 수사학, 변증법, 기하학, 수학 천문학, 음악으로 이루어지는 7자유과목을 가르쳐야 한다고 하였다. 이것은 당시 인문주의의 영향을 받은 대부분의 학교에서 일반적으로 행해졌던 것이다. 그러나 루터는 이에 덧붙여서 '역사'와 '교리문답', 그리고 '성경'을 가르칠 것을 제창했다.[29] 그는 성직자 희망생뿐만 아니라, 초등 및 중등 교육의 과정에 이르기까지 교리문답과 성경을 반드시 가르쳐야 한다고 함으로써, 최초로 공교육 안에서 이루어지는 '종교수업'의 전통을 세웠다.[30]

또한 루터는 국가의 학교 설립권을 주장했지만, 교회는 학교감독권을 행사함으로써 학교의 운영에 적극적으로 참여하는 형태를 정착시켰다. 아스하임(Ivar Asheim)은 루터의 학교개념은 외적으로는 국가에, 내적으로는 교회에 그 책임이 있는 구조였다고 지적했다.[31] 루터는 무엇보다 '목사의 학교감독권(geistliche Schulaufsicht)을 제정하여 학교를 감독하는 권한을 교회에 두었다. 또한 이른바 학교법을 교회법의 우산 아래 둠으로써, 교회에게 학교법을 제정하는 권한을 주었다(Schulgesetzgebung). 학교법은 오늘날로 말하자면 교육법과 같은 것으로 학교와 관련된 모든 법조항뿐만 아니라, 학교의 교과과정, 학제, 시간표, 학생의 자격 및 교사의 자격을 법으로 규정하여 학교에서 이를 시행하도록 한 법을 말한다. 루터는 그 스스로도 멜란히톤(Ph. Melanchthon)과 함께 쿠어작센(Kursacken)지역의 학교법을 제정했는바, 이것이 후에 독일 개신교지역 학교법령의 모델이 된다.[32]

루터는 국가와 교회는 학교에 대해서 공동의 책임이 있는 기관이라고 보았다. 그는 '국가'가 학교를 세워서 모든 시민들을 대상으로 하는 교육을 제공하는 외적 책임이 있는 기관이지만, 이와 동시에 '교회'는 학교의 감독 및 운영을 주관하는 내적 책임이 있는 기관으로서의 기능을 감당해야 한다고 보았다. 국가와 교회는 학교에 대하여 각각의 분리되는 기능을 감당하는 형태의 협력적이고 상호 보충적인 관계를 유지해야 한다고 보았다. 이 관계 안에서 우리가 기억해야 할 것은, 교회는 결코 '사사의 영역(das privat Bereich)'에 머무르는 기관이 아니었고, 역으로 국가도 가치중립적 국가가 아니라 하나님의 통치영역으로서의 국가, 즉 기독교적 국가였다는 사실이다.

2) 칼뱅에게 있어서 학교에 대한 국가와 교회의 관계

칼뱅은 그의 사역인생 전반에 걸쳐서 학교에 대한 관심과 열정을 쏟은 개혁가였다. 물론 그는 인생 말기(1559년)에 제네바아카데미를 설립한 것으로 잘 알려져 있다. 그러나 그의 학교에 대한 관심은 그가 1536년 8월 파렐의 초청을 받고 제네바로 오기 전부터 나타난다.[33] 그는 1536년 5월 제네바시를 위한 헌장에서 모든 아이들이 다닐 수 있고 가난한 아이들이 무료로 교육을 받을 수 있는 학교를 위한 계획을 밝혔고, 이러한 제안의 결과로 제네바시에는 '꼴레주 드 라 리브(Collège de la Rive)'가 세워졌다. 칼뱅은 또한 1538년 1월 12일에 "제네바 학교를 위한 계획(Plan for the School of Geneva)"을 시의회에 제출한 바 있다. 그러나 같은 해 4월에 그는 꼬르디에 및 파렐과 함께 제네바에서 추방당했고, 1541년까지 스트라스부르에서 머무르게 된다. 이러한 일로 인하여 꼴레주 드 라 리브는 문을 닫게 되었고, 제네바에서의 학교 설립을 위한 논의가 큰 타격을 입었다. 그러나 칼뱅이 1541년 9월 13일 스트라스부르로부터 제네바로 귀환하면서, 꼴레주 드 라 리브가 다시 문을 열었고, 깔뱅은 1541년 9월 26일 시의회에 새로운 "제네바 교회 헌법 초안(Ordonnances ecclesiastiques de 1541)"을 제출했는바, 이 헌법에서 그는 제네바아카데미의 설립 취지와 목적 그리고 방향을 제시한다. 이때 통과된 법은 그로부터 18년 후 1559년에 제네바아카데미 창립 예배를 드리는 것으로 열매를 맺게 된다. 이제 그에게서 나타나는 학교와 교회 그리고 국가의 관계에 대해 살펴보도록 하자.

(1) 칼뱅에게 나타나는 국가와 교회의 관계

칼뱅이 생각했던 학교에 대한 국가와 교회의 역할을 이해하기 위해서도 우리는 먼저 국가와 교회의 관계에 관한 그의 생각을 분명히 할 필요가 있다. 칼뱅의 '교회와 국가'의 관계도 루터처럼 중세적 '교회와 국가'에 대한 이분법적이며 우열적인 관계로부터 구별되는 것으로 시작한다. 그는 교회가 "영적이고 내적 인간에게 속하며 영원한 삶과 관계되는 것"이라면, 국가는 "시민적 정의와 외적 도덕의 확립"과 관련된 것이라면서 그들을 구별했다.[34] 교회는 그리스도의 나라로서 영적이고 내적이며 영원한 것인 반면, 국가의 통치는 육적이고 외적이며 일시적이기 때문에 그 둘을 혼돈해서는 안 된다는 것이다.

그러나 그렇다고 해서 칼뱅이 국가와 교회를 서로 무관하거나 대립되는 것으로 본 것은 아니었다. 칼뱅은 그 둘이 서로 구별되지만 대립되는 것은 아니며, 서로 다르지만 같은 목적을 가진 하나님의 도구라고 인식했다. 그에게서 교회가 인간의 영적 차원과 영원한 생명을 위해 하나님께서 주신 기관이라면, 국가는 시민적 정의와 도덕의 확립, 인류사회의 평화와 복지뿐만 아니라 경건을 진작시키기 위해서 하나님이 주신 기구였다. 그는 먼저 국가의 필요성을 인간의 죄와 그로 인해 파생되는 사회의 혼란을 막기 위해 필요하다는 점에서 찾았다 :

> 악한 자들은 지극히 오만하고 완고하여 매우 엄한 법으로도 제재하기가 극히 힘들다. 그런데 만일 그들이 자신들의 악행을 멈추게 할 만한 국가 권력이 없어서 자신들이 아무런 처벌도 받지 않고 무사히 지나갈 수 있다는 것을 안다면 도대체 그들이 무슨 일을 저지르겠는가?[35]

여기서 주목할 것은 칼뱅은 국가가 이처럼 인간의 죄에서 파생하는 사회의 혼란을 막기 위해서도 필요하지만, 동시에 경건의 진보를 촉진하기 위해서도 필요하다고 보았다 :

> 국가의 통치는 우리가 사람들 사이에 사는 동안 하나님께 드리는 외적인 예배를

종교개혁과 교육개혁

존중하고 보호하며, 경건에 관한 건전한 가르침과 교회의 지위를 변호하고 우리의 생활을 사회에 적응시키고 시민의 의에 부합하도록 우리의 사회적 행실을 형성하고 우리를 서로 화목케하고 또한 전체의 평화와 안정을 도모하기 위한 목적을 가진다.[36]

그렇게 보았을 때 칼뱅의 국가개념은 두 가지의 임무를 가지는바, 사람들 사이에서 인간성이 유지되도록 하는 '정치적 임무'와 그리스도인들 사이에서 경건의 공적 표현이 가능하도록 하는 '종교적 임무'가 그것이다. 따라서 칼뱅에게 국가는 그 기원과 권위에 있어서 교회와 마찬가지로 신적 성격을 지니는 것이었다. 국가는 하나님이 인간을 위해 주신 은혜의 선물이고, 마찬가지로 국가의 통치자들은 곧 하나님의 대리자였다. 칼뱅은 그들이 하나님의 뜻을 국가를 섬기는 것으로 구현하는 소명을 가진 자로서,[37] 국가가 그와 같은 임무를 수행하기 위해서 무력의 사용이나, 평화를 보존하기 위한 전쟁수행 등의 권한을 사용할 수 있다고 보았다. 또한 통치자는 국가의 임무 수행과 공익을 위해 세금을 징수할 권한이 있고, 그 세금으로 국가의 임무, 즉 정치적 임무와 종교적 임무를 수행하는 데 쓸 수 있다고 했다.[38]

그렇게 보았을 때 칼뱅의 '교회와 국가'의 관계는 루터와 공통점을 갖는다. 즉 중세 가톨릭의 '교회와 국가' 관계에 대한 이원론적이고 서열적인 입장으로부터 거리를 두어, 교회와 국가 모두 하나님으로부터 기원하며 하나님의 통치가 일어나야 한다는 동일한 목적을 가진 하나님의 나라라는 것이다. 그러나 칼뱅은 루터가 교회와 국가는 기능적으로 서로 분리되기 때문에 국가가 영적인 사항, 즉 경건에 관한 일을 침범해서는 안 된다고 보았던 입장에서 더 나아가, 국가는 시민의 경건의 진작을 위한 '종교적 임무'를 갖고 있다고 보았다. 루터는 그리스도인이 국가를 종교적인 차원에서 이용해서는 안 된다고 본 반면, 칼뱅은 교회가 기독교적 원칙으로 세상에 영향을 미쳐야 하며, 이 목적을 이루기 위해 국가라는 수단을 사용할 수 있다고 봄으로써, 국가에 대한 교회의 영향력을 보다 더 강조했다는 점에서 루터와 구별된다고 할 수 있다.[39] 교회와 국가의 관계에 관한 중세 가톨릭의 입장과 루터의 입장 그리고 칼뱅의 입장을 표로 나타내 보면 〈표 I-3-1〉과 같다.[40]

〈표 I-3-1〉 교회와 국가의 관계

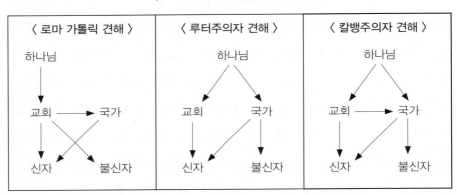

(2) 제네바아카데미 설립과 운영에 나타나는 국가와 교회의 관계

그러면 칼뱅이 가졌던 교회와 국가의 관계에 근거할 때, 학교는 어디에 위치할 수 있는가? 이에 대한 답을 찾는 가장 직접적인 길은 아마도 그가 실제적으로 참여했던 학교 설립 및 운영 과정을 살펴보는 일일 것이다. 왜냐하면 칼뱅은 그의 사역 말기에(1559년) 오랫동안 꿈꾸어 왔던 학교, 즉 제네바아카데미를 설립하고 직간접적으로 참여했기 때문이다. 따라서 제네바아카데미의 설립 취지, 목적, 학제 및 교과내용, 운영 등을 살펴봄으로써 그 속에 나타난 학교와 국가 그리고 교회의 관계를 찾아내보기로 하자.

칼뱅의 학교 이념 및 설립의 목적은 그가 1541년에 제안한 "교회법령

종교개혁과 교육개혁

(Ordonnances ecclesiastiques de, 1541)"에 나타나는바, 여기에서 그는 제네바에 학교를 설립하여 필요한 인재를 양성해야 한다고 강조했다. 그는 "우리 자녀들에게 교회가 황무지 같은 곳이 되지 않도록 우리가 다음 세대를 위해 준비해야 하며, 자녀들이 '목회직(ministry)'과 국가의 '행정직(magistracy)'에서 일할 수 있도록 준비시키기 위하여 학교를 설립해야 한다."고 주장했다.[41]

여기에서 우리가 주목할 것은 칼뱅도 루터와 마찬가지로 '교회법령'에서 학교를 세울 것을 주장했다는 것이고, 또한 그 학교 설립 목적은 '목회직'과 '행정직'의 양성에 두었다는 것이다. 이것은 그가 교회를 학교에 대한 의무가 있는 곳으로 보았다는 것을 의미하며, 그와 동시에 그는 학교는 '교회'와 '국가(시)' 모두를 위해 존립해야 하는 것으로 보았다는 것을 의미한다. 즉 그는 교회가 학교 설립의 주체이지만, 학교는 교회와 국가의 지도자 양성을 위해 존재해야 한다고 보았다는 것이다.

이 같은 칼뱅의 생각은 실제로 그가 세운 제네바아카데미의 교육목적에도 동일하게 나타나는데, 1559년 6월 5일 생피에르 교회에서 있었던 제네바아카데미의 공식 개원식에서 초대 교장 베자(Beza)가 한 아래와 같은 연설이 이를 증명해준다 :

여러분은 고대 그리스의 사람들처럼 헛된 레슬링 경기를 보려고 학교(gymnasia)에 모인 것이 아니라, 참된 경건에 대한 지식과 학문으로 잘 준비되어서, 하나님의 영광을 최고로 높이고 여러분들의 조국을 영광스럽게 하고 여러분의 가족을 부양하기 위해 이곳에 모였습니다.[42]

연설에 나타나고 있는 것처럼, 제네바아카데미에는 '교회'와 '국가'에 봉

사할 일꾼을 양성하는 것을 학교의 목적으로 삼았던 칼뱅의 생각이 잘 반영되어 있다.[43]

또한 이러한 그의 교육이념, 혹은 교육목적은 제네바아카데미의 학제에도 잘 반영되어 있다. 제네바아카데미는 교회의 성직자만을 양성하는 기관이 아니라 초등 및 고등 교육과정을 아우르는 기관이었으며, 성경과 신학을 포함하여 일반교양 및 인문학을 폭넓게 가르침으로써 교회 및 국가의 지도자 양성이라는 두 목적에 수렴했던 것을 볼 수 있다.

제네바아카데미의 학제는 크게 두 과정으로 나뉘어 있었는바, '숄라 프리바타(schola privata)'라 불리는 초등과정과 '숄라 푸블리카(schola publica)'라고 불리는 고등교육과정이 그것이다.[44] 숄라 프리바타는 6세부터 16세까지의 학생들을 대상으로 하는 교육기관으로 '숄라 푸블리카'보다 먼저 설립되어 운영되었다. 제네바시와 행정관들은 이 학교야말로 제네바시를 위해 가장 중요한 기관 중 하나로 여겼고, 새로 건축된 건물을 이 학교가 혼자 사용할 수 있도록 배정했을 뿐만 아니라 학교가 지속적으로 운영될 수 있도록 재정적 지원을 아끼지 않았다.[45] 숄라 푸블리카는 고등교육 수준의 학생을 대상으로 하는 학제였는바, 오늘날 신학교로 알려져 있기도 하다.

각 영역에서 다루어졌던 교과의 내용을 살펴보면, 숄라 프리바타(초등과정)에서는 교리문답과 성경을 공부하고, 프랑스어, 라틴어와 그리스어를 배우며, 이에 덧붙여 베르길리우스, 키케로, 호메로스, 데모스테네스 등의 고전들을 공부했는데, 이것은 당시의 인문주의적 영향이라고 할 수 있다. 그리고 숄라 푸블리카(고등과정)의 교과과정은 주당 27시간의 수업으로 구성되었는데, 신학 3시간, 히브리어와 구약 8시간, 그리고 그리스 웅변가들과 시인들 5시간, 윤리학 3시간, 물리학과 수학 3시간, 수사학과 논리학 5시간으로 구성되었다.[46] 물론 이같은 교과목들은 제네바아카데미의 교과내용이 크게 세부분, 즉 신학, 인문학, 그리고 7자유과로 이루어졌음을 나타내주고 있다.

제네바아카데미의 학교 운영 및 행정 또한 칼뱅에게 있어서 교회와 국가 그리고 학교의 관계를 엿볼 수 있는 또 하나의 중요한 측면이라고 할 수 있다. 우리가 주목해야 할 것은, 제네바아카데미의 학교 설립을 결정하고 추진한 곳이 국가, 즉 시의회였다는 것이다.[47] 제네바아카데미 설립과정에서 필요한 재정을 국가(시)에서 담당했다는 기록이 발견되었고, 시의 재정국(treasury)에서 아카데미의 건물을 위한 부지를 매입했고, 돈을 마련하거나 모금하는 역할을 했다는 기록도 역시 발견되었다. 제네바시는 적극적으로 모금에 나섰을 뿐만 아니라, 시에서 거두어들인 벌금과 주인 없는 재산까지도 학교에 투입했다.[48]

제네바아카데미를 설립하는 데 필요한 재정은 시에서 담당했지만, 실제로 제네바아카데미의 운영은 '목사회'와 '행정관'이 공동으로 참여하는 운영위원회에 의해서 이루어졌다. 물론 두 그룹은 학교 운영과정에서 기능상의 차이를 보이기도 했다. 예를 들어 '행정관'들은 강의실, 의자 등의 학교의 시설들이 마련되도록 하며, 매년 있는 진급식에 참여하거나 우수한 학생들에게 상을 주는 등의 실제적이고 행정적 일들을 관할했다.[49] 반면 '목사회'는 교사를 선발하는 인선권 및 학장, 학감, 교수, 교사를 임명할 때에 후보자들을 면접하고 검토하며 적합한 후보가 고위 '운영위원회'의 인준을 받도록 하였다. 그리고 학장은 목사회의 회원 중에서 결정되었기 때문에 목사회는 학교의 학사일정이나 학문적 방향, 그리고 교육과 관련된 중요한 결정 등을 주도했다고 할 수 있다. 이 같은 기능상의 구별이 있었지만, 제네바아카데미의 운영은 행정관과 목사회 공동으로 구성되는 운영위원회의 결정으로 이루어졌다. 목사회가 한 결정들도 최종적으로는 목사회와 행정관이 공동으로 참여하는 고위 운영위원회에서 결정되었기 때문이다.

(3) 칼뱅에게서 나타나는 국가와 교회 그리고 학교의 관계

칼뱅의 제네바아카데미 설립 및 운영에 나타나는 학교와 국가 그리고 교회의 관계는 무엇보다 '국가와 교회'의 관계에 대한 그의 입장부터 파악해야 할 필요가 있다. 앞에서 살펴본 대로 그는 교회와 국가가 기능상으로는 구별되면서도, 모두 하나님의 은혜의 선물로 하나님 통치를 대리하는 기관으로 보았다. 교회만이 아니라 국가도 하나님의 뜻을 섬기는 기관이었고, 교회가 인간의 내면과 영원한 생명을 매개하는 기관이라면, 국가는 사람들 사이에서 질서가 유지되게 하고, 더 나아가 경건의 공적 표현 및 예배가 유지되도록 하는 종교적 임무도 갖고 있다고 보았다. 국가는 이러한 자신의 임무를 수행하기 위해 무력의 사용, 세금의 징수 및 집행 등을 할 권한과 의무가 있다고 보았다.

이러한 사실에서, 학교는 국가와 교회 모두의 의무이면서 권리라고 할 수 있다. 교회는 하나님 백성의 영적 생명을 위해 지도자를 양성해야 할 의무와 권리가 있지만, 동시에 국가는 국가 안에 하나님의 통치가 이루어질 수 있도록 지도자를 양성해야 하고, 이를 위해 구체적으로 재정적 지원 및 집행, 그리고 운영에도 참여할 의무와 권리가 있다. 따라서 칼뱅의 학교개념에서는 교회와 국가가 공동으로 학교에 대한 의무 및 권리를 행사하는 관계구조를 발견할 수 있다. 국가와 교회가 모두 학교 설립 및 운영의 권리를 가지고, 학교는 또한 교회와 국가 모두를 위해 존재하는 기관으로서의 성격을 띤다. 칼뱅은 루터에 비하여 좀 더 적극적으로 국가가 학교의 교육 및 운영에 참여하도록 했던 것을 볼 수 있다. 국가(시)와 교회는 학교의 설립 및 운영 그리고 교육에 구체적으로 함께 했는바, 교회가 학교의 설립을 결정하면, 시가 재정적으로 후원하고, 목사회와 행정관이 공동으로 참여하는 고위 '운영위원회'가 교사임명 및 학사일정 등 학교 교육의 중요사항을 결정했다.

4. 종교개혁기의 학교, 교회, 국가의 관계

종교개혁자들의 '학교와 교회 그리고 국가'의 관계에 관한 공통적인 생각은 중세시대와는 다른 양태로 나타난다. 중세에는 학교의 설립권과 감독권이 교회에 있었고 학교 설립의 일차적 목적 역시 성직자를 양성하는 것에 있었다면, 종교개혁과 더불어 학교의 설립에 '국가'가 주체로서 참여하게 되었고, 학교는 이제 국가에 필요한 인재를 양성한다는 목적도 성직자 양성이라는 목적만큼이나 핵심적인 존립의 목적으로 삼게 되었다.

위의 고찰과 더불어 우리는 이와 같은 변화는 두 시대가 갖고 있었던 '교회와 국가'의 관계에 대한 차이에 근간한다는 것을 확인했다. 중세의 로마 가톨릭교회는 교회만이 유일하게 하나님과 직접적으로 관계하며 교회가 국가보다 비교 우위에 있고, 국가는 교회에 종속될 뿐만 아니라 하나님과 직접적 관계가 없다고 보았다. 따라서 그들은 교회는 신자에게나 불신자들에게 영향을 미치는 기관이지만, 국가는 교회를 통해서만 간접적으로 영향을 미칠 수 있다고 보았는바, 그 같은 이해를 바탕으로 그들은 '교회'만이 유일하게 학교를 설립하고 운영할 수 있는 기관이며, 학교가 성직자를 양성하면 그 성직자를 통해서 간접적으로 국가(시)가 영향을 받게 되는 관계구조를 형성했다.

반면 종교개혁자들에게는 '교회와 국가'의 관계에 대한 새로운 패러다임이 나타나는바, 이들은 교회와 국가가 모두 하나님으로부터 기원하며, 두 나라 모두 하나님의 통치가 나타나야 할 영역이라고 이해했다. 따라서 그 둘은 궁극적 목적을 함께 공유하지만, 기능적으로 서로 다른 기관이며, 이들의 통치형태가 다를 뿐이지, 서로 배격하는 관계는 아니라는 것이다.

이와 같은 생각에 근거하여 종교개혁자들에게 있어서는 더 이상 성직자 양성만이 아니라, 국가의 평화와 질서를 유지하고 번영을 위해 필요한 인재를 양성하는 것도 학교의 핵심적 존립목적이 된 것이다. 뿐만 아니라 이제 이들에게는 '국가'도 적극적으로 학교를 설립하고 운영하는 주체가 되는 바, 국가는 자신의 존립목적, 즉 세상 속에 평화와 질서를 유지한다는 목적을 이루기 위해 학교를 세워, 태어나는 모든 소년과 소녀를 교육해야 할 의무를 갖는 기관이 되고, 이로부터 학교는 공공의 영역이 된다.

그러나 종교개혁기 국가에 학교를 설립하고 운영할 수 있는 권한과 의무가 주어졌다고 해서 교회가 학교에 대한 의무 및 권한을 포기한 것은 결

<표 I-3-2> 교회, 국가, 학교의 관계

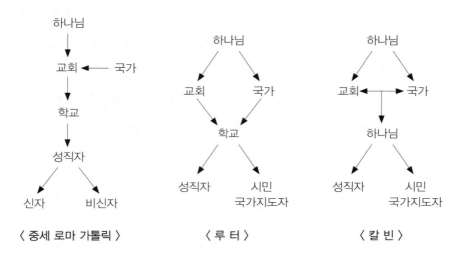

종교개혁과 교육개혁

코 아니었다. 루터의 경우 외적으로는 국가가 학교에 대한 책임을 수행하는 기관이라면, 내적으로는 교회가 실제적으로 학교교육을 담당하는 기관으로서의 역할을 했다. 교회는 소위 '학교감독권(geistliche Schulaufsicht)'을 갖고 학교를 감독했고, 학교법을 제정하는(Schulgesetzgebung) 기관으로서 학교의 교과내용, 시간표, 학교운영 및 교사선정 등 학교교육의 전반적인 결정을 주도했다. 칼뱅의 경우는 교회와 국가, 즉 목사회와 행정관(시의회)이 협력하여 학교를 운영하는 위원회를 구성했고, 그를 통하여 학교를 운영하는 체제를 보여 주었다. 이를 표로 나타내 보면 〈표 I-3-2〉와 같다.

5. 나오는 말 – 종교개혁의 '학교, 교회, 국가'의 관계가 오늘에 주는 시사점

지금까지 살펴본 종교개혁기 '학교, 교회 그리고 국가'의 관계들로부터 우리가 무엇보다 먼저 발견하게 되는 것은 종교개혁기의 교회는 교육과 관련하여 결코 '사사의 영역(das private Bereich)'에 머물지 않았다는 것이다. 교회는 공공의 영역에서 떨어져 교회 안의 기독교신자들을 대상으로 하는 신앙교육만을 담당하는 기관이 아니라, 시민을 대상으로 하는 공교육, 그리고 시민으로 살아가는 데 필요한 모든 영역을 아우르는 소위 '일반교육'을 주관하고 감독하며, 더 나아가 학교법까지도 제정하는 주체로서의 역할을 했다는 것이다. 이들은 기독교인이 국가와 교회에 동시에 소속된 존재인 것처럼, 신앙교육과 일반교육을 구획화하여 보지 않았고, 두 영역 모두를 기독교라는 우산 아래에서 통합적으로 수렴하면서, 학교가 '세상 속에서 바른 기독교인으로 살아가는 사람'을 양육하는 의무를 수행하는 기관이 되도록 했다는 것이다.

이들의 이와 같은 노력은 종교개혁 이후 현대에 이르기까지 유럽의 학교와 교회 그리고 국가 간의 관계에 결정적 영향을 미쳤다. 물론 국가마다 차이가 있지만, 독일이나 스위스 등의 나라에서는 교회의 '학교감독권(geistliche Schulaufsicht)'과 '학교법제정권(Schulgesetzgebung)'이 근대 전체를 통해서 유지되었고,[50] 독일의 경우 일부 주에서는 바이마르공화국 헌법이 제정된 1919년 직전까지도 지속되었던 것을 볼 수 있다. 물론 바이마르 헌법에서 공식적으로 교회의 '학교감독권'과 '학교법제정권'은 폐기되었지만, 그럼에도 불구하고 동 헌법의 144조에서는 "모든 학교는 국가의 감독 아래 있고, 국가는 교회를 그것에 참여시킬 수 있다."는 조항을 규정함으로써,[51] 여전히 교회가 학교의 감독에 참여할 수 있고, 또한 국가가 교회를 공교육의 파트너로 학교에 참여시킬 수 있음을 명시하고 있다. 이와 같은 방향을 기초로 하여 유럽의 여러 나라에서는 공교육 안에 '종교수업'을 헌법에 명시했고, 오늘날까지 유지해오고 있다. 교회가 사사의 영역에만 머물지 않고, 국가의 파트너로서 공교육에 참여하고 그에 대한 의무를 다해야 하는 것은 종교개혁이 남긴 전통이다.

　　종교개혁기의 국가는 또한 국가가 종교교육에 대한 의무를 수행했던 예를 보여준다. 칼뱅에게서 보는 바와 같이 국가는 시민들의 경건을 진작시킬 '종교적 의무'가 있고, 이를 학교를 통해 실천하는 기관으로서의 역할을 담당했다. 따라서 국가는 학교를 통한 교회의 성직자 양성을 지원했고,[52] 기독교적으로 설립되고 운영되는 학교들에게 교회가 교육의 내용을 결정하고, 스스로 교사를 수급하며, 학생을 선발할 수 있는 권한을 존중해 주었으며, 더 나아가 공공학교에서 '종교수업'을 정규과목으로 제정하고 이를 실행하도록 지원했다. 국가는 공공의 기관이지만 시민의 종교를 인정하고 학교에서 '종교교육'을 지원하는 역할을 했다. 결국 종교개혁을 통해 교회와 국가가 '학교'라는 장에서 서로 만나고, 시민을 교육하는 일에 함께 협력하고 공동의 과제를 수행했던 것을 확인할 수 있다.

개혁교회는 종교개혁의 전통을 소중히 여기고 그 정신에 언제나 새롭게 접목하려는 것으로 자신의 정체성을 유지해가는 교회이다. 그런 의미에서 개혁교회의 본질을 찾는 것은 단순히 신학이나 목회의 영역에서만이 아니라, 학교와 관련하여 종교개혁이 새롭게 세웠던 전통을 기억하며 그 정신을 새롭게 하는 것도 포함된다고 하겠다. 종교개혁가들이 행했던 학교의 이념 정립, 학교와 국가 그리고 교회와의 관계 재정립과 같은 교육개혁적 전통, 그리고 무엇보다 공교육에 대하여 그들의 책임과 의무를 다했던 노력들, 학교를 통해서 국가와 세상에 하나님의 통치를 이루어가고자 했던 열정들은 우리 개혁교회가 언제나 다시금 기억하고 새롭게 접목해야 할 빛나는 유산임에 틀림이 없다.

주 ───

1) Ernst Christian Helmreich, *Religionsunterricht in Deutschland, Von den Klosterschulen bis heute*, (Hamburg, Düsseldorf, Furche Verlag, Patmos Verlag, 1966) 16.

2) Ernst Christian Helmreich, *Religionsunterricht in Deutschland*, 17.

3) E. Garin, *Geschichte und Dokumente der abendländische Pädagogik I*, (rde 205-206, Reinbek, 1964) 8f.

4) Heinz Dopsch, "Von der Klosterschule zur Universität, Grundzüge des mittelalterlichen Bildungswesens".

5) E. C. Helmreich, *Religionsunterricht in Deutschland*, 21.

6) Ibid. 22.

7) D.Stoodt, *Arbeitsbuch zur Geschichte des evangelischen Religionsunterrichts in*

Deutschland, (Münster, Comeniusinstitut, 1985), 11.

8) L. Petry, "Universität", *die Religion in Geschichte und Gegenwart*, (Tübingen, Paul Siebeck, 1986), 1166.

9) 박경수, 『교회의 신학자 칼뱅』 (서울, 대한기독교서회, 2009), 219.

10) Bernhard Lohse, *Luthers Theologie*, (Goettingen, Vandenhoeck & Ruprecht, 1995), 339.

11) 그의 두 왕국설은 그의 초기 저술들, 즉 "독일 기독교 귀족에게 보내는 서한(1520)", "그리스도인의 자유(1520)"에서부터 싹트기 시작했고, "세속 정부에 관하여(1523)"에서 더욱 발전하였다.

12) 그는 국가 즉 세속정부는 인간의 죄성으로 인해 생기는 사회적 문제를 다스리기 위해 하나님께서 주신 기관이며, 국가의 역할은 질서유지라고 보았다. "만약 세상이 참된 그리스도인 즉 참된 신자들로 구성되었다면 왕이나 군주, 칼이나 법의 도움을 필요로 하는 일이 없을 것이다." "칼은 이 세상에서 평화를 유지하기 위해 가장 유익하고 필요한 것이기 때문에, 그리고 죄를 벌하고 사악한 자들을 제어하는데 필요하기 때문에 그리스도인은 기꺼이 그가 행할 수 있는 모든 것을 행한다." M. Luther, "Von der weltlicher Obrigkeit 1523", WA 11, 251.

13) M. Luther, "Von der weltlicher Obrigkeit 1523", WA 11, 251, 15-18; "우리는 국가의 법과 검이 하나님의 뜻에 의해 세상 속에 있음을 의심하는 자가 없도록 건전한 기초를 마련해야 한다." Ibid.

14) M. Luther, "Eine Predigt, dass man Kinder zur Schule halten solle (1530)", WA, 30, II, 508-588.

15) B. Lohse, *Luthers Theologie*, 335.

16) M. Luther, "temporal Authority to what extent it schould be obeyed, 1523" 105.

17) 루터의 학교에 대한 생각은 이른바 "학교문서(Schulschriften)"라고 불리는 두 글에 잘 나타나는데, 그 하나가 "독일의 모든 도시의 시의원에게 드리는 글, 기독교학교를 세워서 활성화시킬 것을 호소하며"이고, 다른 하나는 '학교설교'라고 불리는 글로, "어린이를 학교에 보낼 것을 호소하는 설교"이다. M. Luther, "An die Ratsherrn aller Staedte deutsches Landes, dass sie christliche Schulen aufrichten und halten sollen(1524)", WA, 15, 9-53; M. Luther, "Eine Predigt, dass man Kinder zur Schule halten solle(1530)", WA, 30, II, 508-588.

18) M. Luther, "An die Ratsherrn aller Staete", 50.

19) Ibid.

20) M. Luther, "Eine Predigt, dass man Kinder zur Schule haltel solle", 63.

21) M. Luther, "An die Ratsherrn aller Staete", 54.

22) Ibid.

23) 당시 '아우구스부르크 종교회의(Augsburger Religionsfrieden)'의 결과 봉건영주가 어떤 종교를 선택하느냐에 따라서 그의 영토에 속하는 모든 사람들 역시 그 종교를 택해야 했다. 이에 따라 구교지역은 기존의 학교를 유지할 수 있었지만, 개신교지역은 갑자기 학교들이 구교로부터 더 이상 도움을 받을 수 없었고, 개신교회는 아직 재정적 기반이 없어 학교를 지원할 수 없었다. 따라서 루터가 국가(시)에 학교의 설립을 권장한 것은 어찌 보면 당연한 일이었을 것이다.

24) Ivar Asheim, *Glaube und Erziehung bei Luther, Ein Beitrag zur Geschichte des Verhaeltnisses von Theologie und Paedagogik*, (Heidelberg, Quelle&Meyer, 1961), 44-45; 그는 이와 같은 생각을 그의 교리문답서 제 4계명, 즉 "부모를 공경하라"는 계명에 대한 해석에서 분명하게 밝히고 있다. Deutsch Katechismus(1529), WA 30, 1, 152, 19-25.

25) M. Luther, "Vom Abendmahl Christi Bekenntnis(1528)", WA, 26, 504f.

26) M. Luther, "Predigt, 1528", WA, 27, 7, 7.

27) M. Luther, "An die Ratsherrrn aller Staete", 46.

28) Klaus Goebel, "Luther als Reformer der Schule", ed. by K.Goebel, *Luther in der Schule*, (Bochum, 1985), 7.

29) M. Luther, "Eine Predigt, dass man Kinder zur Schule halten solle,"

30) Ivar Asheim, *Glaube und Erziehung bei Luther*, 73. 실제로 독일에서는 루터의 전통이 오늘날까지 이어져, 모든 공교육 안에서 '종교수업'이 실시되고 있다.

31) Ivar. Asheim, *Glaube und Erziehung bei Luther*, 67.

32) "von Philipp Melanchthon und Dr. Martin Luther eignehaendig gestellt Schulordnung fuer Herzberg (1538)" Fr. Hahn, *Die Evangelische Unterweisung in des Schulen des 16.Jahrhunderts*, (Heidelberg, Quelle & Meyer, 1957), 33.에서 재인용.

33) W. Stanford Reid, "Calvin and the Founding of the Academy of Geneva," *Westminster Theological Journal Vol.18 No.1* (November 1995), 7; 쟝 깔뱅 지음, 황정욱·박경수 옮김, 『칼뱅: 신학논문들』(서울: 두란노아카데미, 2011), 72-73; 백충현, "16세기 종교개혁과 신학교육 : 깔뱅의 제네바아카데미의 '신학적 인문학 교육'을 중심으로", 제10회 종교개혁기념학술강좌, 2012.10.25.

34) J.Calvin, *Institute of the Christian Religion*(1559), IV권 20장 1절

35) *Institutio*, IV, 20, 2; "만일 우리가 하나님이 태초에 창조하신 자연스러운 순결함의 상태를 유지했었다면, 정의의 질서는 필요가 없었을 것이다. 왜냐하면 각 사람은 진심으로 율법을 준수했을 것이고, 따라서 우리를 억제하기 위한 강제력도 필요치 않았을 것이기 때문이다. 그러므로 정의는 인간 타락에 대한 하나의 치료책이다. 인간의 정의가 언급되는 그 어디에나 거기에는 우리 불법을 비추어 주는 거울이 있음을 상기하자. 왜냐하면 힘에 의해서만 우리는 공평과 사리를 따

를 수 있기 때문이다." J. Calvin, *Opera quae supersunt omnia* (Corpus Reformatorum 29-87, Calvini Opera 1-59) eds. G. Baum, E. Cunitz and E. Reuss (Braunschweig: Schwetschke, 1863-1900), 27, 409.

36) *Institutio*, IV, 20, 2.

37) *Institutio*, IV, 20, 4.

38) *Institutio*, IV. 20, 13

39) 박경수,『교회의 신학자 칼뱅』 (서울, 대한기독교서회, 2009), 219-210.

40) 이 표는 H. Wayne House, *Christian Ministries and the Law* (Grand Rapids: Baker Book House, 1992) 34-37에 기재된 것으로, 박경수가 『교회의 신학자 칼뱅』(219쪽)에서 재인용한 것이다.

41) B. J. Kidd, *documents Illustrative of the Continental Reformation*, (Oxford, 1911), 594.

42) Discours du Recteur Th. de Beze prononce a l'inauguration de l' academie dans le temple de Saint Pierre a Geneve le 5 juin 1559, (Originally published Geneva 1559, reprinted Geneva 1959), 19. K. Maag, *Seminary or University?*, The Genevan Academy and Reformed Higher Education, 1560-1620, (Cambridge, University Press, 1995), 15-16 재인용.

43) 박경수,『교회의 신학자 칼뱅』 (서울, 대한기독교서회, 2009), 319.

44) K. Maag, *Seminary or University?*, 9.

45) K. Maag, Ibid. 11.

46) 박경수,『교회의 신학자 칼뱅』 (서울, 대한기독교서회, 2009), 325-329.

47) K. Maag, Ibid., 11.

48) 박경수,『교회의 신학자 칼뱅』 (서울, 대한기독교서회, 2009), 315-317.

49) 'L'Ordre establi' in Thevenaz, Histoire du College de Geneve, 42, 44, 48-50, K. Maag, Seminary or University? 18에서 재인용.

50) D. Stoodt, *Arbeitsbuch zur Geschichte des evangelischen Religionsunterrichts in Deutschland*, (Münster, Comenius Institut, 1985), 10ff.

51) W. Küchenhoff, "Schulaufsicht", *Die Religion in Geschichte und Gegenwart*, (Tübingen, Mohr, 1986), 1554.

52) 독일의 경우 현재 공립대학 안에 신학과가 있고, 이곳에서 목사후보생이 양성되고 있다.

종교개혁과 교육개혁

후스파 개혁가 코메니우스의 평화교육과 세계개혁

+++

1. 들어가는 말

우리는 종교개혁하면 루터와 칼뱅부터 떠올리지만, 이들은 엄격히 말하면 2세대 종교개혁자라 할 수 있다. 종교개혁적 사고가 처음 태동한 것은 그들보다 약 150여 년 전이라고 할 수 있기 때문이다. 영국의 옥스퍼드 대학교 교수였던 위클리프(John Wycliffe)나 히에로니무스(Hieronimus)가 1370년대 말에 이미 교황의 횡포를 비판하고 성경의 유일한 권위를 강조함으로써 종교개혁 정신의 뿌리를 내렸고, 위클리프의 사상이 체코의 얀 후스(Jan Hus)에게 이어져서 1400년도 초에 성경의 유일한 권위를 주장하고 교황의 세속화를 비판하면서 새로운 교회의 기초를 놓았다. 그러나 후스는 로마 가톨릭교에 의해서 화형을 당하고, 그의 후예들은 "보헤미안 형제단(die

Böhmischen Brüder)"을 창설하여 신앙을 지키며 로마 가톨릭에 저항했다. 이 교단의 일부는 핍박을 피해 독일로 건너가 "헤른후트 형제단(Herrnhuter Brüdergemeine)"이 되었으며, 후에는 모라비안 교회가 세워지는 데 결정적 역할을 했다.

그런 의미에서 우리가 종교개혁을 공부할 때는 루터와 칼뱅만이 아니라 당시의 다양한 종교개혁적 흐름과 정신을 보아야 할 필요가 있다. 또한 종교개혁의 기독교교육적 정신을 풍성하게 하는 다양한 교육정신을 살핌으로써 보다 크고 입체적인 종교개혁적 기독교교육의 그림을 그릴 필요가 있다.

이 장에서는 위에 언급한 후스파의 기독교교육학자이자, 유럽에서는 기독교교육학을 최초로 학문적으로 정립한 사람으로 널리 알려져 있는 코메니우스의 평화교육사상을 살펴보고자 한다. 코메니우스는 후스파의 종교개혁 정신을 받은 보헤미안 형제단의 마지막 비숍이었을 뿐만 아니라, 영국, 스웨덴, 독일 등지에서 그의 교육사상을 기초로 학교개혁을 이루었을 만큼 유럽의 교육개혁에 결정적 역할을 하여서, 당시 유럽사회에 큰 영향을 미쳤다. 그는 교육의 궁극적 목적을 세계의 개선에 두고, 세계개혁의 통로로서 교육을 보는 개혁적 시각을 제시했다. 그에게서 세계의 개혁과 평화와 교육은 서로 뗄 수 없이 연결되는 개념이었다. 그런 의미에서 코메니우스의 교육사상을 살피는 것은 단순히 그의 교육사상을 공부하는 것에서 그치는 것이 아니라, 종교개혁적 기독교교육의 다양한 측면들 중 하나를 보는 일이고, 그것으로써 종교개혁적 기독교교육이라는 큰 그림을 완성해가는 과정이 되는 것이라고 할 수 있겠다.

종교개혁과 교육개혁

2. 평화의 관점에서 보는 코메니우스의 생애와 저술

코메니우스의 평화개념은 그가 몸소 겪은 30년 전쟁과 그가 마지막 비숍으로 있었던 보헤미안 형제단의 비극으로 가득 찬 역사들, 그리고 그 모든 역경에도 불구하고 실현해보려 했던 평화로운 세상에 대한 비전으로부터 출현했다. 따라서 그의 평화교육에 대한 이해는 무엇보다 먼저 그의 생애를 살펴보는 데서 시작해야 한다.[1]

1) 성장과 수학

요한 아모스 코메니우스(Johann Amos Comenius, 체코어 코멘스키의 라틴어 표기, 1592-1670)는 1592년 3월 28일에 체코의 니브니츠(메렌의 남)에서 아버지 마틴 코멘스키와 어머니 안나 사이에서 태어났다. 코메니우스는 어린 시절을 농장을 경영하는 부농이자 철저한 형제단 교도였던 부모의 영향으로 평화롭고 유복하게 보냈다. 그러나 그가 11살이 되었을 때 당시 유럽을 휩쓸었던 페스트로 부모와 형제들을 잃고 고아가 된다. 그는 고모가 살던 스트라쯔니츠로 와서 보헤미안 형제단의 초등학교를 다니다가 전쟁으로 중단하게 된다. 그는 1608년, 즉 16살이 되던 해에 비로소 프레라우(Prerau)에 있는 형제단의 라틴어학교(중등교육기관)를 다닐 수 있게 된다. 만학이었던 그는 공부를 열심히 했고, 교장의 눈에 띄어 3년간의 수학을 마친 후 독일로 유학을 떠나게 된다.

당시 형제단 교회의 학자들은 스위스 개혁자들의 입장, 특히 칼뱅주의 사상에 영향을 받고 있었기 때문에, 인접해 있던 루터교 대학들보다는 칼뱅주의 신학교에서 공부했는데, 코메니우스도 독일의 헤르보른(1611-1613)과 칼뱅주의신학의 거성인 하이델베르크대학(1613-1614)에서 수학하게 된다. 헤르보른에서 그는 특별히 요한계시록 주석과 '천년왕국설'로 유명했던 피셔-피스카토르(J.Fischer-Piscator) 교수와, 철학교수이자 백과전서학파인 알스테드(J.H.Alstedt) 교수로부터 큰 영향을 받았다. 알스테드의 백과전서적 가르침은 그의 후반기 사상인 범지학(Pansophie)이 탄생하는 기반이 되었다. 하이델베르크에서는 특별히 스승 파레우스(D.Pareus)로부터 영향을 받았는바, 그는 개신교 내에 만연하는 교파 분열과 교리의 이질성을 통합하려는 교회일치주의자이며 평화주의자였다. 그는 코메니우스에게 평화를 만드는 일의 중요성에 대해 도전을 주었고, 그때부터 그에게 평화라는 주제는 평생을 동반하는 관심사가 되었다.[2]

2) 30년 전쟁이 발발하고

1614년에 코메니우스는 프레라우로 돌아와 먼저 프레라우 학교의 교사가 되었다. 1616년에는 목사안수를 받고, 1618년에는 메렌-슐레지엔주 풀넥(Fulnek)시의 교회에서 목회를 담당하게 된다. 같은 해에는 결혼도 하고 형제단의 중등학교 교사로도 일하게 되었다.

그러나 모든 일이 순조롭게 풀려가는 듯했던 그의 인생은 공교롭게도 같은 해(1618년) 발발한 30년 전쟁으로 모든 것이 흔들리게 된다. 가톨릭교도인 페르디난드가 보헤미아의 왕으로 즉위하여 신교도들을 탄압하자 신교도들이 반발하면서 이 전쟁이 시작되는데, 보헤미안 형제단도 신교와 더불어서 왕권의 탄압대상이 되었다. 전쟁이 계속되는 과정에서 코메니우스를 포함한 형제단 교회의 목회자들과 신도들이 1621년에 모라비아에서 추방된다. 그리고 전쟁의 와중에 코메니우스의 아내와 두 아들이 페스트로 병

종교개혁과 교육개혁

사하고(1622), 풀넥에 있던 그의 서재가 화재로 완전히 소실되어 그가 집필한 책과 원고들을 다 잃게 되었다(1623).

이러한 깊은 내적 위기 가운데서 세 편의 중요한 체코어 책을 남겼다. 이성과 신앙 사이의 대화를 시도하는 『슬퍼하는 자들 *Die Trauernde*』 (1623)과, 철학적 명상집인 『안전의 중심 *Centrum securitatis*』, 그리고 소설 『세계의 미로와 마음의 낙원 *Labyrinth der Welt und Paradies des Herzens*』(1623)이 그것이다. 『안전의 중심』에는 하나님이 모든 사물의 중심이고, 모든 존재의 근원이라는 사고가 핵심을 이루고 있다. 이 책에는 이 세상의 불안과 평화 없음은 인간이 모든 존재의 근원인 하나님으로부터 멀어지는 것부터 기인하고 따라서 평화를 회복하는 길은 다시금 그 중심으로 돌아가는 것이라는 평화사상이 깃들어 있다.

3) 망명생활과 범지학으로의 전환

1624년에 형제단 비숍 얀 시릴(Jan Cyrill)의 딸 마리 도로타(Marie Dorota)와 재혼한 코메니우스는 곧 형제단의 위탁을 받아 고향을 떠나게 된다. 그는 장인과 함께 형제단을 보호할 여러 방안을 논의하던 중 체코 국경 인접 지역에 새로운 공동체 생활의 중심지를 물색하고 외교적 노력으로 형제단을 재건하는 은밀한 사명을 띠고 폴란드와 베를린, 작센과 덴학 등지를 여행했다.

그러나 유럽의 국제정세는 형제단에 점점 불리하게 돌아갔고, 코메니우스는 1628년 2월 1일 형제단의 마지막 사제로서 고향을 떠나 다른 피난민들과 함께 리싸로 망명길에 오르게 된다. 리싸에서 그는 우선 중등학교 교사로 활동하고, 1632년에는 형제단의 마지막 비숍으로 임명되었다.

그리고 1636년에는 이 학교의 교장이 된다. 이곳에서 그는 형제단의 장래를 위한 구체적인 방법은 교육을 바로 세워서 성장세대들이 형제단을 재건하는 길밖에 없다고 생각하고 교육적인 저작에 몰두하게 된다. 『열려진 언어의 문 *Janua linguarum reserata*』(1629-1631), 『어머니학교의 소식 *Informatorium der Mutterschule*』(체코어로 1628, 독일어로 1633년), 『대교수학』 등이 이 시기에 쓴 책들이다.

그러나 신교도를 지원했던 스웨덴의 사자왕 구스타프 아돌프(Gustav Adolf)와 보헤미아의 왕으로 옹립된 팔츠 선제후 프리드리히의 죽음(1632)으로 형제단이 조국 체코로 돌아가는 일은 더 어렵게 되었다. 이러한 상황에 직면하자 코메니우스는 리싸를 형제단의 중심부로 재건축하기로 했고, 그 어느 때보다도 교회와 학교의 개혁을 기획하는 일에 몰두했다.

그러면서 그는 소위 '범지학'이라는 주제에 관심을 기울이기 시작했다. 그는 독일 유학시절부터 이 주제에 관심을 가졌는데, 하이델베르크대학에서 알스테드 교수의 영향으로 백과전서적 지식의 필요성에 대해 눈을 뜨게 되었다. 당시 유럽에는 백과전서학파가 형성될 정도로 세상의 모든 지식들을 총망라하여 체계화하는 것이 식자들의 관심이었다. 그러나 그는 수많은 지식의 단순한 나열에 그치는 백과전서적 앎은 인간과 세계를 개선하는 일에 직접적인 도움을 줄 수 없다는 것을 깨달았다. 그리고 그는 그와 같은 지식들을 꿰뚫는 하나의 통일적인 원리를 세우고, 이를 중심으로 하나님과 세상과 인간이 서로 연결될 때에만 그 지식은 세상을 하나님의 창조질서로 회복시키는 지식이 될 수 있다고 생각했다. 이와 같은 지식을 그는 "범지혜(pansophie)"라고 칭하고, 이 범지혜를 실천하는 것이 궁극적으로 인간과 세상을 바로 세우는 일이며, 그렇기 때문에 교육의 궁극적인 목적이 되어야 한다고 보았다. 이를 위하여 그는 범지학(Pansophie)을 총망라하

종교개혁과 교육개혁

는 대작을 계획하면서 이 저작에 *De rerum humanarum emendatione consutatio catholica* 라는 제목을 붙였는데, 해석하면 『인간 사물의 개선을 위한 일반 담론』이다.[3] 에멘다티오(Emendatio)란 전체적 개선과 새롭게 함이다. 코메니우스는 정치와 학문 그리고 종교를 개선하여서 하나님의 창조세계를 회복해야 하며, 이를 위하여 모든 인류가 참여해야 한다고 굳게 믿었다. 1634년에 스케치한 『범지학의 서문 *Praeludia pansophiae*』에서 그는 흩어지고 갈라진 사물에 대한 지식을 하나님의 지혜를 바탕으로 통전적이고 종합적으로 볼 수 있는 길을 제시하는 것이 범지학의 목표임을 밝히고 있다.[4]

코메니우스는 1630년대 초 범지학을 자신의 사고의 핵심에 놓기 시작하면서 남은 생애 동안 이것을 이론적으로 정립하고, 교육을 통하여 실현하고자 하는 노력을 기울였다. 『인간 사물의 개선을 위한 일반 담론』은 전체 일곱 권으로 계획된 범지학 총서였다. 이 대작은 1634년에 서문이 쓰여진 이후 그가 타계한 1670년까지 36년이라는 긴 세월 동안 계속해서 집필되었지만, 결국 그가 살았을 때 출판되지는 못했다. 그가 타계한 후 그의 아들 다니엘 코메니우스는 아버지가 이 저작을 정리하여 출판할 것을 당부하면서 이것이 이루어지지 못할 시에 자신은 하나님의 심판대 앞에서 두려워 떨게 될 것이라고 마지막으로 유언했다고 전했다.[5] 이것은 그가 이 저작이야말로 자신의 생애 전체를 건 가장 중요한 저작으로 생각했음을 단적으로 증명해 준다고 하겠다.

이 저작은 제 1권 "*Panegersia*(범각성학)", 제 2권 "*Panaugia*(범조명학)", 제 3권 "*Pansophia*(범지혜)", 제 4권 "*Pampaedia*(범교육론)", 제 5권 "*Panglottia*(범언어학)", 제 6권 "*Panorthosia*(범정치론)", 그리고 제 7권 "*Pannuthesia*(범훈계론)"로 구성되어 있다. 그는 이 일곱 권의 책에서 범

지혜를 이론적으로 밝힐 뿐만 아니라, 그것을 바탕으로 어떻게 세계를 개선하고 개혁할 것인지, 정치, 종교, 교육의 분야에서 실천적인 방법들을 모색하고 있다. 코메니우스는 이 일곱 권의 책 중에서 "*Pampaedia*(범교육)"[6]를 한 가운데에 배치하면서 범지혜의 중심에 범교육이 있다는 것을 강조했다. 이 범교육론은 사실 오랫동안 유럽에서 사장되었던 책이었다. 오랜 기간 잊혀졌던 이 책이 독일 할레(Halle)의 프랑케 도서관 서고에서 발견되어 독일어와 라틴어로 출판된 것은 1960년이었다.

4) 범 유럽적 활동

『열려진 언어의 문』으로 유명해진 코메니우스는 네덜란드, 프랑스, 독일, 스웨덴, 영국 등지로부터 초청을 받았다. 특별히 런던의 사무엘 하르트립은 코메니우스의 책을 영어로 번역출판하고 그를 초청했다. 코메니우스는 영국이 범지적 개혁운동을 펴기에 적합할 뿐 아니라 더 나아가 영국이 반합스부르크 운동에 가담한다면 형제단의 문제를 다시 공론화시키는 데 도움이 될 것이라 기대하고 영국행에 오르게 되었다. 1642년 9월에 런던에 도착한 그에게 영국의 의회는 국제적 학문 연구를 위한 "빛의 연구소 Collegium lucis"를 이끌어 줄 것과, 학교제도를 개혁해 줄 것을 위탁했다. 코메니우스는 이를 세부적으로 계획하기 위해 문화 · 정치적 저술인 『빛의 길 *Via lucis*』(1641)[7]을 집필했다. 그러나 얼마 후 영국에서 시민전쟁이 발발하고, 이 전쟁에서 크롬웰이 승리한다. 코메니우스는 더 이상 자신의 계획을 실현하는 것이 불가능하다는 것을 깨닫고 런던을 떠났다.[8]

또한 코메니우스는 형제단의 요청에 따라 스웨덴의 거부인 루이스 데 게어스(Louis de Geers)에게 기부금을 요청하기 위하여 떠나게 된다. 이 여

종교개혁과 교육개혁

행길에서 근대를 대표하는 사상가 데카르트와 만나 네 시간가량 토론을 하기도 했다. 그리고 스톡홀름에서는 그의 책으로 라틴어를 배운 적이 있는 크리스틴 여왕과 스웨덴의 수상이었던 A. 옥센스티르나(Oxenstierna)로부터 학교개혁에 필요한 교과서를 집필해줄 것을 요청받았다. 코메니우스는 교과서 집필을 넘어서서 세상을 개선하는 범지혜를 알리고 실현하는 일에 그들을 동참시키고 싶어 했다. 그러나 그를 초청한 스웨덴의 수상은 정치와 종교를 너무 밀접하게 연결시키는 범지학을 반대했고, 코메니우스도 스웨덴이 형제단의 신앙의 자유를 위해 큰 도움을 주지 못할 것이라고 느끼게 되면서 1648년에 다시 리싸로 귀환했다. 그러는 와중에도 코메니우스는 밤낮으로 작업에 몰두하여 그의 범지적 대작인 『일반담론 *Consultatio Magna*』의 요약과 그의 제 1권인 『*Panegersia*』(1647)를 집필했다.

5) 방랑객으로서의 노년기의 삶과 저술

1648년에 코메니우스는 형제단의 비숍과 판관으로 임명되었다. 그러나 비숍 임명식이 끝나자마자 그의 아내는 두 명의 어린 자녀와 첫 번째 결혼에서 낳은 두 딸을 남기고 죽게 된다. 그리고 같은 해에 스웨덴의 군대가 프라하를 정복하면서 30년 전쟁은 끝나지만, 베스트팔렌 평화조약의 결과 보헤미아는 합스부르크 왕가의 땅으로 귀속되게 되었다. 신 구교가 화해하고 30년 종교전쟁에 종지부가 찍혀졌지만, 형제단은 하나의 독립된 교회로 승인받지 못하게 되었던 것이다. 카이저 페르디난드 III세는 보헤미아를 개신교 지역으로 할 것을 고집했다. 코메니우스는 실망하고 비통한 마음으로 스웨덴 총리에게 편지를 썼지만 이 모든 것은 허사가 되고 말았다. 이러한 상황에서 그는 "죽어가는 형제단 어머니의 유언(1650)"을 썼다. 그는 형제단 교회가 더 이상 존립할 수 없다는 것을 깨닫고, 그의 교인들이 다른 나라에서 새로운 삶의 가능성을 찾을 수 있도록 도와야 한다고 판단했다. 형제단의 신학자들에게는 다른 교회로 가서 일할 것을 권면했다.[9]

그 자신은 이 사건으로 인해 병들고 쇠잔해졌다. 1650년 4월 그는 헝가리 한 영주의 미망인 사로스파탁의 초청을 받아 지벤부르크에 있던 형제단을 데리고 헝가리로 가서 그곳의 영주 라코찌(Rakoczi)의 보호 아래 있게 되었다(1650-1655). 1650년의 세 번째 결혼 이후 그는 중등학교와 이에 딸린 인쇄소를 인수했다. 그곳에서 그의 8개 학습드라마 모음인『놀이의 학교 Schola ludus』(1653-54)가 탄생하게 되었고, 그의 유명한 그림책『세계도회 Orbis sensulium pictus』(1653-54)가 출판되기도 했다.

이 시기에 그는 사회 · 정치적인 저술도 두 편을 남겼는바,『국민의 행복 Gentis felicitas』(1659)과『나단이 다윗에게 한 은밀한 말 Sermo secretus Nathanis ad Davidem I, II』이 그것이다. 1651년에 코메니우스는 이른바 겨울대왕(Winterkoenig)의 딸과 젊은 영주 지그문드의 결혼을 주례하기도 했다. 그러한 관계는 그에게 다시금 정치적인 희망을 일깨웠다. 그렇지만 그 영주는 이듬해인 1652년에 사망했고, 코메니우스는 1654년에 다시 리싸로 송환되었다. 이제 코메니우스는 젊은 교사들에게 학교를 내주고『일반담론』을 집필하는 데 몰두했다. 그는 폴란드를 점령한 칼 10세 구스타프 폰의 스웨덴을 환영하며, 스웨덴이 폴란드를 점령하는 것이 옳다는 선전문을 썼다. 그 결과 스웨덴은 리싸를 보호했지만, 폴란드가 그 땅을 되찾았을 때 그들은 리싸를 불태워 버렸다. 이때 코메니우스의 책과 원고들은 대부분 불에 타버렸고,『일반담론 Consultatio』의 원고도 많이 손상되었다. 1656년 4월에 일어난 리싸의 파괴는 코메니우스와 형제단에게 절망적인 "역사적 비극"이었다.[10] 이 사건으로 그나마 남아 있던 형제단 교회는 세

종교개혁과 교육개혁

계 각국으로 흩어지게 되었다.

슐레지엔 지방을 배회하며 숨어 지내던 코메니우스는 암스테르담으로 가서 여생(1656-1670)을 보냈다. 그곳에서 그는 집을 한 채 제공받아 저술에만 몰두했다. 이 곳에서『대교수학 *Opera didactica omnia*』(1657),『암스테르담 찬송가』,『대요리문답서』, 그리고『형제단 신앙고백서』(1662) 등이 출판되었다. 1661년에는『간단한 질문과 대답으로 풀어본 옛 기독교, 가톨릭 종교』를 집필했다.[11] 그의 요리문답서는 형제단이 100년 넘은 박해의 역사에도 불구하고 존립할 수 있었던 요인이 되었다.

1667년에는 영국과 홀란드 사이에 평화협상이 이루어졌는데, 이 기간 동안 코메니우스는『평화의 천사 *Angelus pacis*』를 저술하여 전 유럽과 온 세계의 기독교가 평화를 위하여 힘써야 함을 호소했다. 이 책에서 그는 평화를 이루며 사는 사람들의 본보기가 필요하다고 생각하여, 93명의 평화천사들의 실제적인 예를 제시하고 있다. 1668년에는『빛의 길 *Via lucis*』과『단 하나의 필요한 것 *Unum neccessarium*』이 출판되었다. 이 책에는 그의 인생의 고백록적인 내용이 담겨 있다 :

나는 나의 하나님께 감사한다. 그분은 나를 나의 전 생애를 통틀어서 언제나 나의 그리움과 갈구의 대상이 되셨다. 나의 삶을 돌이켜 보면 나는 언제나 바쁘고 분주한 마르다였다. 다른 말로 하면 끊임없는 방랑과 고요의 연속이었다. 이제 나는 여기에 앉아 마리아처럼 주님의 발 앞에서 벅찬 심장을 느낀다. 그렇다. 이것이 나의 참된 기쁨이고, 이것이야 말로 나를 하나님께로 묶는 힘이다(시 73:28).[12]

마리아와 같은 삶을 시작한 지 채 2년이 되지 않아서 코메니우스는

1670년 암스테르담에서 평생 계속된 망명객으로서의 파란만장한 삶을 마쳤다.

코메니우스가 평생 찾아 헤매고 추구했던 삶의 목표는 평화를 향한 세상의 개선이었다.[13] 그는 이것을 삶과 저술에서 일관되게 추구했는데, 처음에는 그의 고향 체코에서, 유럽으로, 그리고 전 세계로 그의 관심영역을 확대했다. 시지프스의 신화처럼 그의 인생과 교회에 극단적인 시련이 반복되었지만, 미로처럼 언제나 미궁으로 빠져들고 실망과 좌절에 빠질 수밖에 없는 삶이었지만, 그러한 어두움 가운데에서 그는 언제나 빛의 길을 보았고, 그 빛이 결국은 세상을 변화시키고 개선할 것이라는 믿음과 희망의 삶을 살았다. 이와 같은 그의 인생 자체가 세상의 미로에 사는 우리에게 하나의 길잡이가 되는 것이다.

3. 범지혜와 평화

코메니우스의 평화개념을 연구하는 대부분의 학자들은 그의 평화개념을 그의 범지혜와의 관련성 속에서 연구하고 있다.[14] 그것은 물론 '범지혜'가 코메니우스의 사상 전체를 아우르고 대표하는 개념이기 때문이기도 하지만, 무엇보다 그의 '평화'개념이 그의 범지혜개념과 지향하는 바가 일치하기 때문이다. 따라서 우리는 먼저 그의 '범지혜'개념을 살핌으로써 그의 평화교육에 대한 밑그림을 그릴 수 있을 것이다.

1) 범지혜의 정의

코메니우스는 평생 자신이 해왔던 모든 연구들을 '범지혜(pansophie)'라

종교개혁과 교육개혁

는 개념으로 수렴했다. 그는 사실 독일 유학시절부터 백과전서파였던 알스테드 교수로부터 영향을 받아 세상의 모든 지식들을 총망라하여 체계화하는 것에 관심을 가지고 있었다. 그러나 그는 단순한 지식의 나열이 아닌, 성서와 신학을 바탕으로 하는 하나의 통일성 있는 지식체계를 형성하고자 했다. 그는 하나의 통일성있는 지식체계를 "범지혜(pansophia)"라는 개념으로 제시하였는바, 이 개념은 그가 라우렘베르크(Lauremberg)로부터 수용한 개념이다. 당시 파트리우스(Patrius)나 사봉드(Sabond)같은 사람들이 자연과학적 지식과 종교적 진리개념을 연계해 결국 모든 지식이 종교적 지식이라는 최고의 지식으로 향한다는 개념을 제시한 바 있는데, 라우렘베르크는 그것에 범지혜라는 이름을 붙였다.[15]

'범지혜'에 관한 그의 사전적 저서 『실제적 범지학 사전 *Lexicon reale pansophicum*』에서 코메니우스는 범지학이 헬라어 'pan-sophia'로부터 왔고, 이것은 '우주적인', '넓은'이란 의미의 헬라어 pan과 '지혜'라는 의미의 sophia의 합성어로, 우주적 지식에 관한 학문(Pansophia est sapientia universalis)을 지칭한다고 했다.[16] 이처럼 그는 '범지혜'라는 이름으로 흩어지고 갈라진 사물들에 대한 지식을 하나님의 지혜를 바탕으로 통전적이고 종합적으로 아우르는 지식을 추구했다.

그러나 그는 자신과 형제단 교회 그리고 유럽사회 전체를 고통 가운데로 몰아넣었던 30년 전쟁 및 여러 사회적 문제들과 직면하면서, 지식이라는 것이 궁극적으로 인간과 세상을 개선하는 일에 기여하지 않으면 안 된다는 깨달음을 얻게 되었다. 그래서 그는 범지혜가 단순히 '종합적 지식'의 개념에서 그치지 않고, 궁극적으로 세상을 개선하고 변화시키며, 이 세상에 하나님의 질서를 회복시키는 데 기여하는 실천적 지혜개념으로서의 '범지혜'가 되어야 한다고 보았다. 그래서 그는 1634년에 범지학의 서문을 쓰기 시작하면서 범지학을 총망라하는 대작을 계획하고, 이 저작에 *De rerum humanarum emendatione consutatio catholica*라는 제목을 부여했다. 해석하면 『인간 사물의 개선을 위한 일반 담론』이다.[17] "인간 사물(rerum humanarum)"이란 인간 세상의 모든 것, 즉 하나님이 창조하신 '세상'을 의미하며, '개선(emendatio)'이란 죄와 무질서와 평화 없음의 세상에 하나님의 창조질서를 다시 회복하다는 의미의 '개선'이며, '일반적(catholica)'이란 특별하지 않다는 의미이기보다는 '총체적'이란 뜻이요, 담론(consultatio)이란 조언, 혹은 제언을 의미한다. 따라서 이 제목은 다른 말로 하자면 『세상 개선에 관한 총체적 제언』이라고 할 수 있다.

그렇게 보았을 때, 코메니우스의 범지혜는 "세상의 개선"을 추구하는 목적지향적 지식이라고 할 수 있다. 이와 같은 범지혜의 목적은 특별히 코메니우스의 현실세계 이해와 연결될 때 그 의미가 보다 분명해진다. 코메니우스는 그의 범지학적 저술의 하나인 『빛의 길 *via lucis*』[18]에서 이 세상을 "세상의 학교"로 비유한 바 있다. 세상은 하나님의 학교이고, 하나님은 그 학교에서 인간에게 창조 시의 계획안에 있었던 그의 뜻을 계시로써 가르친다는 것이다.[19] 그런데 세상의 학교가 인간의 실수로 인하여 크게 무질서하게 되어버렸다. "이 학교는 그 설립자의 목적으로부터 너무나 멀리 떨어졌다." 그는 인간들이 세상에 보내진 이유를 거의 생각하지 못하고, 가시적인 것에만 몰두하여, 영원성에 대하여 아무런 관심이 없을 뿐만 아니라 "교육을 받아야 한다는 부담감조차도 가지지 않고, 짐승들과 같이 시간을 보내고 있다."고 했다.

이와 같은 무질서의 근원을 코메니우스는 인간의 타락으로부터 찾는다.[20] 인간의 타락으로 세상은 혼돈되고, 평화가 없고, 생명을 위협하는, 무질서와 어둠이 지배하는 장소가 되었다는 것이다.[21] 코메니우스는 이러한

종교개혁과 교육개혁

암흑을 '무지'라는 개념과 연결시키고 있다 :

> "깨닫지 못하는 백성은 패망하리라" 그리고 "나의 백성이 무지함을 인하여 사
> 로잡힐 것이요"(사 5:13), 또한 "나의 백성이 지식이 없으므로 망하는 도다; 네
> 가 지식을 버렸으니, 나도 버리리라 명철의 길을 떠난 사람은 사망의 회중에 거
> 하리라"(잠 21:16).[22]

코메니우스는 이처럼 타락으로 생긴 악과 어둠을 무지와 연결시키지만,
동시에 지혜를 그와 대비시키는바, 무지가 사망의 길이라면, 명철은 빛과
생명의 길이기에 구원의 길이라는 것이다. 여기에서 명철은 하나님으로부
터 비롯된 앎이며, 하나님을 경외하고 그의 도를 깨달아 알고 그의 뜻대로
살아가도록 하는 지혜이기에, 그것은 우리를 구원하는 앎이라는 것이다. 그
가 추구했던 범지혜는 따라서 '타락된 세상을 다시 창조된 원래대로 개선하
는 지혜, 즉 세상 개선의 지혜'이다.[23]

2) 범지혜의 목적과 평화

그러면 그에게서 개선되어야 할 '인간 사물(rerum humanarum)', 즉 세
상이란 무엇인가? 코메니우스는 세상을 이루는 요소는 세 가지라고 했는
바, '하나님'과 '자연' 그리고 '인간의 문화(Kunst)'가 그것이라고 했다.[24]
'하나님'이 세상의 창조주라면, '자연(Natur)'이란 하나님의 피조세계로서
의 자연을 포함하여 세상 안의 모든 사물들과 그들의 본성(Natur)을 지칭
한다. 그리고 '문화'란 인간의 활동 모두를 포함하는 것, 예를 들어 인간
의 사상과 작품, 예술과 창작기술 등과 같은 인간의 삶의 표현 전체를 포
함하는 것이다. 다시 말해서 세상은 신적 영역, 자연의 영역, 그리고 인간

의 영역 등 세 영역으로 이루어져 있는데, 코메니우스는 범지혜 안에서 이 셋은 각각 독자적인 영역이 아니라 서로 뗄 수 없이 연결되어 있다고 보았다. 왜냐하면 그는 하나님이 세상의 '원형상(Urbild)'이라면, 자연은 하나님의 피조물로서 하나님의 창조의 뜻을 그대로 나타내는 하나님의 '모상(Abbild)'이고, 문화는 하나님의 형상인 인간이 하나님을 그대로 '반사하는 상(Gegenbild)'이라고 보았기 때문이다.

그래서 코메니우스는 이 세 영역이 내적으로 연결되어 서로 '일치(Ueber-einstimmung)'와 '조화(panharmonia)'를 이루도록 창조되었다고 했다. 자연은 하나님과 원형상과 모상의 관계 안에 있고, 문화는 하나님과 원형상과 반사하는 상의 관계에 있는바, 따라서 이 셋은 원형상인 하나님을 중심으로 완전한 조화와 통일성을 이룬 하나의 '전체(Ganzheit)'가 되도록 창조되었다는 것이다.[25]

〈표 I-4-1〉 범지혜에 나타난 세상을 이루는 세 요소

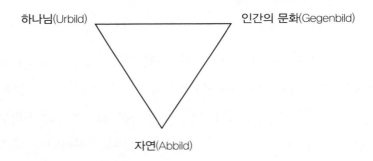

따라서 코메니우스에게 있어서 타락은 이 '전체성'이 깨지는 것을 의미한다. 인간이 하나님과 관계가 단절되거나, 인간이 자연과의 관계에서 바른 관계를 맺지 못하고 이기적이 될 때, 이 '전체성'이 손상된다고 했다. 그

종교개혁과 교육개혁

의 범지혜가 '범(pan)' 지혜인 것은 그것이 이 전체성을 추구하는 지식이라는 것이고, 따라서 범지혜의 궁극적인 목적은 이 세 영역들이 서로 '조화로운 전체성(harmonische Ganzheit)'을 회복하는 것이다. 이것이 곧 코메니우스에게 있어서 "평화"의 상태이다.

그래서 코메니우스는 그의 범지학총서인 『일반담론』의 서문에서 범지혜의 목적은 세상의 개선이고, 세상의 개선이란 궁극적으로 "이 세상이 하나의 완전한 평화 공동체를 이루는 것"이라고 했다 :

> 『일반담론』의 핵심적 목적은 신학, 정치학, 철학이 온전하여져서 이 세상이 조화와 평화, 즉 사물과의 평화, 하나님과의 평화 그리고 인간들 사이에서의 평화를 이루는 세상이 되는 것이다. 즉 이 세상이 하나의 온전한 평화공동체를 이루는 것이다.[26)]

그는 범지혜가 추구하는 세상 개선의 목적이란, 인간-하나님-사물세계, 이 삼중적 관계에서 '조화로운 전체성'이 회복됨으로써 이 세상이 평화로운 세상이 되는 것이라고 했다. 그렇게 보았을 때 코메니우스에게 있어서 평화는 인간과 자연(세상)과 하나님의 모든 관계를 아울러 창조 시의 원리와 질서를 회복하는 것을 의미한다고 할 수 있다.

이와 같은 코메니우스의 평화개념은 성경적 "샬롬"의 개념과 다름 아니라고 할 수 있다. 창세기의 이야기에 의하면 인간에게만이 숨 쉬는 생명인 '네페쉬(שׁבָג)'라는 이름이 붙여진 것이 아니라, 아담이 이름을 붙여준 모든 생물에게도 붙여진 이름(네페쉬 카야)이라는 것을 알 수 있는바, 이 세상은 인간이 식물, 동물 등 모든 하나님의 피조물들과 '생명공동체'를 이루고 살도록 창조되었다. 인간(아담)과 땅(아다마)은 근본에서 하나이고, 그 땅에서 자라난 식물이 인간을 섬긴다면, 인간은 식물을 보존해야 한다. 그래서 창조 시 땅은 하나님과 사람과 숨 쉬는 모든 생물이 다 함께 '삶'을 영위하는 생태학적 공간이고, 모든 생물들은 서로서로 삶의 동반자로서 '생명공동체'를 이루고 있고, 이 공동체는 내적 하모니를 이루었는데, 그곳이 '에덴(기쁨, 희열)'이었다.[27] 이 기쁨이 있는 생명공동체를 보시고 하나님은 '좋다'고 하셨는바, 그 세계는 생명이 살 수 있는 빛과 물이 있는 세계이며, 초목과 짐승과 인간이 함께 살아가는 세계였고, 인간이 하나님의 낯을 피하지 않고 함께 거하는 장소였다. '에덴'이 갖고 있는 '기쁘다'라는 뜻은 하나님이 '좋다'고 말씀하신 것과 무관하지 않는데, 이것은 모두 하나님과 인간, 그리고 자연이 함께 서로 바른 관계 안에 있을 때, 모든 피조물이 생명의 해함이 없이 서로의 생명을 살리는 '살림살이'가 이루어질 때 붙여지는 이름이었다.

그런데 성경은 모든 생명들이 생명공동체 안에서 서로 바른 관계 안에 있고, 서로 간에 해함이 없을 때, 그것을 '샬롬(שׁלום)'이라고 칭했다.[28] 샬롬이란 단어가 바로 '조화를 이룬 온전함의 상태(harmonious wholeness)'라고 할 수 있다.[29] 샬롬 자체가 관계 속에서 이루어지는 평화의 상태라는 말로서, 그것은 인간과 하나님 간의 사건이며, 동시에 인간과 인간의 사회적 사건이며, 인간과 자연의 관계 안에서 이루어지는 사건이다. 그래서 그것은 나라와 나라 간에 전쟁이 없는, 즉 생명 해함이 없는 상태이기도 하지만(사 2:2-4, 미가 4:1-5), 동시에 전체 생태계가 해함이 없이 정의와 평화로 가득한 상태이기도 하다.(사 65:25). 따라서 성경적 평화개념인 샬롬은 궁극적으로 모든 생명체가 우주적 생명공동체 안에서 건강하고 풍요롭고 생명력이 넘치는 상태, 하나님이 보시기에 좋은 건강한 상태이다.

이와 같은 성경의 샬롬(평화)개념을 바탕으로 해서 보았을 때, 우리는 평화란 이 세상이라는 거대한 생명공동체 안의 모든 생명들 간의 조화로운 관계를 지칭하는 것이며, 또한 역으로 평화만이 이 세상의 생명들이 진정한 생명이 될 수 있게 하는 통로라는 것을 알 수 있다. 따라서 평화는 창조 시 하나님이 하신 근원적 축복이고, 또한 역사가 향해서 가야하는 종말적 완성의 표징이요, 이 세상 개선의 궁극적 목적인 것이다.[30]

코메니우스가 추구했던 평화의 개념은 그 본질과 범위에 있어서 성경적 샬롬이 추구하는 바와 거의 일치하는 개념이었다는 것을 알 수 있다. 코메니우스에게 있어서 평화는 이 세상의 모든 영역, 하나님, 인간, 자연이 서로 바른 관계 안에서 하나의 하모니를 이루는 전체가 되었을 때의 상태이고, 이것이야말로 범지혜가 궁극적인 목표로 삼는 세상 개선의 목적이기 때문이다. 그래서 라섹(Jan Blahoslav Lasek)은 코메니우스에게 있어서 '평화'는 종말론적 차원의 개념이라고 했다.[31] 코메니우스에게 있어서, 범지혜는 궁극적으로 평화를 지향하는 지혜며, 평화는 범지혜를 통해 이 세상의 모든 관계들이 이루어야 할 "조화로운 전체"와 다름 아니라는 것을 알 수 있다.

3) 인간과 평화

코메니우스에게 있어서 평화가 이 세상이 '조화로운 전체'가 되는 상태라면, 여기에서 인간의 위치와 역할은 무엇인가? 코메니우스의 세상은 앞서 언급한 대로 원형상(Urbild)인 하나님과, 모상(Abbild)인 자연, 그리고 하나님을 반사하는 상(Gegenbild)인 인간의 문화로 이루어져 있다. 그런데 그는 이러한 "세상의 한 가운데"로 하나님은 자신의 '형상(Ebenbild)'인 인간을 세우셨다고 했다. 이 한 가운데에서 인간은 세상에 대하여는 하나님을 대표하고, 하나님을 향하여서는 피조세계 전체를 대표하는 역할을 하도록 했다는 것이다. 그래서 그는 인간이 하나님의 작품인 세상 한 가운데에 있

는 "거울공(Kugelspiegel)"과 같이 하나님을 반사하고 동시에 세상을 담아
낸다고 했다.[32]

코메니우스는 인간이 이처럼 세상의 한 가운데에 있다는 것은, 곧 인간
이 하나님, 다른 인간, 그리고 다른 피조물들과 삼중적인 관계 안에 세워졌
다는 것을 의미하는 것이라고 보았다. 즉 인간은 하나님의 형상으로서 하나
님과 바른 관계 안에 있어야 하고, 더 나아가 하나님의 모상인 다른 피조물
들을 하나님의 질서대로 다스리는 관계 안에 있어야 하며, 또한 하나님을
반사하는 다른 인간들과 그들의 문화와 평화로운 관계 안에 있는 자가 되어
야 한다고 했다 :

> 인간으로서 세상에 태어났다는 것은 삼중적인 관계 안으로 태어났다는 것을 의
> 미한다. 첫째, 인간은 다른 피조물과의 관계 안으로 태어났다. 인간은 그들을 바
> 로 알고, 바르게 이용할 수 있어야 한다. 둘째, 인간은 다른 인간과의 관계에서
> 평화롭게 살고, 상호적인 보호와 의존 관계 안에 있어야 한다. 셋째, 인간은 하
> 나님과의 관계 안으로 태어났다. 그는 하나님으로부터 사랑과 보호와 은혜와 영
> 원한 생명을 얻도록 부름받았고, 이것을 그와의 관계 속에서 얻을 수 있다.[33]

코메니우스가 그린 세상에서 인간은 창조세계의 한 가운데에 하나님이
정하여 주신 자리가 있고, 바로 이 "제 자리에 있는 것(Im-Stand-sein)"은 곧
인간이 하나님과, 다른 인간과, 다른 피조물과의 바른 관계 안에 있는 것을
의미하는 것이라고 했다. 이것은 이 세상이 하나님으로부터 인간을 통해 뻗
어나가고, 또한 인간을 통해 하나님으로 돌아간다는 것을 의미한다.

코메니우스는 신플라톤주의의 영향을 받아 신이 모든 존재의 근원으로
서 모든 빛은 신으로부터 유출이 된다고 보았지만, 한편으로 코메니우스

는 그와는 달리 그 빛이 다시 신에게로 역류하는 것이 아니라 인간이 그 역류의 기능을 담당하게 된다고 보았다.[34] 인간에게는 모든 존재하는 것들을 다시 신에게로 인도해야 하는 과제가 있다고 보았다. 이렇게 세상을 존재의 근원인 신에게로 인도함으로써 인간은 모든 존재하는 것들이 존재의 의미를 획득하고, 하나님의 뜻을 이 세상 가운데 구현하는 도구가 된다고 했다.

이렇게 볼 때, 코메니우스에게서의 평화의 실현, 즉 창조세계 전체를 포괄하는 하나님 샬롬의 평화의 실현은 인간에게 달렸다. 인간이 하나님이 세워주신 제자리에 있는 것이 곧 이 삼중적 관계를 바르게 맺는 것이고, 이것은 세상의 평화를 실현하는 길이기 때문이다. 인간이 이 삼중적 관계에서 바른 관계에 있을 때, 여호와 샬롬이 이 세상에 실현되지만, 그 자리를 떠날 때, 이 관계들이 깨어지고, 그와 동시에 평화가 깨진다.

·이 같은 맥락에서 코메니우스는 타락을 인간이 세계의 중심인 "자신의 자리를 떠난 것"으로 이해했다. 인간의 타락은 인간이 본래의 자리를 떠남으로 해서, 하나님과의 관계만이 아니라 세상과의 관계, 사람과의 관계를 파괴하는 결과를 낳았다는 것이다.[35] 코메니우스는 타락과 더불어 인간은 세계의 중심에서 떠남으로써 하나님과 인간과 세계와의 삼중적 관계가 흐트러졌고, 더 이상 하나님을 반사하는 거울로서의 기능을 상실하면서 하나님의 빛을 비추기보다는 자신의 빛을 비추려고 한다고 했다 :

우리는 우리 자신을 신뢰하기 시작하고, 우리의 힘과 빛을 믿게 된다. 우리는 우리 자신의 이익과 명예를 추구한다. 우리는 자신에게 돌아와 다시 시작하고, 전진하고, 우리 자신에 열광한다. 그러다가 결국 그러한 것의 무의미성을 깨닫게 된다. 이것이 인간의 비극적인 길이다.[36]

이처럼 인간이 자신의 자리를 떠난 것은 단순히 인간의 타락만을 가져온 것이 아니라, 자신이 빛을 비추어주어야 할 세상도 이지러지게 했고, 세상 안의 모든 사물들이 하나님의 창조의 목적에 맞게 쓰임 받지 못하고 왜곡되게 하는 결과를 낳았다. 인간은 하나님이 비추는 빛을 받는 위치에 있지 못함으로써 그 거울은 빈 상태가 되었고, 빛이 없기 때문에 세상을 담아내는 역할도 할 수 없게 되었다는 것이다. 인간은 자신의 자리를 떠나 본성에서 멀어져 스스로를 소외시켰고, 세계도 그 중재자인 인간의 타락으로 인하여 창조주로부터 소외되었다. 그래서 세상은 어둠에 가득 찬 "미로", 평화 없는 자리가 되었다고 했다.

이상에서 살펴본 범지혜의 개념은 코메니우스가 세상에 대한 그림을 어떻게 그리고 있는지를 보여준다. 그의 세상은 '하나님의 영역', '자연의 영역', 그리고 '인간의 영역'이 원형상(Urbild), 모상(Abbild), 반사하는 상(Gegenbild)이라는 관계로 서로 연결되어 있고, 특별히 그 세계의 한 가운데에 하나님의 형상(Ebenbild)인 인간이 놓여 있다. 따라서 인간이 세계의 중심이라는 자신의 자리에 있을 때(Im-Stande-sein), 즉 삼중적 관계를 바로 맺을 때에, 세상에는 각 관계들 간 "조화로운 전체" 즉 '평화'의 상태가 이루어지지만, 타락으로 인해 자신의 자리를 떠난 인간으로 인해서 세상은 조화와 평화가 깨졌고, 따라서 세상은 개선되어야 할 상태, 곧 평화 없음의 상태로 되었다. 이와 같은 범지혜의 세계 속에서 "평화"는 주변적 개념이거나 부분적 개념이 아니라 그의 세계 전체를 포괄하는 개념이다. 평화는 범지혜적 세계 안에서 모든 관계들이 조화로운 전체를 이룰 때의 상태이다. 그에게서 평화는 창조 시에 하나님이 주신 근원적 축복이고, 또한 이 세상이 개선되어 결국은 도달되어야 할 종말적 완성이다.

범지혜는 평화와 뗄 수 없이 연결되어 있는 개념인바, 평화는 범지혜의 목적이고, 또한 범지혜는 평화로의 길을 열어가는 통로이다. 왜 그런가? 범지혜는 세상을 개선해가는 실천적 지식이기 때문이다.

4. 범교육에 나타난 평화교육 사상

1) 범교육(pan-paedia)과 평화

그렇다면 범지혜는 이 세상을 개선하여 평화를 회복할 수 있는 길을 어떻게 모색하고 있는가? 코메니우스는 평화 없음이 인간의 타락으로 비롯되었기에, 평화로의 세계개선도 인간으로부터 시작되어야 한다고 보았다. 이 일이 어떻게 가능한가? 코메니우스는 이 세상의 개선은 무엇보다 먼저 잘못된 자리에 있는 인간을 그 자리로부터 이끌어 내어 바른 자리에 앉히는 것으로부터 시작되어야 한다고 보았다.

그런데 코메니우스에게 있어서는 바로 이 일이 "교육"의 일이다. 그는 교육의 어원인 "educatio(교육)"와 "institutio(수업)"를 '이끌어 내는 일'과 '자리에 앉힘'이라는 두 행위에 연결시킴으로써 평화로의 세계개선이 교육의 일과 다름 아닌 것을 밝힌다.[37] 그는 잘못된 자리에서 끄집어내는 것(e-ducare 밖으로-이끌다)과 제자리에 앉히는 것(in-stituere 안으로 앉히다)이 모두 "교육"을 의미하는 단어라는 것을 상기시키면서, 인간을 다시 제자리에 앉혀서 원래의 삼중적 관계를 회복시키는 일이야말로 교육이 해야 하는 일이라고 강조했다.

그렇게 보았을 때, 코메니우스에게 있어서 "평화교육"은 좁은 의미에서 평화의 성품을 형성하거나, 사람과 사람 사이의 갈등을 극복하는 훈련과 같은 미시적 차원만을 의미하는 것이 아니라, 그를 넘어서서 이 세상 안의 인간과 인간뿐만 아니라, 인간과 하나님, 인간과 다른 피조물 사이에 생긴 왜곡된 관계를 회복하는 교육이고, 그런 의미에서 교육은 그 자체로 평화교육이 되어야 하는 것이라고 할 수 있다. 그에게서 평화교육은 교육의 일부가 아니라 전체라고 할 수 있다. 또한 이것은 모든 교육의 형태는 -그것이 교육(education)이던지, 아니면 수업(institution)이든지- 궁극적으로는 인간을 창조세계와의 삼중적 관계회복으로 이끄는 평화교육의 통로가 되어야 한다는 것을 의미하는 것이기도 하다.

코메니우스에게 있어서 교육은 따라서 평화를 지향하는 세상개선을 목적으로 하는 그의 범지혜(Pansophie)의 일부이다. 그는 그의 범지학 전서 『일반담론』의 3권의 책 제목을 "범교육학(Pampaedia)"으로 칭하고, 인간을 잘못된 자리에서 이끌어 내어(educatio), 바른 자리에 앉히는(institutio) 교육을 모색하고 있다.

2) 범교육학의 평화교육적 원리들

그의 교육이 평화를 위한 부분적 노력이 아니라, 인간을 삼중적 관계에서 통전적으로 회복하는 '범교육'이라는 것은 그가 제시하는 범교육의 세 가지 기본 원리에서도 분명히 나타난다. 바로 "모든 인간에게(omnes)", "전체를(omnia)", "온전하게(omnino)" 이다.

(1) 모든 인간에게(omnes)

범교육의 첫 번째 원리는 "모든 인간"을 대상으로 하는 교육이라는 것이다. 코메니우스는 인간이 세상에 태어난 하나님의 형상인 한, 여자나 남자나 부자나 가난한 자나 야만인이나 교양인이나 모두 예외 없이 교육의 대

종교개혁과 교육개혁

상이 되어야 한다고 했다. 심지어 그는 "인간은 모두 하나님의 피조물이고, 세상이라는 동일한 학교에 동일하게 보내어졌다."고 했다.[38]

이것이 의미하는 것은 '범교육'이란 지식이나 기술을 전수하거나 특정의 직업을 위한 훈련이기에 앞서, 하나님의 형상을 갖고 태어난 인간이 진정 하나님의 형상으로 되어갈 수 있도록 돌보는 활동이라는 것에 초점을 맞추고 있다는 것이다 :

모든 인간 즉 "omnes"가 의미하는 것은 세계의 모든 인간을 대상으로 하는 돌봄을 의미한다. 교육을 통하여 우리는 하나님의 형상으로서의 인간을 이 땅 위에서 가능한 한 최고의 완전성에 이르기까지 도달하도록 도와야 한다.[39]

모든 인간은 하나님의 형상으로 태어난 이상 그 형상이 온전해지도록 도와야 하는바, 그것이 바로 교육이라는 것이다. 그런 의미에서 모든 인간은 교육의 대상이다.[40]

그러면 이 하나님의 형상이 온전해지도록 끌어올려진다는 것이 무엇을 의미하는가? 그것은 하나님의 형상을 바로 인간과 하나님, 인간과 피조물, 그리고 인간과 인간의 관계성의 개념으로 이해하면서, 각 관계에서 온전해지도록 끌어올려져야 하는 것이라고 했다 :

하나님이 인간을 지으실 때에는 의도하는 목적이 있었던 것이 성서에 분명히 나타나 있다. "우리의 형상대로 인간을 만들어서 땅 위의 모든 것을 다스리게 하자(창 1:26)". 그리고 그는 인간을 창조하신 후 말씀하셨다. "땅을 정복하고 다스리라(창 1:28)". 이것으로부터 우리가 알 수 있는 것은 인간이 이것을 할 수 있는 이성적이고 지혜로운 존재로 만들어졌다는 것을 의미한다. 따라서 이것은 첫째, 하나님이 세상을 다스리듯, 세상을 다스릴 수 있는 모상(Abbild)을 만드셨다는 것을 의미한다. 인간은 하나님과의 관계에서 그를 대리하는 모상이다. 둘째, 인간은 모든 만물을 이끄는 자가 되었다. 셋째, 이것이 의미하는 것은 인간은 인간 스스로를 다스릴 수 있는 주인이라는 뜻이다.[41]

이처럼 코메니우스는 인간이 하나님의 형상으로 창조된 것은 인간이 세상에서 하나님의 대리인으로서의 역할을 하며, 창조세계의 사물을 바르게 다스리고, 또한 하나님처럼 인간도 자신을 다스리고 바로 이끌어가야 한다는 것을 의미한다고 보았다. 그가 '모든 인간을' 범교육의 대상으로 했다는 것은 달리 말해 인간이 이 삼중적 관계에서 하나님의 형상을 온전하게 구현하도록 이끌어야 한다는 것이고, 이것이 바로 그의 범교육이 그 자체로 하나님 샬롬의 평화교육을 지향하는 교육이라는 것을 단적으로 증명한다고 하겠다.

(2) 모든 것을(omnia)

그의 범교육의 두 번째 원리, '모든 것'을 교육한다는 것은 말 그대로 하나님의 창조세계의 중심에 있는 인간에게 하나님, 자연, 인간과의 관계 형성에 필요한 모든 것을 교육해야 한다는 것을 의미한다. '모든 것'이라는 개념 자체가 이미 인간의 삼중적 관계를 지시하고 있는 개념이라고 할 수 있다.[42]

코메니우스는 인간은 타락으로 인해 이 세상의 중심을 떠났고 삼중적 관계가 파괴되었지만, 하나님은 인간을 다시금 제 자리에 앉히기 위해서 세 가지 책을 주셨는데, 그것이 '성경'과 '정신(Geist)' 그리고 '세상'이라고 했다.[43] '세상'은 하나님이 직접 자신의 지혜와 권능과 자비를 보여주는 가시적인 실물교육의 책으로, 그는 세상을 "하나님의 무대"라고 표현하기도 했다. 그리고 '정신'은 인간의 문화를 알 수 있도록 주신 책이고, '성경'은 하나님에 관하여 직접적으로 알 수 있는 계시의 책으로 앞의 두 책, 즉 자연세계의 책과, 인간의 내면의 책인 정신에 관한 해설서요 지침서가 된다고 했다.[44] 그래서 성경이야 말로 앞의 두 책을 마음속으로 내면화할 수 있는 책이 된다고 했다 :

> 모든 사람들은 그들의 '눈'앞에 전개되어 있는 첫 번째 책과 그들의 '마음'속에 있는 두 번째 책을 소유하고 있다. 만약 모든 사람들이 세 번째 책을 부지런하게 열심히 다루려고 한다면, 그들의 '눈'으로 면밀히 검토하여 그들의 '마음'속으로 옮겨올 수 있지 않겠는가! 모든 사람들이 세권의 책으로부터 참 지혜의 빛을 얻는 일이 그들의 큰 기쁨이 될 수 있지 않겠는가![45]

이 세 가지 책, 즉 인간의 눈에 보이는 '세상의 책'과 인간 안의 '정신의 책', 그리고 하나님께서 직접 말씀하고 계시하신 '성경책'은 코메니우스에 의하면 모두 하나님이 인간에게 주신 책으로 하나님이 저자이다. 그래서 이들은 서로 조화와 일치를 이루면서 인간을 둘러싸고 있다. 코메니우스는 하나님이 이 세 가지 책을 인간에게 주어 우주 전체를 포괄하는 범교육, 즉 삼중적 관계 회복을 통한 평화교육이 가능하도록 하셨다고 했다.

코메니우스는 더 나아가 하나님이 이 세 가지 책을 주셨을 뿐만 아니라, 그 책을 이해할 수 있는 수단으로 세 가지 도구를 인간에게 주셨다고 했다. 즉 세상을 이해하는 도구는 '감각(sensus)'이고, 인간의 정신을 이해하는 도구는 '이성(ratio)'이며, 하나님의 말씀을 이해하는 도구는 '신앙(fides)'이다 :

모든 인간은 하나님이 주신 이 책들을 배움으로써 참다운 지혜로 이끌려야 한다. 이와 같은 책들을 주신 하나님은 또한 이 책들을 읽을 수 있도록 도구를 주셨다. 우리가 세상을 알 수 있도록 그는 우리에게 감각을 주셨고, 정신의 원리를 알고 지혜를 서로 연결할 수 있기 위하여 이성을 주셨으며, 성경의 증거들을 받아들이게 하기 위하여 믿음을 주셨다.[46)]

코메니우스는 인간의 감각과 이성 그리고 신앙이 하나님이 주신 세 가지의 책을 읽을 수 있는 수단이기에, 범교육은 다른 무엇보다 먼저 이 수단들을 개발하는 것을 핵심적 교육내용으로 삼아야 한다고 했다. '모든 것'을 교육해야 한다는 것은 자칫 이 세상 삼라만상을 다 가르친다는 것으로 생각할 수 있지만, 코메니우스는 백과전서학파들처럼 세상의 수많은 사물들의 종류와 요목들을 나열하여 교육의 내용을 정한 것이 아니라, 오히려 하나님이 지으신 세상의 세 영역, 즉 하나님, 인간(문화), 그리고 자연(세상)과 바른 관계를 맺기 위한 접근 통로인 감각, 이성, 믿음을 형성하게 해주는 것에 초점을 맞추었다고 할 수 있다.

결국 모든 것을 교육한다는 것은 인간이 삼중적 관계를 바르게 맺을 수 있는 수단을 형성하도록 함으로써 모든 관계를 바르게 한다는 것에 초점이 있다고 할 수 있겠다. 코메니우스는 '내용' 중심의 교육개념이 아니라, 그 내용에 접근할 수 있는 인간의 능력를 근본적으로 개발하는 '형식도야'의 입장에 서 있었다는 것을 알 수 있다. 그는 사물세계를 바로 아는 것은 사물세계를 알 수 있는 인간의 능력을 개발함으로써 가능하다고 보았고, 이것이야말로 '전체를(omnia)' 교육할 수 있는 직접적인 통로라고 생각했다.

그는 이처럼 교육의 내용보다 그 내용에 접근할 수 있는 수단, 즉 인간의 능력을 개발해야 한다고 주장했지만, 동시에 각각의 수단들이 연마되어야 할

종교개혁과 교육개혁

영역을 제시했는바, 하나님과의 관계를 위하여서는 '종교(religio)'의 영역, 인간과 문화와의 관계를 위해서는 '도덕(mores)'의 영역, 그리고 세상과의 관계를 위하여서는 '학문(eruditio)'의 영역이 필요하다고 했다.[47] 따라서 이 세 영역은 인간의 삼중적 관계형성에 반드시 필요한 영역이라고 할 수 있고, 범교육은 이 셋을 통전적이고, 전인적으로 아우르는 교육이어야 한다고 했다.

'모든 것을'이라는 그의 범교육의 원칙이 얼마나 '평화구현'과 연결되는지는 그의 범지학적 저서 『일반담론』의 6번째 책인 『범정치학 *Panorthosia*』의 내용과 비교해 볼 때 더욱 분명해진다. 그는 이 책에서도 범정치학이 궁극적으로 세상의 개선, 즉 세상에 평화를 세우는 것에 있다고 한 후,[48] 이를 위해서 세계에는 세 개의 기관이 필요하다고 했다. 즉 평화를 위한 세 개의 국제기구가 설치되어야 하는바, 그는 위에 언급한 범교육의 세 영역, 즉 종교, 도덕, 그리고 학문이라는 영역에 연계하여서 종교영역의 평화를 위해서는 "에큐메니칼 회의(consistorium oecumenicum)"가, 도덕영역의 평화를 위해서는 "평화재판소(dicasterium pacis)"가, 그리고 학문영역을 위해서는 "학문협력기관(collegium lucis)"이 설치되어야 한다고 했다.[49] "콘지스토리움 외쿠메니쿰"은 오늘날로 말하자면 세계교회협의회(WCC)와 같은 종교단체이고, "디카스테리움 파키스"는 국제평화재판소라고 할 수 있는바, 오늘날의 유엔(UN)과 같은 정치적 단체라고 볼 수 있다. 코메니우스는 세계의 모든 정치가들(Staatsmanner)이 정의를 바르게 지키고 정의의 모범이 되게 하기 위해서는 일종의 연합기구인 "평화재판소(dicasterium pacis)"가 생길 필요가 있다고 강력하게 요청했다.[50] 그리고 "콜레기움 루키스"는 세계에서 평화를 연구하고 가르치는 일에 지침을 주고 함께 협력하는 학문연구기관이라고 할 수 있다. 아이크만(Walter Eykmann)은 이것은 일종의 국제 최고 "교육청(Schulbehörde)"이기도 하다고 해석하고 있다.[51]

따라서 단순히 평화를 위한 학문연구 기관으로서만이 아니라, 세계에서 평화를 만드는 교육이 가능하도록 지원하고 감독하는 기관이 되어야 할 것이라고 했다.

『범정치학』에서 코메니우스가 제시한 세 개의 국제평화기구가 범교육학에서 제시하는 삼중적 관계를 위한 영역, 즉 '종교', '도덕' 그리고 '학문'의 영역과 동일한 것을 볼 때, 다시 한 번 우리는 "모든 것"을 교육한다는 그의 범교육학이 얼마나 수미일관하게 평화를 지향하는 개념인지를 확인하게 된다.

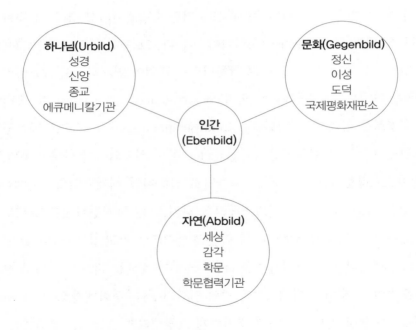

〈표 I-4-2〉 범교육의 구조

(3) 온전하게(omnino)

'모든 인간에게' '모든 것을' 교육한다는 범교육의 원리는 결국 세 번째 원리인 '온전하게'라는 방법적 측면의 숙고로 이어진다. 코메니우스는 범교육의 목적이 결국 세상의 개선, 즉 평화로의 교육인데, 이것이 이루어지기 위해서는 "온전하게" 교육하는 것이 필수적이라고 했다. 왜 그런가? 온전하지 않으면, 세상의 개선이라는 참된 목적은 온전히 도달할 수 없기 때문이라는 것이다.[52] 그렇다면 온전하게 교육한다는 것이 무슨 뜻인가?

> 온전하게 교육되어야 한다는 것은 무엇을 의미하는가? 이것은 외모적으로 그럴듯하게 광을 내는 것을 의미하는 것이 아니라, 진리로 인도하는 것을 의미 한다; 왜냐하면 진리만이 인간을 참다운 쓰임으로 인도하고, 미래의 삶으로 인도하기 때문이다. 모든 인간은 진리와 능변과 기예와 도덕성과 경건성으로 무장되어야 한다. 그는 참다운 지혜자가 되어야지 반쪽짜리 지혜자가 되어서는 안 된다; 그는 능력 있는 실천가가 되어야지, 말만 번드르한 사람이 되어서는 안 된다. 그는 참으로 도덕가가 되어야 하지, 껍데기만 도덕적인 사람이어서는 안 될 것이다. 그는 하나님의 영 안에서 경건하고 거룩한 자가 되어야 하지 위선자가 되어서는 안 될 것이다.[53]

이처럼 온전하게 교육함이란 온전한 앎을 가능케 하는 교육인데, 온전한 앎이란 '범지혜'로서 부분적 앎이나 설익은 앎이 아니라 인간을 진리로 인도하는 앎이다. 그래서 그는 온전한 앎이 인간을 진리로 인도한다면, '부분적(피상적)' 앎은 오히려 세상에 해악한 결과만을 가져옴으로써 오히려 세상을 개선하기보다는 싸움과 전쟁과 왜곡으로 가득차게 할 뿐이라고 했다 :

참된 지식이 아닌 피상적 지식은 '참된 쓰임'과 '하나님을 찬양하는 일'과 '인간을 구원하는 일'에 온전히 쓰임 받을 수 없다.[54]

그는 온전한 교육은 온전한 '지혜자', '실천가', '도덕가', '거룩한 자'가 되도록 하는 것이라고 했다. 이것이 의미하는 것은 그가 추구했던 온전한 앎이란 단순히 지적인 앎이 아니라 바른 '앎'과 '행함' 그리고 궁극적으로 세상을 하나님의 질서에 맞게 '사용함'을 포괄하는 앎이라는 것을 의미한다. 교육의 목적이 결국 '세상 개선'에 있는 것이라면, '온전하게' 교육함이란 결국 사람들이 세상의 개선을 이루는 지혜자, 실천가, 도덕가 거룩한 자가 되도록 인도하는 교육을 의미하는 것이다.

샬러(Schaller)는 코메니우스에게서 범지혜라는 앎의 체계는 세 가지의 세부적인 목적을 내포하고 있다고 했는데, 사물세계가 '무엇(puod)'인지 밝혀주는 것과, 사물이 '무엇으로부터(per quid)' 근원하는지 해명하는 것, 그리고 사물세계가 '무엇을 위하여(ad quid)' 있는지에 대한 해명을 주는 일을 모두 포함하는 것이라고 했다.[55] 그는 그것이 지혜의 세 단계라고도 했는데,[56] '무엇을'을 해명하는 첫째 단계에서 단순히 사물에 관한 표면적인 앎(nosse)에 도달한다면, 두 번째 단계는 이를 넘어서서 사물세계 자체의 내적인 구조와 근원에 대한 통찰을 갖는 단계이다(intelligere). 그리고 세 번째 단계는 앎의 최고 단계로서 사용(uti)에 대한 통찰의 단계라는 것이다. 이 단계는 앎의 최고봉으로서 사물세계가 창조주의 뜻과 그의 질서에 합당하게 사용되도록 하는 앎의 단계이다. 그래서 첫째 단계는 사물세계를 아는 단계이자 '이론(theoria)'으로 이어지는 앎이고, 둘째 단계는 사물 세계의 본질과 이념을 아는 단계로서 '행위(operatio)'로 이어지는 실천적(praxis) 앎이다. 그리고 세 번째의 단계는 '사용(cresis)'의 단계인데, 여기서 사용이란 인간이 자신의 욕심에 따라 사용한다는 의미가 아니라, 사물세계 안에 창조주의 질서(Ordunung)가 이루어지도록 사용하는 단계, 즉 세계를 창조주 하나님의 뜻이 수행되도록 사용하는 단계라는 것이다.[57] 그는 이 단계가 앎의 왕관과 같은 단계라고 했는바, 이 단계를 통해서 앎은 드디어 세상 속에서 하나님의 뜻을 실현하고, 세상을 개선하는 데 기여하기 때문이라는 것이다. 샬러는 코메니우스의 이 세 번째 단계는 지혜의 근본인 하나님의 뜻을 헤아리고 그 뜻대로 사물세계를 다스리는 단계로서, 지혜를 완성하는 단계이고 세계를 창조주의 뜻대로 완성(Vollendung)하는 단계라고 했다.

'온전하게' 교육한다는 것은 이처럼 '앎'만이 아니라, '실천'과, 더 나아가 세상의 모든 것을 창조주 하나님의 세계를 향한 계획에 합당하게 '사용'할 수 있는 지혜를 전수하는 일이다. 따라서 '온전하게' 교육한다는 것은 사람들이 실제로 세계개선과 평화구현에 기여하도록 교육한다는 것을 의미한다. 그것은 세상의 세상됨, 사물의 사물됨을 알게 할 뿐 아니라, 세계의 근원을 통찰하게 하고 그것을 행동으로 이끌어가게 하며, 더 나아가 세상을 향한 하나님의 계획을 알고, 세상의 모든 것을 합목적적으로 사용하도록 함으로써 하나님의 창조를 완성하게 하는 교육이다.

<표 I-4-3> 범교육이 추구하는 앎의 세 단계

무엇을(quod)	무엇으로부터(per quid)	무엇을 위하여(ad quid)
표면적 앎(nosse)	근원통찰(intelligere)	사용 통찰(uti/fruiti)
앎(notitia)	행위(operatio)	쓰임(usus)
이론(theoria)	실천(praxis)	사용(chresis)

모든 사람에게(omnes), 모든 것을(omnia), 온전하게(omnino)! 코메니우스의 범교육학의 원칙들로부터 우리는 그의 범교육학이 수미일관하게 평화를 지향하는 교육이라는 사실을 다시 확인하게 된다. 범교육학은 모든 인간이 하나님의 형상대로 창조됨으로 해서 하나님과 인간과 다른 피조물과의 삼중적 관계 안으로 세워졌고, 이 관계에서 하나님의 형상을 온전하게 구현되어야 할 교육필연적 존재이기에, 모든 사람을 대상으로 하는 교육이다. 그렇기 때문에 범교육학은 이 삼중적 관계와 관련되는 모든 것을(omnia) 교육해야 하는바, 성경과 세상 그리고 정신이라는 책을 신앙과 이성과 감각이란 도구를 발달시킴으로써 읽을 수 있도록 하고, 그래서 종교와 도덕과 학문은 모두(omnia) 통전적으로 교육해야 할 영역인 것이다. 더 나아가 범교육학은 '앎'만이 아니라 '실천'과 더 나아가 세상의 모든 것을 창조주 하나님의 세계를 향한 계획에 합당하게 '사용'할 수 있는 지혜를 전수하는 교육, 즉 '온전하게(omnino)' 교육하는 것을 원리로 하여 사람들이 실제로 세계개선과 평화구현에 기여하도록 교육하는 것이다.

코메니우스의 '범교육'에 관한 이상의 고찰로부터 우리는 그가 범지혜에서 추구하고 있는 것을 범교육을 통해서도 수미일관하게 추구하고 있음을 확인할 수 있었다. 그에게서 범지혜의 목표는 '평화'를 향한 세계개선이었는바, 평화란 이 세상의 모든 관계들, 신적 영역, 인간적 영역, 자연적 영역들이 서로 "조화로운 전체(harmonische Ganzheit)"를 이루는 것이다. 그의 범교육은 바로 이 조화로운 전체를 구현하는 실천적 노력으로써, 범지혜의 실천적 측면의 하나라고 할 수 있겠다. 조화로운 전체를 향한 그의 실천적 노력을 우리는 범교육에 나타난 교육 대상(omnes), 교육 내용(omnia), 더 나아가 교육 방법(omnino)적 원리에 이르기까지 수미일관하게 발견할 수 있다.

종교개혁과 교육개혁

5. 나오는 말 - 코메니우스의 평화교육이 오늘에 주는 도전

코메니우스의 평화교육은 어쩌면 매우 이상적(ideal)인 화두를 우리에게 던지고 있다. 그는 평화가 지혜를 통해 실현될 수 있다고 믿고, 이를 범지혜라는 이름 안에서 구현하고자 했다. 오늘날과 같이 수없이 많은 지식의 혼재로 오히려 앎이 상대화되고 삶과 분리되어 있는 시대에, 지식이 세계에 평화를 가져올 수 있고 세계의 개선을 가져올 수 있다고 하는 코메니우스의 생각은 낭만적으로, 심지어 소박하게 들리지 않는가? 오늘날과 같이 성과 속이 분리된 세속화된 시대에, 일반교육이 기독교교육과 분리되고, 교회와 세상이 분리된 시대에, 인간과 하나님의 관계, 인간과 인간의 관계, 그리고 인간과 자연의 관계를 통전적으로 바로 세우는 것이 교육의 목적이 되어야 한다는 생각은 전근대적으로 들리지 않는가?

그렇다! 코메니우스는 시대적으로 볼 때 '광의의 근대'와 '협의의 근대' 사이에 살고 활동했던 사람이다[58]. 따라서 그에게서는 근대성과 전근대성의 양면성이 읽힌다. '인간과 세상에 대한 낙관적 이해', '자연 중시', '학습자 중심 교육', '새로운 교수학적 방법들' 등에 있어서 그는 근대성을 가지고 있다. 그러나 그에게서는 여전히 국가와 사회, 세상과 교회가 하나였던 중세적 세계관이 읽힌다. 그의 범지혜 개념에서는 인간과 자연과 세상은 하나의 유기체로서 내적 통일성을 유지해야 한다고 보았던 중세적 세계관이 읽히고, 근대적 사고를 시작하게 한 대표주자의 한 사람인 데카르트의 - 그가 만나 장시간 토론했으나 생각의 일치를 보지는 못했다던 - 주·객체 분리의 사고는 읽히지 않는다. 그에게서 세상없는 인간은 생각할 수 없고, 인간의 바른 사용과 쓰임 없는 세상은 왜곡된 세상이다.

그러나 이와 같은 코메니우스의 세계관은, 근대가 낳은 문제들을 극복하는 것이 시대적 과제가 되어버린 포스트모던시대를 살고 있는 우리에게 울림이 되고 있지 않은가? 몰트만은 근대가 인간을 '개체(Individium)'로 '주관화'하고 자연을 원자로 이루어진 물질세계로 '대상화'하면서 인간이 자연을 지배할 수 있는 자유의 역사를 창조했고, 인류역사상 유래 없는 과학기술의 발전과 진보를 가져왔다고 했다.[59] 그러나 몰트만은 그러한 발전이 상대적으로 생태계의 위기, 비인간화의 문제들을 인류에 안겨주었고, 근대가 인류에게 가져온 문제들은 이성의 힘으로 혼자 설 수 있는 '자유로운 인간상'과 '인간 없는 기술', '도덕 없는 과학'이 얼마나 파괴적인 힘으로 작용할 수 있는지를 여실히 보여주었다고 했다. 지식이 목적을 잃는 순간 얼마나 인간의 탐욕과 파괴적 정복력에 이용당할 수 있는지를 우리는 보았다. 근대주의의 문제들로부터 우리는 또한 인간이 자신을 둘러싸고 있는 환경, 즉 자연과 인간과 하나님과의 유기적인 관계를 상실한 순간 이 세상에 하나님 샬롬의 평화는 깨어질 수밖에 없다는 것을 분명히 배웠다.

지혜를 통해 평화가 실현될 수 있다는 코메니우스의 생각, 교육을 통해 평화를 실현하는 지혜를 습득하게 할 수 있다는 그의 평화교육사상은 근대적 관점에서 보면 어쩌면 소박하게 들릴 수도 있다. 그렇지만 그의 이와 같은 생각은 우리에게 우리가 어떠한 지식을 추구해야 할지, 어떠한 교육을 꿈꾸어야 하는지를 도전한다. 오늘날 우리의 교육 현장에서 수많은 지식들이 '객관적으로' 가르쳐지지만, 그것이 우리의 마음과 생각과 영혼을 움직이는 힘이 없이, 시험답안지에 쏟아내는 순간 뇌리를 떠나버리는 현상들을 우리는 얼마나 많이 목도하는가. 여러 가지의 과목들이 '파편적'으로 가르쳐지고 정작 지향하는 목적 없이 표류하는 현상들을 우리는 교육의 현장 곳곳에서 얼마나 절실하게 경험하는가? 하나님과의 관계는 신앙교육의 일이고, 자연과 세계와의 관계는 일반교육의 몫이라는 분리적 생각이 결국 한국

종교개혁과 교육개혁

의 기독교가 신앙의 공공성을 잃어버리고 사회적 신뢰를 잃어버리게 한 원인 중 하나를 제공한 것이 아닌가?

코메니우스의 평화교육사상은 오늘날의 기독교교육에게 우리가 추구해야 할 '앎'이 어떠한 앎이어야 하는지에 대한 도전을 준다. 코메니우스는 우리가 추구해야 할 앎은 객관적 지식의 조각을 습득함으로써 오는 현상이 아니라, 신앙인을 신앙인으로서 '형성시켜주는 앎'이어야 한다는 통찰을 준다. 우리가 추구해야 할 앎은 무엇보다 먼저 우리와 하나님 관계를 바로 세우고, 우리와 인간과의 관계, 우리와 자연(세상)과의 관계를 바르게 형성시켜주는 앎, 즉 '관계적' 앎이 되지 않으면 안 된다는 도전을 준다. 그래서 그것은 우리의 교육이 하나님을 삼인칭으로 '그분'에 관해 가르치는 것(teaching about God)이 아니라, 그를 이인칭으로 마주 대하고 관계 맺는 교육, 즉 여호와 사랑하기를 가르치라는 말씀이(신 6:4-9) 의미하듯, 하나님과 인격적으로 관계 맺으며 알아가는 교육이 되어야 할 것을 도전한다. 그것은 또한 우리의 교육이 다른 사람과 인격적 관계성 안에서 평화롭게 함께 살아가기를 배우는 관계적 앎, 자연을 객관적 대상으로서가 아니라 사랑하며, 알아가며, 평화롭게 공존하도록 하는 관계적 앎을 추구하도록 도전한다.

따라서 코메니우스의 평화교육사상은 우리가 추구하는 앎이 '통전적 앎'이어야 할 것을 통찰케 한다. 그의 평화교육개념이 삼중적 관계형성을 위하여 믿음, 이성, 감각을 통전적으로 형성하기를 추구하는 것처럼, 오늘날 우리의 기독교교육도 믿음이라는 영역에만 머무를 것이 아니라 이성과 감성을 함께 아우르는 통전적 신앙인, 즉 전인적 신앙인을 형성함으로써 하나님과의 관계에서, 사람과의 관계에서, 세상 모든 사물과의 관계에서도 전인적 신앙인으로 살아갈 수 있도록 하는 교육을 추구해야 할 것을 도전한다. 그것은 오늘날의 기독교교육이 개인적 차원만이 아니라 사회적 차원,

사적 영역에서만이 아니라 '공공성'을 중시하는 '통전적 지혜의 사람'을 지향해야 한다는 통찰을 주는 것이다.

코메니우스의 평화교육사상은 무엇보다 우리가 추구해야 할 앎이 목적 없이 표류하는 앎, 지식 간에 연계가 없는 가치중립적 앎이 아니라 하나님의 세계기획, 즉 하나님의 샬롬을 향하는 '목적지향적 앎'을, '세계를 개선하는 앎'을 추구할 것을 도전한다. 목적지향적 앎이란 단순히 지적으로 알게 되는 것에 그치는 것이 아니라 행동하는 앎이요, 또한 동시에 모든 우리와 관련된 사물들, 관계들, 시공간들, 기회들을 하나님의 세계기획에 맞게 '사용하는(usus)' '실천적 앎'이라는 것을 의미한다. 그것은 우리의 교육이 학습자를 실제로 평화를 이루는 사람들이 되도록 능력을 부여하는 임파워링(empowering)의 과정이 되어야 할 것을 도전하는 것이다. "평화를 실천할 수 있는 지혜인!"이 되도록 하는 것, 이것이 코메니우스가 교육을 통해 추구했고, 또한 오늘의 우리에게 도전하는 인간상이다.

평화, 지혜, 교육에 대한 코메니우스의 이와 같은 개념은 1세대 종교개혁가 얀 후스의 유산 아래 있는 교회의 교육적 유산을 우리에게 나타내주면서, 이로써 우리에게 종교개혁의 교육적 유산이 얼마나 다양하고 풍성한 얼굴을 가지고 있는지, 얼마나 통전적으로 세계의 개혁을 향한 꿈을 품고 있었는지를 보여주고 있다.

주 ───

1) 코메니우스의 생애와 저술 전반에 관한 글은 졸고 "코메니우스의 기독교교육사상", 양금희 『근대 기독교교육 사상』(서울, 한국장로교출판사, 2001) 15-35를 참고할 수 있다. 이 장에서는 범지학

및 평화와 관련한 그의 생애만을 다루도록 한다.

2) Röhrs, *Die Studienzeit des Comenius in Heidelberg*, 1985, 36.

3) Comenius, *De rerum humanarum emendatione Consultatio Catholica I*, Editio princeps, Pragae, 1966. 1088.

4) Lochman, 1982, 19.

5) K. Schaller, *Die Pädagogik des Johann Amos Comenius und die Anfänge des pädagogischen Realismus im 17*. Jahrhundert, Heidelberg, 1962, 9.

6) J. Amos. Comenius, *Pampaedia Lateinischer Text und deutsche Uebersetsetzung, Nach der Handschrift herausgegeben von Dmitrij Tschizewskij in Gemeinschaft mit H. Geissler und K. Schaller*, Heidelberg, 1965.

7) Comenius, *Via Lucis*, 이숙종 역, 『빛의 길』 여수룬, 1999.

8) Schaller, 1978, 17, 19.

9) Lochman, *Comenius*, Freiburg/Hamburg, 1982, 26.

10) *Riemer*, 1970, 66-75.

11) *Blekastad*, 1969, 611.

12) *Unum necessarium*, 10, 2, 140.

13) P. Biehel, a. a. O., 55.

14) Walter Eykman, "Friedenspädagogische Aspekte im Reformprojekt des Comenius", Erwin Schadel (Hrsg.), *Johann Amos Comenius, Vordenker eines kreativen Friedens*, (Frankfurt am Main, Peter Lang, 2005), 173-187/ Karl Floss, "Panorthosia als Konzept zukünftiger Sicherung des Weltfriedens" *Johann Amos Comenius Vordenker eines kreativen Friedens.*

15) 양금희, "코메니우스의 기독교교육 사상", 『근대 기독교교육 사상』 (서울, 한국장로교출판사, 2001) 37.

16) J. A. Comenius, *Lexicon reale pansophicum. Liber librorum, Bibliotheca portabilis, Encyclopaedia pansophica, Eruditionis clavis, Sapentiae breviarium*, 213, 코메니우스는 이 책에서 범지혜를 정의하기를 "Pansophia est sapientia universalis" 라고 했다.

17) Comenius, *De rerum humanarum emendatione Consultatio Catholica I*, Editio princeps, Pragae, 1966. 1088.

18) Comenius, via lucis, 1668, 이숙종 역, 『빛의 길』 여수룬, 1999.

19) 빛의길, 59.

20) "만약 우리들이 이와 같은 거대한 악의 원인들을 발견하려 한다면, 이 세상에 와서 스스로 어두움

의 왕국을 건설하기 위해 인간을 배반의 죄로 타락시키고, 헤어날 수 없는 어두움과 혼돈으로 둘러싸고 있는 암흑의 지배자인 사탄에게서 발견할 수 있을 것이다."『빛의 길』 68.

21) "어두움이 땅을 덮고 있으며, 어두움이 사람들을 가리우고 있다(사 60:2). 그리고 사람들이 소경과 같이 담을 더듬으며, 그들이 마치 눈이 없는 자와 같이 낮에도 밤과 마찬가지로 넘어지게 된다." Ibid.

22) 『빛의 길』 68.

23) Comenius, *Lexicon reale pansopicum: Consultatio Catholica II*, Sp. 953.

24) Comenius, *Pro dromus Pansophie*, Bd. I, 364, 64.

25) Vera Schifferova, "Comenius' Philosophie der Gewallosikeit in ganzheitlicher Perspektive", *Johann Amos Comeniuss Vordenker eines kreativen Friedens*, 408.

26) *Consultaio Catholica II*, 700.

27) 왕대일, "생명경외의 성서적 근거", 대한기독교서회,『기독교사상』 36(7), 1997, 7, 7-17.

28) 샬롬과 관련된 대표적 동사인 실람(שלם)은 '빚을 갚다', '보상하다' 등을 의미한다(출 21:34, 레 24:18, 렘 16:18). 이는 남에게 갚아야 할 것을 지불하게 될 때 거래나 관계가 완전해진다는 의미를 포함하고 있다. 그런 점에서 샬롬은 개별적 상태보다는 상호간의 관계성이 강조되며, 부분보다는 전체성(totality)이 강조되는 통전적 성격을 지니고 있다. 샬롬은 하나도 빠짐없이 모두가 포함된다는 수적인 완전함을 의미하는 것에도 사용되었다(렘 13:19). 모자람이 없이 온전하다는 샬롬의 기본적 의미는 공정한 저울추(신 25:15), 모자람이 없게 넉넉하게 준 삯(룻 2:12), 다듬지 않은 자연 그대로의 돌(신 27:6) 등에도 적용되었다. (Ernst Jenni : Claus Westermann, 1997, 1339.)

29) 이양구, "샬롬〈살롬-평화-화평" 대한기독교서회,『기독교사상』 33(3), 1989.3, 214-222.

30) 박충구, "생명이 위협받고 있는 세계와 샬롬의 윤리", 감리교신학대학교,『신학과세계』 (74), 2012.6, 123-154.

31) Jan Blahoslav Lasek, "Die Theologische Voraussetzungen für den Frieden in Comenius Consultatio catholica", *Johann Amos Comenius Vordenker eines kreativen Friedens*, 296.

32) "인간은 하나님의 작품의 한 가운데에 있는 거울공과 같다. 그는 세상의 한 가운데에 걸려 있으면서 모든 그의 주변의 것을 담아낸다. 우리의 영은 모든 것, 우리 앞의 것과 뒤의 것 왼과 오른, 위의 것과 아래의 것들을 모두 담아내고 반사한다. 공간적인 것뿐만 아니라 시간적인 것들도 담아낸다." Comenius, *Praecognita - Janua rerum* 1643, edited by G. G. Turnbull, Praha, 1951, 75.

33) *Pampaedia*, 53이하.

종교개혁과 교육개혁

34) Schaller, *Die pädagoaik des Johan Amos Comenius*, 66.

35) "아담이 자신의 자리를 떠나지 않았다면, 하나님에게 순종하고 죄 짓지 않았다면 하나님의 거룩하고 순전한 형상은 남아있었을 것이고, 그는 자신과 세상에 대하여 여전히 능력을 소유하고 있었을 것이다." *Pampaedia II*, 15, 34f.

36) Comenius, *Vorspiele. Prodromus Pansophiae. Vorläufer der Pansophie*, Düsseldorf, 1963, 65.

37) *Pampaedia*, I, 1; VII, 18;

38) *Pampaedia*, 37.

39) *Pampaedia*, I, 6, 15.

40) 모든 사람이 교육의 대상이라는 말은 오늘날의 상황에서는 당연한 것이지만, 코메니우스가 살았던 당시 유럽사회에 공교육이 보편화되지 않았고, 귀족과 성직자 지망생 소수의 시민들만이 교육의 혜택을 받았던 상황을 생각해보면, 그가 교육의 필요성을 인간이 '하나님의 형상'이라는 전제로부터 제시하고 있는 것은 괄목할 만한 일이라고 할 수 있다. 그는 모든 인간은 교육을 받아야 하는 존재라고 함으로써, 교육적 인간 즉 "homo educandus" 라는 근본적 인간 이해를 제시하고 있는 것이라고 할 수 있다.

41) Pampaedia, 25.

42) Comenius, *Prodromus* Bd I, 364, 64.

43) "매일 그의 눈앞에 펼쳐지는 세상의 책을 보면 누구도 의심할 수 없다. 그리고 우리는 낮과 밤으로 정신의 책을 읽을 수 있다. 그리고 우리는 하나님의 계시의 말씀을 모두 모아 놓은 성서를 읽을 수 있다." *Pampaedia*, 35.

44) 코메니우스, 『빛의 길』 I, 12, 64.

45) 『빛의 길』 I, 13, 65.

46) *Pampaedia*, Kap II, 17, 37.

47) *Grosse Didaktik*, IV, 6, 35.

48) *Comenius, Panorthosia*, CC II, Sp. 510.

49) Comenius, *Panorthosia, De rerum humanarum emendatione Consultatio Catholica* Bd. II, Prag, 1966, Kap. XV. Nr. 12.

50) Comenius, *Panorthosia, De rerum humanarum emendatione Consultatio Catholica* Bd. II, Prag, 1966, 546.

51) Walter Eykmann, "Friedenspaedagogische Aspekte im Reformprojekt des Comenius", Erwin Schadel (Hrsg.), *Johann Amos Comenius Vordenker eines Kreativen Friedens*, (Frankfurt am Main, Peter Lang, 2005), 175.

52) *Pampaedia*, Ⅳ, 1.

53) *Pampaedia*, Ⅳ, 1, 94-95.

54) *Pampaedia*, Ⅳ, 2, 95.

55) Schaller, Ibid, 50 이하.

56) 코메니우스가 지혜의 삼 단계에 대하여 언급한 책은 *Janua Rerum Reserata*와 *Usus Triertium Catholicum*이다.

57) Schaller, Ibid, 52.

58) "근대(modern)"라는 시기를 구분하는 데에는 광의와 협의의 구분이 있다. 독일어로 '새시대(Neuzeit)'라 지칭되는 이 시기를 하르낙(Harnack) 슈미트(Schmidt), 홀(Holl)과 호이지(Heussi)와 같은 신학자들은 루터의 종교개혁(1517년)과 더불어 시작되었다고 보는 반면, 보편 사가들은 인쇄술의 발명(1449), 콘스탄티노플의 함락(1453), 미대륙의 발견(1492), 종교개혁(1517)과 같은 일련의 사건들이 시작되는 15세기 말과 16세기 초로 보고 있다. 이 두 입장과는 달리 근대의 시작을 보다 후기로 보는 입장도 있다. 트뢸치(E. Tröltsch)와 몰트만(J. Moltmann), 큉(H. Küng)과 같은 학자들은 서구에서 참다운 의미의 중세적 관계가 극복된 것은 30년 전쟁이 끝나는 1648년에 시작되어 프랑스혁명이 시작되는 1789년 사이의 계몽주의 시대, 즉 18세기야말로 근대가 시작된 시기라고 주장한다. 그렇게 볼 때 근대는 광의의 의미로는 이미 13세기부터 싹터서 16세기의 종교개혁과 르네상스 인문주의 시대를 열었고, 협의의 의미로는 계몽주의와 더불어 시작된 시기라고 할 수 있다. Olich Köpf, "A European View of the Problems of Dividing Church History into Periods", in *Towards a History of the Church in the Third World: The Issue of Periodization*, ed. by Lukas Vischer (Evangelische Arbeitstelle Ökumene Schweiz, 1985, 87.

59) J. Moltmann, *In der Geschichte des dreieinigen Gottes*, 1990, 이신건 역, 『삼위일체와 하나님의 역사』 대한기독교서회, 1998, 279.

종교개혁과 교육개혁

2부

—

종교개혁과
오늘의 교육개혁

종교개혁의 교육개혁을 통해서 본 오늘의 교육개혁

✦✦✦

1. 들어가는 말

종교개혁은 단순히 신학이나 교회의 개혁이 아니라 교육의 개혁이었고, 더 나아가 당시 사회 전체를 총체적으로 개혁하는 운동이었다. 종교개혁의 신학은 필연적으로 교육을 특정한 사람들의 전유물이 아니라 모든 사람들에게로 확대했고, 그렇게 시작된 교육의 개혁으로 인해서 사람과 사회가 변하고, 결국 그것이 사회 전반의 총체적 개혁으로 연결될 수 있었기 때문이다. 그렇게 볼 때 종교개혁은 교육의 개혁과 아주 특별한 관계 안에 있었다고 할 수 있는바, 교육의 개혁은 종교개혁의 결과물이면서, 동시에 종교개혁을 총체적 사회개혁으로 확산하게 했던 결정적 통로였다고도 할 수 있다. 그런 의미에서 '종교개혁', '교육개혁', '사회개혁' 개념은 서로 뗄 수 없는 관계에 있고, 이 관계야말로 왜 종교개혁이 '교육생태계 개혁'이었는지를 설명해주는 통로가 된다고 할 수 있다. 이 관계를 보다 구체적으로 들여다 보기 위해서 먼저 '종교개혁'과 '교육개혁'의 관계를 살펴보도록 하자.

2. 종교개혁은 왜 교육의 개혁인가?

1) 바른 앎이 동반되는 믿음이어야!

종교개혁을 왜 교육의 개혁이라고 부르는가? 그것은 종교개혁이 추구했던 개혁의 핵심 요소들이 본질적으로 교육과 뗄 수 없이 관련되어 있기 때문이다. 종교개혁을 시작했던 마틴 루터의 종교개혁 핵심사상은 '이신칭의(以信稱義)'이다. 이것은 인간의 그 어떤 노력이나 선행, 금욕적 삶 같은 행위들이 우리를 의롭게 하는 것이 아니라, 오로지 믿음만이 우리를 의롭게 한다는 사상이다. 루터는 이 정신으로 당시 행위를 중시하고, 면죄부를 팔아 교회의 부를 쌓았던 로마 가톨릭교회의 잘못을 지적하면서 교회를 개혁했다. 그런 의미에서 '이신칭의' 사상, 혹은 '오직 믿음으로(sola fide)' 사상은 종교개혁의 가장 핵심적 신학적 기초라고 할 수 있다.

어찌 보면 '이신칭의'는 믿음을 강조한 나머지 상대적으로 '교육'을 중시하지 않는 입장인 듯 보일 수 있겠지만, 종교개혁이 '믿음'을 중시하는 순간 '무엇을 믿는지'가 중요해졌고, 따라서 믿음의 내용을 바르게 가르치는 교육이 중요해지게 되었다. 닙코(K. E. Nipkow)는 종교개혁과 더불어, 교회에 소속되어 있다는 것만으로도 구원의 조건이 되었던 로마 가톨릭교회의 패러다임으로부터 '이해하는 신앙(verstehender Glaube)', '바른 앎이 동반되는 신앙'을 중시하는 새로운 패러다임으로 전환하게 되었고, 이것이 결국 종교개혁이 교육의 개혁이 되게 한 결정적 요인이었다고 하였다.

따라서 루터를 비롯한 개혁가들은 모든 기독교인들이 기독교인이라면 최소한 무엇을 믿어야 하는지 쉽게 알 수 있도록 믿음의 내용을 정리하여 제시하는 책을 쓰고 보급하는 일을 했다. 이것은 그야말로 최초의 신앙교육 교과서가 되었는바, 루터의『소요리문답』,『대요리문답』이 바로 그것이다. 칼뱅도 그와 같은 목적으로『요리문답』을 집필했다.[1) 오늘날 우리가 세례나 입교의 문답에서 사용하고 있는 개혁교회의 요리문답들은 세례문답을 위해 쓰인 책들이기보다는, 일차적으로 기독교인이라면 최소한 알아야 할 신앙의 내용을 가르칠 목적으로 쓰여진 교육적 책들이었다. 이들은 세례나 입교문답용으로만이 아니라, 교회와 가정과 학교에서 신앙교육의 교재로 폭넓게 사용되었다.[2)

그렇게 보았을 때 종교개혁의 '이신칭의'와 '오직 믿음으로'의 입장은 맹목적 신앙이 아닌 이해하는 신앙과 앎을 동반하는 신앙을 중시함으로써 신앙교육 자체의 중요성을 천명했을 뿐만 아니라, '무엇을 가르쳐야 하는지'의 신앙교육의 내용을 분명히 했던 교육의 개혁이었다고 할 수 있다. 종교개혁은 우리에게 신앙의 성장이란 바른 이해, 바른 앎을 매개하는 '교육'과 반드시 함께 가야하는 것이며, 따라서 개혁교회는 교육의 바탕 위에 세워지지 않으면 안 된다는 방향을 제시한다. 더 나아가 종교개혁은 오늘날과 같이 화려한 교육의 방법이나 매체가 점점 중요해지는 시대에 신앙교육을 위해 가장 먼저 '신앙의 내용', 즉 교육내용을 먼저 붙잡는 것으로부터 시작하지 않으면 안 된다는 분명한 방향을 제시한다.

2) 모두가 하나님의 말씀, 성경을 읽는 사람이 되어야!

종교개혁의 핵심적 개념인 '만인제사장(allgemeines Priestertum)' 개념 또한 종교개혁이 필히 '교육의 개혁'이 되도록 했던 요소이다. 종교개혁은 로마 가톨릭의 성직주의에 대항하여 교황이나 감독이나 사제와 일반 평신도 사이의 존재적 차이나 계급적 차이를 거부하고, 모든 그리스도인들은 세례와 더불어 이미 제사장이라는 '만인제사장' 개념을 제시했다.

루터는 종교개혁 초기인 1520년에 발표한 그의 종교개혁적 저술『신약성경의 설교』에서 다음과 같이 말했다 :

> 믿음이 모든 것이다. 믿음만이 참된 제사장직이다. 그것을 대체할 수 있는 어떤 것도 허용되지 않는다. 그러므로 모든 그리스도인들은 젊은이건 노인이건 주인이건 종이건 남자건 여자건 지식인이건 무식자건 간에 제사장이며 모든 여인들은 여사제이다. 믿음이 다르지 않다면 거기에는 아무런 차이가 없다.[3]

루터는 우리가 지위고하를 막론하고 믿음으로 기독교인이 되는 것과 같이, 기독교인이라면 누구나 지위고하를 막론하고 '제사장'이라고 했다. 믿음이야말로 우리가 사제가 되는 관문이고, 믿음으로 세례를 받을 때, 그 세례가 곧 제사장이 되는 서품식과 같다고 보았다.

루터는 이것으로써 단순히 로마 가톨릭의 성직주의를 거부한 것뿐만 아니라, 하나님의 계시의 자리를 교회로부터 개별 그리스도인에게로 자리옮김했다. 로마 가톨릭에서는 하나님의 계시를 받고 그를 해석할 수 있는 권한이 교황, 즉 교회에게 있다고 보았지만, 루터는 이 만인제사장 개념으로 이제 모든 그리스도인 각자에게 하나님의 계시를 받고 해석할 수 있는 권한이 있음을 천명한 것이다.

따라서 루터는 당시까지는 사제에게만 주어졌던, 성경을 소유하고 읽을 권리를 모든 그리스도인들에게 돌렸고, 당시 사제들만 읽을 수 있었던 라틴어 성경을 모든 사람들이 읽을 수 있도록 모국어(독일어)로 번역했다. 그리고 모든 사람들이 성경을 읽을 수 있기 위해서는 글을 배워야 하기에 국가에 태어나는 모든 시민들이 학교를 다닐 수 있도록 해야 한다고 생각했다. 당시까지만 해도 학교는 소수의 귀족이나 성직 희망생들을 위한 전유물이었고 따라서 문맹률이 매우 높았던 것을 감안하면, 이와 같은 루터의 생각은 획기적인 교육개혁을 일으키는 계기가 되었던 것이다. 루터는 국가에 태어나는 모든 소년과 소녀들이 교육을 받기 위해서는 당시까지 교회나 수도원 소유였던 '학교'가 '국가'의 소속으로 자리옮김하여야 하며, 교황이나 감독이 아닌 '봉건영주(Landesherr)'가 학교를 세우고 모든 시민들의 성장세대들을 학교에 보내는 책임을 수행하도록 했다. '모든 사람이 제사장'이라는 개념은 이처럼 교육기관인 '학교'를 교회에서 국가로, 교육의 대상을 소수의 특권층과 성직자 희망생에서 모든 사람에게로 자리옮김하는 공교육 개념이 구체화되는 계기를 마련했다.

3) 세상 속에서 제사장적 리더십을 수행하는 사람이 되어야!

모든 사람이 제사장이라는 것은 모든 그리스도인들이 하나님 말씀을 읽을 수 있을 뿐만 아니라, 스스로 하나님의 면전에서 자신의 죄를 고백하고 하나님께서 주시는 용서의 말씀을 들을 수 있는 것을 의미하며, 또한 더 나아가 스스로만을 위해서 사는 것이 아니라, 다른 사람을 하나님께로 인도하고 그들과 하나님 사이를 중재하는 제사장적 그리스도인이 되어야 한다는 것을 의미한다. 이것은 '기독교인됨' 자체의 이해를 새롭게 한 것으로써, 기독교인이 된다는 것은 당시 로마 가톨릭교회에서처럼 교회의 간섭과 보호 아래 있는 미성숙한 신앙인으로 머물러 있는 것이 아니라, 독자적이고 성숙한 신앙인으로서 제사장적 리더십을 수행하는 사람이 되어야 한다는 것을 천명한 것이다.

그래서 루터는 "그리스도인은 자신 안에서가 아니라 그리스도와 그 이웃 안에서 사는 사람이며, 그렇지 않으면 그리스도인이 아니다."라고 정의했다.[4] 그리스도인은 하나님과 이웃 사이에서 하나님의 일을 소개하고 하나님과 인간이 화해하도록 자신을 드리는 자이고, 이러한 제사장적 직무가 모든 그리스도인에게 주어졌다는 것이다.

그러나 종교개혁자들이 모든 성도들이 제사장적 리더십을 수행해야 한다고 한 것은 곧 모든 성도들이 교회에서 설교를 하고 성례전을 집전해야 한다는 것을 의미한 것이 아니다. 루터의 경우 모든 성도들이 기본적으로 이 일을 할 수는 있지만, 이를 위해서는 공적인 예배를 집전하고 말씀을 설교할 수 있는 특별한 교육을 받아야 한다고 보았다. 따라서 만인이 제사장이라 함은 모든 성도들이 세상 속에서 제사장적 리더십을 발휘해야 한다는 것이다. 즉 제사장적 리더십이란 세상 속에서 서로에게 하나님의 일을 소개하고, 또한 하나님과 화해할 수 있도록 자신을 드리는 자가 되어야 한다는 것이다.

루터는 '직업'이라는 단어를 독일어로 '베루프(Beruf)', 즉 '부름', 혹은 '소명'이라는 뜻으로 칭하면서, 교회의 사제직만 하나님의 부름(소명)이 있는 것이 아니라 세상 속에서의 직업도 하나님이 그것으로 부르신 직분이라고 보았다. 따라서 하나님이 부르신 직업을 잘 감당하면서 자신이 처해 있는 세상 속에서 서로서로에게 제사장이 되는 것, 이것이 만인제사장직을 감당하는 것이다.

같은 맥락에서 우리는 개혁자들이 '교회'만이 하나님의 통치가 이루어지는 '하나님 나라(Gottes Regiment)'가 아니라, 세상도 하나님의 통치가 구현되는 하나님 나라가 되어야 한다고 보았다는 점을 주목해야 한다. 이들은 어거스틴의 두 왕국 사상에서처럼 하나님의 나라는 하나님이 다스리고 세상나라는 사탄이 다스리는 두 개의 상반된 나라라는 중세적 그림을 그리지 않았고, 오히려 '영의 나라(geistliches Regiment)'라 칭해지는 교회나 '세상나라(weltliches Regiment)'라고 칭해지는 세상, 혹은 국가도 결국은 하나님의 통치가 이루어져야 할 하나님 나라라고 보았다. 따라서 이들은 영의 나라에 목회자를 수급하기 위해 교육이 필요한 것과 동일하게, 세상나라에 하나님의 통치가 이루어지기 위하여 세상나라에서 필요한 모든 직업들, 즉 변호사, 의사, 서기관, 수공업자들을 수급하는 교육이 필요하며, 그들이 세상에서 자신들의 직업을 통해 하나님의 통치를 이루어가도록 하는 것이야말로 하나님 나라를 구현하는 길이라고 보았다.[5]

이와 같은 종교개혁가들의 기독교인됨에 대한 이해는 기독교교육을 보는 새로운 시각, 즉 하나의 새로운 패러다임을 제시하는 것이라고 할 수 있다. 먼저 기독교인됨이 곧 제사장됨을 의미하는 것이라는 입장은 기독교교육이 성도들을 교회의 간섭 아래 머물고 복종하도록 길들이는 행위가 아니라, 그들을 독자적이고 성숙한 신앙인으로 세우고 더 나아가 제사장적 리더십을 수행할 수 있도록 훈련하고 파송하는 통로가 되어야 함을 시사한다. 교회의 교육은 성도를 교회의 일꾼으로 만드는 것이 아니라, 성도들을 세상 속에서 각자의 자리와 직업을 통해서 하나님의 통치를 구현하며, 서로에게 제사장이 되어 살 수 있도록 훈련하는 것에 초점을 맞추어야 한다는 새로운 안목을 제공한다.

그렇게 볼 때, 종교개혁이 제시하는 교육의 패러다임은 신앙영역과 삶의 영역, 사적 영역과 공적 영역, 기독교교육과 일반교육을 구별하는 교육이 아니라, 교회와 세상, 영적 영역과 공적 영역을 모두 아울러 제사장적 리더십을 형성하는 통전적 기독교교육을 지향하는 패러다임이라고 할 수 있다.

4) 부모가 가정의 제사장 역할을 감당해야!

그리스도인이 제사장으로서의 역할을 감당하며 살아가야 할 가장 결정적인 장소는 아마도 가정이라고 할 수 있을 것이다. 가정이야말로 하나님과의 관계를 중재해주고 하나님의 말씀을 전함으로써 영적 구원을 책임져야 할 자녀와 식구들이 있는 곳이기 때문이다. 루터는 교회에 사제들이 있는 것처럼 가정에는 가정의 제사장인 부모(가장)가 있고, 이들은 가정제사장으로서 하나님을 대리하여 자녀와 식구들의 영적 구원과 세상적 안녕을 일차적으로 책임지는 사명을 가졌다고 했다.

루터는 이와 같은 생각으로 중세의 성직자 중심 교육개념으로부터 가정과 부모 중심의 교육개념으로 교육의 중심을 자리옮김했다. 중세에는 성직자가 가정을 이루는 '성례'를 집전할 권리를 가지고 있었고, 그들은 하나님의 대언자로서 가르침의 과제를 하나님으로부터 위탁받았다고 인정되었기에, 그들의 교육적 권위는 부모의 교육적 책임에 우선하는 것이었다.[6] 이에 반하여 루터는 부모야말로 최고의 교육적 권리와 책임을 하나님으로부터 위탁받았다고 했다. 그는 부모의 자녀양육에 대한 권리와 책임은 이미 십계명에 나타나고 있다고 보았는바, "네 부모를 공경하라"라는 계명은 단순히 자녀에게만이 아니라, 부모에게도 주는 것이기도 하다고 보았다. 부모를 공경하라 함은 자녀에게는 부모공경의 계명이지만, 그와 나란히 공경할 만한

종교개혁과 교육개혁

부모가 되어야 한다는 의미를 내포하기 때문이라는 것이다. 그리고 그는 자녀가 공경하는 부모됨의 일차적 조건은 자녀의 교육을 잘 감당하는 것이라고 보았다. 자녀를 바르게 양육하고 교육하는 것 자체가 자녀로 하여금 부모를 공경하게 하는 환경이요 통로가 되기 때문이라는 것이다.

루터는 당시의 중세적 세계관 즉 '영의 나라(geistliches Regiment)'와 '세상나라(weltliches Regiment)', '교회'와 '국가'라는 이중적 세계관의 틀을 가지고 있으면서, 그와 나란히 '가정'을 특별한 하나의 독립된 통치영역으로 보았다. 그것은 그가 가정을 다른 두 영역과 똑같이 '가정나라(Hausregiment)'라고 칭한 것에서 알 수 있다. 여기에서 '나라'라고 칭해지는 독일어 레기멘트(Regiment)는 공간적 나라 개념이 아니라, '다스리다', '통치하다'라는 언어적 개념을 가지고 있다. 그래서 그는 영의 나라는 '성령'이 다스리는 나라이고, 세상나라는 '검'이 다스리며, 가정나라는 '부모'가 다스리는 나라라고 했다. 그리고 각 영역에서 다스림을 수행할 하나님의 대리자 역할을, 영의 나라는 목사, 세상나라는 왕(통치자), 그리고 가정은 아버지가 감당해야 한다고 했다.

그러면서 루터는 아버지가 자녀를 '다스린다'는 것은 곧 자녀를 교육한다는 것을 의미한다고 했다.[7] 그는 독일어의 교육하다라는 단어 '찌엔(ziehen)'이 단순히 무엇을 가르친다는 것이 아니라, 먹을 것과 입을 것을 주고 자녀를 일상에서 보호하고 배려하며 모든 측면에서 '이끈다'라는 의미를 가진 개념이라고 정의했다. 따라서 자녀를 다스린다는 것은 곧 교육한다는 것과 같은 의미라고 보았다. 결국 그에게서 아버지의 가정통치 역할은 자녀를 교육하는 일이 된다.

또한 루터는 하나님이 영의 나라의 목회자에게 성령을 통해 다스리고, 세상나라의 통치자에게는 검으로 다스릴 수 있도록 했다면, 가정의 부모에게는 세상적 다스림의 역할과 영적 다스림의 역할 모두를 주셨다고 했다. 부모는 세상의 통치자가 검으로 세상을 다스려 불의와 악이 판치지 못하도록 하는 것처럼 자녀를 회초리로 다스려서 나쁜 영향으로부터 지키고 보호해야 할 뿐만 아니라, 동시에 영의 나라의 목회자가 말씀으로 다스리는 것처럼 자녀에게 말씀을 가르침으로써 그들의 영적 구원과 성장을 책임져야 한다고 했다. 다시 말해서 루터는 가정을 '세상나라'에만 속해 있는 것이 아니라 '영의 나라'에도 속해 있는 아주 특별한 자리로 보면서, 가정의 부모는 목회자와 통치자의 역할을 다 아우르는 가정제사장의 역할을 해야 한다고 보았다. 그리고 그에게서 가정제사장의 역할이란 바로 '교육'을 통해 수행되는 것이었다.

루터의 이러한 생각은 개신교에 있어서 '가정'과 '부모'의 교육적 지위 및 역할을 교회와 사제에 우선하는 것으로 선포한 개혁적 사고였다고 할 수 있다. 그와 더불어 개신교는 기독교교육의 일차적 책임을 가정과 부모에 두는 교육적 전통을 세우게 된 것이라고 할 수 있다. 루터는 이 같은 맥락에서 교회와 학교는 가정을 보충하는 교육기관의 역할을 한다고 할 정도로, 가정에 교육적 우선순위를 두었다.[8] 더 나아가 그는 하나님이 가정에 세우신 '부모'의 직은 가정을 다스리는 것인바, 이것은 그 무엇보다 자녀를 교육하는 것으로 수행되는 것을 분명히 함으로써, 부모됨의 본질은 교육적 의무와 책임에 있고, 이것은 하나님으로부터 위탁된 것임을 분명히 했다.

5) 가정-교회-학교가 연계해야!

종교개혁은 기독교교육의 가장 핵심적 장을 교회로부터 가정으로 자리 옮김했고, 교육의 일차적 책임이 사제가 아니라 부모, 즉 가정의 제사장에

종교개혁과 교육개혁

게 있음을 천명했다. 그러나 개혁가들이 가정의 교육적 중요성을 강조했다고 해서, 그들이 기독교교육을 가정에만 국한하여 생각했던 것은 결코 아니었다.

(1) 총체적 교육목회를 지향하는 교회

종교개혁은 그 무엇보다 교회의 교육을 개혁한 사건이었다. 종교개혁은 성도들을 교회의 간섭과 보호 아래 머무는 미성숙한 신앙인으로 보지 않고 독자적 신앙인이요 가정과 세상에서 제사장으로 리더십을 수행할 사람으로 이해했기에, 그에 걸맞게 교회의 교육적 패러다임 자체를 전환하지 않으면 안 되는 계기를 마련했기 때문이다. 그래서 루터는 기존의 라틴어 미사를 독일어 미사로 바꾸어 모든 평신도들이 예배를 모국어로 듣고 참여하게 했다. 루터의『독일어미사 *Deutsche Messe*』는 그러한 목적으로 쓰여진 책이었다.9)

또한 루터는 예배뿐만 아니라 청중들이 예배 때 선포되는 말씀을 바로 이해할 수 있도록 "교리문답식 설교(Katechismus predigt)"를 개발했다.10) 로마 가톨릭교회에서 평신도들이 이해할 수 없는 라틴어 설교가 선포되던 것을 과감히 개혁하여 모국어로 말씀을 선포할 뿐만 아니라, 심지어 성도들이 그것을 바로 이해할 수 있도록 돕기 위해서 '교리문답식' 설교 형태를 개발한 것이다. 이것은 종교개혁의 교육적 정신, 즉 맹목적 신앙이 아닌 이해하는 신앙, 앎이 동반되는 신앙을 형성해야한다는 정신이 예배와 설교에도 구체적으로 적용된 결정적인 예라고 할 수 있다.

칼뱅의 경우에도 교회가 어린이부터 성인에 이르기까지 신앙의 기초적 내용인 교리문답 교육의 중요성을 강조했지만, 그는 특별히 성인 성도들을 대상으로 하는 교육에 강조점을 두었다. 그는 교회에서 평신도를 대상으로 "성인 카테쿠메낫(Erwachsene Katechumenat)", "컨그리게이션 (congregation)"과 같은 성인교육을 실시했다. 오늘날 조직신학 교과서의 하나처럼 쓰이고 있는 칼뱅의 『기독교강요』도 성직자뿐만 아니라 성도들에게 기독교 교리를 체계적으로 가르치기 위해 집필되었고, 실제로 그는 이 책을 제네바교회들에서 성인을 대상으로 가르치기도 했다.[11] 칼뱅은 또한 교리적 가르침인 '독트리나(doctrina)'를 가르치는 것에만 머무르지 않고 성도들의 삶을 가르치고 세우는 교육의 중요성을 간파하여 '치리(disciplina)'라는 삶 훈련을 목회 속에서 제도화했다.

루터와 칼뱅에게서 나타나는 교회교육 방향은 개혁교회의 교육이 처음부터 어린이와 청소년만을 대상으로 하는 소위 교회학교식의 교육이 아니었다는 것을 분명히 보여준다. 개혁교회는 성인들이 모두 제사장적 역할을 감당할 수 있도록 바른 신앙, 바른 앎, 바른 삶을 세우는 총체적 '교회목회'를 지향했다. 성인성도들을 대상으로 하는 이 같은 교육은 당연히 그들이 가정에서 자녀들을 가르치고 가정제사장적 역할을 할 수 있도록 세우는 통로가 됨으로써, 그 자체로 일종의 부모교육 기능도 했다고 할 수 있다.

(2) 교회와 세상을 위한 교육의 자리인 학교

이미 언급한 대로 종교개혁은 그 무엇보다 학교교육의 개혁을 가져왔는바, 학교를 소수의 귀족이나 성직희망생의 전유물이 아닌 모든 시민의 것으로 확대했고, 학교의 주무관청을 교회에서 국가로 자리옮김하면서 공교육 개념을 구체화했다. 개혁가들은 단순히 공교육 개념만을 제시한 것이 아니라 실제로 학교를 세우고 운영하는 데 깊숙이 관여했고, 학교교육이나 운영의 규정들, 즉 오늘날로 말하자면 교육법을 직접 제정하기도 했다.[12] 루터의 경우 시의원이나 봉건영주들에게 학교를 세워 국가와 도시의 모든 소년

소녀들이 교육받게 해야 한다는 호소문을[13] 써서 주단위, 시단위로 학교를 설립하는 운동을 벌였고, 실제로 학교의 교과내용으로 성경과 교리문답을 제시하기도 했다. 칼뱅도 제네바에서 활동하는 동안 공교육개념을 바탕으로 제네바의 김나지움(인문계 중고등학교)과 초등학교 개혁에 참여했고, 멜란히톤의 경우 루터와 함께 '김나지움법'을 제정하고, 『감독관 수업』이라는 책을 공동 집필하여 학교교육과 운영의 지침과 방향을 제시하기도 했다.

개혁가들이 이렇게 학교교육에 관심을 기울인 것은 앞서 언급한 대로 종교개혁이 교회에서만 머물렀던 개혁이 아니라, '영의 나라'와 '세상나라' 모두를 개혁하는 운동이었기 때문이고, '학교'야말로 그 둘을 아우르는 교육기관으로 이해했기 때문이다. 개혁가들은 학교를 통해서 성직자뿐만 아니라 국가가 필요한 인재들을 수급하고, 세상 속에서 하나님 나라의 질서를 구현하는 사람들을 배출하기 원했다. 그들에게는 하나님의 통치가 교회만이 아니라 세상에도, 사적 영역만이 아니라 공적 영역에도 구현되어야 했기 때문이다. 그런 의미에서 볼 때, 종교개혁의 교육개념에서는 오늘날과 같은 일반교육과 기독교교육, 세상교육과 신앙교육의 이원화를 찾아볼 수 없다. 종교개혁은 우리에게 영의 나라이든 세상나라이든 하나님의 나라가 되어야 하며, 세속교육이든 교회교육이든 모두 하나님 통치의 실현을 위한 기독교교육이 되지 않으면 안 된다는 교육의 방향을 제시하고 있다. 이것으로써 종교개혁은 우리에게 개혁교회의 기독교교육은 교회만을 위해서가 아니라 사회와 세상 전체에 하나님 나라를 구현하는 교육이어야 한다는 교육전통을 분명하게 제시하고 있는 것이라고 할 수 있다.

이와 같은 사실에서 종교개혁은 '가정'과 '교회'와 '학교'를 기독교교육의 핵심적인 장으로 삼는 전통을 수립했다고 할 수 있다. 종교개혁은 가정을 가장 중요한 신앙교육의 장으로 선포하고 부모들에게 자녀의 신앙교육을 담당하는 일차적 책임이 있는 가정제사장 직을 부여했다. 종교개혁은 또한 교회가 '이해하는 신앙'이 이루어지는 장소로, 그리고 어린이와 청소년들뿐만 아니라 모든 성인들이 독자적이며 제사장적 리더십을 형성할 수 있도록 세워지는 교육이 일어나야 할 곳이라는 새로운 정체성을 획득하도록 했다. 더 나아가 종교개혁은 학교의 문을 모든 사람들에게 활짝 열어놓아, 국가에 태어나는 모든 어린이들과 청소년들이 그곳에서 영의 나라와 세상나라에 하나님의 통치를 구현할 수 있는 사람으로 양육되도록 했다.

또한 종교개혁의 교육개념은 가정과 교회와 학교의 교육이 각각 독립적으로가 아니라 서로 연계되어 하나의 통전적 기독교교육 생태계를 이루어야 한다는 점을 시사한다. 가정이 교육의 일차적 장소로서 삶 속에서 신앙을 형성하는 장소라면, 가정의 신앙교육을 통해 성장한 회중들이 모이는 교회는 신앙공동체의 삶과 공동체적 배움이 나누어지는 곳이다. 교회는 체계적인 신앙 내용의 전수와 예전을 통한 교육이 이루어지는 장소이며, 무엇보다 부모가 가정제사장으로서 세워질 수 있도록 훈련되고 교육되는 장소이기도 하다. 그런 의미에서 교회 없이 가정의 교육이 이루어질 수 없고, 가정 없이 교회의 존립 자체가 불가능하다. 학교는 또한 가정에서 성장한 모든 성장세대들이 영의 나라와 세상나라에 하나님의 통치를 구현하는 사람으로서 교육되는 장소이다. 학교를 통해서 영의 나라인 교회의 지도자들이 배출되고, 또한 세상 가운데에서 제사장적 리더십을 가지고 하나님께서 부르신 직업을 수행할 사람들이 배출된다. 종교개혁은 가정과 교회와 학교가 서로 연계할 때에만 세상 속에서 하나님의 통치를 구현하는 온전한 교육이 될 수 있음을 분명히 보여준다.

이 같은 사실을 바탕으로, 오늘날 우리의 교회가 개혁교회 전통에 접목하여 있다면, 우리의 기독교교육은 가정과 교회와 학교 중 어느 한 곳도 소흘히 하지 말고 진정한 기독교교육의 장이 되도록 해야 할 뿐 아니라, 그들 간의 생동적이고 역동적 연계를 통해서 이 세상 온누리에 하나님의 통치를 구현하는 교육을 감당해야 한다는 것을 알 수 있다.

6) 종교개혁의 통전적 기독교교육 패러다임

위에서 우리는 종교개혁이 왜 교육의 개혁일 수밖에 없는지를 살펴보았다. 종교개혁은 성도들에게 '바른 앎을 동반하는 신앙', '이해하는 신앙'이 중요함을, 그리고 그것을 위해서는 교육이 필수불가결함을 분명히 함으로써 '교육의 필요성' 자체를 새롭게 천명한 운동이었다. 또한 종교개혁은 하나님의 계시의 장소를 교회로부터 개인에게로 자리옮김함으로써 모든 이들이 하나님의 말씀을 읽을 수 있도록 '모든 이를 대상으로 하는 교육'의 개념을 제시했다. 더 나아가 종교개혁은 성직자만이 아니라 예수를 믿는 모든 이들이 제사장이며, 세상 속에서 제사장적 리더십을 수행하는 사람이 되는 일에 교육이 기여해야 함을 분명히 했다. 종교개혁은 또한 부모의 '가정제사장' 역할이야말로 만인제사장의 요체이며, 그것의 핵심에 교육이 있음을 밝혔고, 가정과 교회와 학교가 통전적 교육생태계로서 서로 연계하는 것이야말로 개혁교회의 교육전통임을 분명히 했다.

이 같은 점을 보았을 때, 종교개혁의 교육 패러다임은 한 마디로 '통전적 기독교교육 패러다임'이라 부를 수 있겠다. 종교개혁의 교육개념은 성직자만이 아니라 모든 사람들, 어린이만이 아니라 성인을 모두 아우르는 '교육 대상의 통전성', 교회만을 위한 교육이 아닌 세상 전체를 위한 교육이라는 '교육목적의 통전성', 가정, 교회, 학교를 아우르는 '교육의 장의 통전성', 신앙교육뿐만 아니라 일반교육을 모두 기독교교육의 우산 아래 아우르는

'교육내용의 통전성'이라는 통전적 기독교교육 패러다임을 제시하고 있다.

　종교개혁의 이와 같은 '통전적 기독교교육 패러다임'은 왜 종교개혁이 '교육생태계' 자체를 개혁했는지에 대한 답이 된다. 중세적인 교회 중심의 교육패러다임을 가지고는 종교개혁의 정신을 담을 수 없기에, 가정과 교회와 학교와 사회 전체를 교육이 일어나야 할 생태계로 재규정하고, 또한 그들을 서로 간의 유기적 상호작용이 일어나는 교육생태계로 세우는 것으로부터 시작하지 않을 수 없었던 것이다. 그런 의미에서 종교개혁이 '교육개혁'이라는 것은 단순히 '말씀을 가르치는 방법', 혹은 '어린이를 지도하는 방법'과 같은 미시적인 차원의 변화를 시도한 것이 아니라, 보다 근본적으로 교육이 무엇을 위한 것인지, 누구를 대상으로 하며, 어디에서 이루어져야 하는지를 전반적으로 재규정한 것이기에, 그것은 '교육개혁'이라고 불리기에 충분한 것이다. 종교개혁을 개혁이라고 부르는 것처럼….

3. 종교개혁을 통해서 본 오늘의 기독교교육 개혁의 과제

　오늘날 한국 교회가 스스로를 개신교라고 칭한다는 것은 곧 스스로 종교개혁의 전통에 서 있는 교회라는 것을 천명하는 것이며, 따라서 종교개혁의 기독교교육적 전통에도 접목해 있다는 것을 인정하는 것이기도 하다. 이 말은 우리의 교회는 언제나 다시금 스스로를 종교개혁의 기독교교육적 전통에 비추어 보면서 스스로의 정체성을 다시금 확인해야 할 뿐 아니라, 우리의 기독교교육적 현 주소와 앞으로의 방향을 모색해야 하는 교회라는 것을 뜻하는 것이기도 하다. 그런 의미에서 우리가 위에서 살펴본 종교개혁의 교육적 패러다임에 오늘날 한국 교회의 기독교교육 패러다임을 비추어 보는 일은 곧 그 자체로 오늘날 한국 교회의 현주소를 살피는 일이며, 앞으로 개혁의 방향을 모색하는 일이 되는 것이다.

1) 교회학교에서 교육목회로

우리는 앞에서 종교개혁의 교육패러다임이 교육을 소수의 특권층이나 성직 희망생의 전유물이 아닌 모든 사람의 것으로 천명했고, 또한 어린이와 청소년만을 대상으로 하는 것이 아니라 모든 성인들이 제사장적 리더십을 실천하기 위해서 지속적으로 교육의 대상이 되어야 한다는 '교육대상의 통전성'을 천명했다는 것을 살펴보았다.

종교개혁의 이러한 '교육대상의 통전성'에 오늘날 한국 교회의 기독교 교육을 비추어 볼 때, 무엇보다 먼저 깨닫게 되는 것은 한국 교회의 교육을 대표하는 '교회학교'의 형태가 개혁교회의 전통과 다르다는 것이다. 오늘날 한국 교회의 교회학교는 18세기 말 영국에서 시작된 '주일학교운동 (sundayschool movement)'이 미국을 통해 들어온 것으로서, 주로 어린이와 청소년을 대상으로 하는 '교회 안의 학교'와 같은 교육 형태이다. 즉 교회학교는 '학교'교육을 교회 안에 이식하여, '수업'이라는 형태로 '객관적 지식'을 중점적으로 매개하는 신앙교육 유형이다. 주일학교는 지난 130여 년간 한국 교회의 성장과 교육에 많은 기여를 했지만, 그와 별개로 신앙공동체 전체의 삶과는 분리되고, 또한 지식 중심으로 교육한 탓에 통전적 신앙형성에는 한계를 가진다는 비판을 받아왔다.

그러나 종교개혁은 주일학교운동이 시작되기 훨씬 전에 우리의 개혁교회가 다른 교육의 형태를 가지고 있었다는 점을 보여준다. 종교개혁은 어린이와 청소년만을 대상으로 하는 교육이 아니라 모든 성도들이 믿는바 신앙의 내용을 분명히 알도록 할 뿐만 아니라, 교회와 가정과 사회 속에서 제사장적 리더십을 실천하도록 하기 위하여 지속적으로 훈련하고 교육하는 전통을 수립했던 것이다. 또한 종교개혁은 모든 성도들이 단순히 신앙의 내용을 지적으로 매개하는 학교식의 수업이 아닌, 예배와 설교와 삶을 훈련(disciplina)하는 통전적 기독교교육 전통을 수립했다. 이와 같은 종교개혁의 교육개념은 개혁교회가 '교회학교 중심의 학교식 교육(schooling)' 이전에 목회 전체를 교육적으로 아우르고 기획함으로써 모든 성도들로 하여금 통전적 신앙성장을 이루게 하는 "교육목회"의 전통을 가지고 있었음을 분명히 보여준다.

이것이 우리 한국 교회에게 주는 도전은 무엇인가? 한국 교회가 종교개혁의 전통에 접목하여 서 있는 교회라면, 우리는 교회의 교육을 '교회학교'에 국한하여 볼 것이 아니라 교육목회의 관점에서 보고 목회 전체를 교육적으로 기획하고 실천하는 교회가 되어야 한다는 도전을 받는다. 교육은 교육전도사나 교육목사만의 과제가 아니라, 모든 목회자의 핵심적 관심이어야하고, 목회의 모든 영역을 아우르고, 모든 활동에서 지향해야 할 핵심 관심이 되어야 한다는 도전을 받는다. 종교개혁의 교육개념은 교회의 교육이란어린이와 청소년만을 대상으로 교육관에서만 이루어지는 것이 아니라, 교인 전체, 성도 전체가 궁극적으로 세상 속에서 제사장적 리더십을 발휘하면서 살 수 있도록 다각도로 훈련하고 세우는 교육목회가 되어야 한다는 도전을 우리에게 주는 것이다.

2) 사사(私事)화로부터 공공성의 교육으로

우리는 앞에서 종교개혁이 '영의 나라'만을 위해서가 아니라 '세상나라',

종교개혁과 교육개혁

즉 국가와 사회 안에서 하나님의 통치가 이루어지기 위하여 학교가 필요하다고 보았고, 이것은 종교개혁의 '교육목적의 통전성'으로 나타난다는 점을 살펴보았다. 이 같은 맥락에서 종교개혁은 '공교육개념'을 제시했는바, 중세의 교육이 '종교'라는 영역에 머물렀거나, 소수의 특권층을 위해 머물렀다면, 종교개혁은 그를 넘어서서 '공공성'을 포괄하는 교육개념으로 전환했다고 할 수 있다.

이러한 종교개혁의 교육개념이 오늘날 한국 교회에게 도전하는 것은 무엇인가? 그것은 오늘날 우리의 교육이 단순히 개인의 신앙성숙과 성화에 국한될 것이 아니라, 이 사회와 온누리에 하나님 통치를 구현하는 목적을 지향하는 교육이 되어야 한다는 도전을 준다. 즉 종교개혁은 개혁교회의 기독교교육이 그 무엇보다 '세상을 염려하는 교육'이 되어야 한다는 도전을 주는 것이다. 이것이 의미하는 것은 기독교교육의 궁극적 목적은 성도들을 교회에 순종하게 하고 교회에 머물러 있게 하는 것이 아니요, 교회를 성장시키고 교세를 확장하는 것에 있는 것도 아니라는 것이다. 기독교교육은 성도들이 세상으로 가서 그곳에서 제사장이 되도록 하는 것, 즉 성도들을 세상의 한 복판에서 목회적 소명을 수행하는 제사장으로 양육하고 세우는 것에 기독교교육의 목적이 있다는 것이다.

이 같은 점에서 오늘날 한국 교회의 평신도교육을 비추어 볼 때, 한국 교회는 지금까지 '교회 안'에서 열심을 내는 평신도를 키우는 일에는 관심을 쏟았으나, 세상에서 하나님의 나라를 구현하는 제사장으로 살도록 하는 교육에는 관심을 기울이지 않았다는 것을 돌아보게 한다. 이것은 한국사회 속에서 신뢰를 상실하고 있는 한국 교회의 오늘의 모습에서 단적으로 드러난다. 한국의 기독교는 마치 게토처럼 교회 안에서의 종교가 되었고, 사회의 신뢰를 얻고 사회를 변화시키는 데 실패했다. 종교개혁의 기독교교육은 한국 교회가 사사화에서 머물지 말고 공공의 영역으로 나아가고, 모든 성도들이 세상의 한복판에서 제사장적 역할을 감당하는 성도로 훈련되는 통로요 모판이 되지 않으면 안 된다는 것을 도전한다.

3) '부모'에서 '부모제사장'으로

앞에서 우리는 종교개혁의 교육패러다임은 가정과 교회 그리고 학교를 아우르는 '교육의 장의 통전성'을 표방한다는 점을 살펴보았다. 이 개념 안에서 우리가 무엇보다 먼저 주목해야 할 것은 종교개혁이 '가정'을 교육의 장소로, 부모를 가정의 제사장으로서 선포하면서 그 일을 자녀교육을 통해서 수행할 것을 촉구했다는 것이다. 그러나 우리는 또한 종교개혁이 가정제사장을 가정만의 문제로 이해한 것이 아니라, 교회와의 연계 속에서 보고 있다는 것 또한 살펴보았다. 종교개혁의 교육개념 안에서 교회의 교육과 훈련은 그 자체로 성도들이 가정제사장으로서의 교육적 사명을 다 할 수 있도록 세움 받는 통로였으며, 따라서 교회의 모든 삶의 활동은 그 자체로 일종의 '부모교육'의 역할을 했다. 교회는 가정을 세우고, 가정은 또한 역으로 교회를 살아있는 유기체로 세우는 기초 세포가 되고, 더 나아가 사회가 하나님의 통치가 구현되는 기반이 되도록 하여 교회와 가정과 사회 전체가 서로 연계하여 생명이 살아가는 '생태계'의 역할을 하도록 하는 것이 종교개혁의 교육정신이다.

이와 같은 사실에 오늘날 한국 교회의 교육을 비추어 보자. 가정은 교육생태계의 가장 기초적인 세포와 같고, 부모는 자녀교육을 통해 가정을 세우는 제사장과 같은데, 오늘날 한국 교회는 가정 없는 교회, 부모를 잊은 학교식 교육의 전당이 되고 있지 않은가? 오늘날 우리의 기독교 가정은 부모라는 이름은 있지만 부모제사장의 역할은 없는 비기독교 가정과 다를 것이 없지는 않은가? 부모가 자녀의 신앙을 염려하거나 영적 구원을 염려하기보다는 세상에서의 성공을 염려하고, 가정을 다스리는 영적 제사장 역할을 하기보다는 세상의 가치가 다스리도록 하는 통로의 역할을 하고 있지는 않은가? 오늘날 한국 교회는 '다음세대' 교육이라는 단어를 그토록 입에 올렸지만, 다음세대 교육을 위해서 무엇보다 먼저 해야 할 일, 가정과 가정제사장을 세우는 일에 얼마나 최선을 다했는가?

혹자는 종교개혁이 일어났던 중세 말기의 상황과 세속화된 오늘날의 상황이 다를 수 있다고 말할지도 모른다. 그러나 어쩌면 당시 상황은 우리의 현재보다 더 어려웠을 수도 있다. 이미 언급했지만 당시는 소수의 사람들을 제외하고는 대부분의 사람들이 학교에 다니지 못한 채 부모가 되었고 그래서 문맹률 또한 매우 높았다. 당시 로마 가톨릭교회는 단지 교회에 소속되었다는 것만을 구원의 조건으로 보고, 성도들을 독자적인 신앙인으로 훈련하는 교육구조를 형성하지 못했다. 그러한 상황에서 개혁자들은 '부모제사장'이라는 당시로서는 상상할 수 없는 개혁적 개념을 제시한 것이다. 어려운 상황이 개혁을 방해하는 것이 아니라, 우리의 변하지 않는 생각이 개혁을 방해한다. 종교개혁은 한국 교회의 기독교교육이 그 무엇보다 가정을 세우고, 부모를 '가정제사장'으로 세우는 일로부터 다시 시작해야 함을 도전한다. 그것으로부터 교회와 가정이 연계하고 학교와 사회 전체가 진정 생명을 살리는 생태계가 될 수 있기를 종교개혁은 우리에게 도전한다.

4) 교회는 기독교학교를 포기하지 말아야

앞에서 우리는 종교개혁의 "교육내용의 통전성"을 분석함으로써 종교개혁의 기독교교육은 신앙교육뿐만 아니라 세속교육(일반교육)도 신앙교육의 우산 아래서 포괄한다는 입장을 살펴보았다. 종교개혁은 단지 신앙교육적 내용을 전수하는 교육이 아니라, 세상에서 직업을 갖고 살아가는 과정에서도 하나님의 통치를 구현하는 제사장적 역할을 수행하도록 돕는 기독교교육을 지향하기 때문이다.

이와 같은 종교개혁의 '교육내용의 통전성', 즉 '일반교육을 포괄하는 기독교교육' 개념은 그 무엇보다 오늘날 우리가 "기독교학교를 포기하면 안 된다."는 것을 도전한다. 오늘날의 사회, 특별히 한국사회와 같이 세속교육과 신앙교육이 이분화된 사회는 우리에게 '신앙교육은 교회에서 세속교육은 학교에서 이루어지는 것'이라는 입장을 당연한 것으로 강요한다. 그러나 종교개혁의 전통은 우리에게 결코 그렇지 않다는 것을 보여준다. 종교개혁은 그 자체로 학교개혁이라고 할 정도로 학교를 교회교육의 최중심에 놓았던 운동이다. 그것은 교회가 세상에 대한 관심을 버릴 수 없다는 것을 표현하는 운동이었다. 그것은 학교를 통해 세상의 인재들을 공급하고, 국가 안에서 하나님의 질서가 구현되도록 어린이와 청소년에게 인성교육을 하는 것을 교회의 핵심적 과제로 삼았던 운동이었고, 그러한 종교개혁의 학교운동이 결국 당시 사회 전반의 변화를 가져왔던 것이다.

그러한 관점에서 우리는 한국 교회가 선교 초기에 기독교학교를 세우고 사회에 기독교적 지도자를 배출하여 그들이 이 사회를 세워나가는 데 곳곳에서 영향을 미치게 했던 것을 기억할 필요가 있다. 오늘날 한국 교회가 한국사회로부터 신뢰를 잃은 것은 기독교학교가 약화된 현상과 무관하지 않고, 우리의 기독교교육이 신앙교육과 교회 안에만 국한된 교육으로 축소된 것과 무관하지 않다.

종교개혁적 전통은 '교회 옆의 학교'라는 모토를 따라 교회가 학교에 관

종교개혁과 교육개혁

심을 기울이고, '세상을 염려하는 교회'가 되어야 하며, 따라서 한국의 교회가 기독교학교를 포기해서는 안 된다는 것을 도전한다. 그것은 오늘날 우리 사회에서 거의 공교육화 되어버린 '미션스쿨들에 대한 관심을 다시 회복할 것'을 촉구하며, 더 나아가 교회들이 기독교 대안학교들을 수립하여 기독교적 성품으로 사회 속에서 제사장적 리더십을 실천하며 살아갈 인재들을 양성할 것을 도전한다. 종교개혁은 우리에게 세상의 한복판에서, 각자의 직장에서 사회에서 가정에서 제사장으로 살아갈 사람을 키우는 것이 그 어떤 것보다 한국 교회의 과제라는 것을 도전한다.

4. 나오는 말

'생태계'란 생명이 살 수 있는 전체 조직을 말한다. 그 전체 조직 안의 모든 것들이 살아 있는 상호관계를 형성하고 이 살아있는 상호관계로 인하여 생명이 살 수 있는 환경과 구조가 될 때, 우리는 그것을 '생태계'라 부른다. '생태계'를 '사태계(!)'라 부르지 않는 것은 그 안에 모든 것들이 살아 있는 상호작용을 함으로써 결국 생명이 살 수 있는 자리가 되기 때문이다.

그런 의미에서 우리는 종교개혁가들이 단순히 교리문답 교육의 방법이나 성경을 가르치는 방법과 같은 미시적 문제들에만 관심을 기울인 것이 아니라, 보다 근본적으로 누가 교육의 대상이 되어야 하는지, 무엇이 교육의 목적인지, 그리고 어디가 교육의 장이 되어야 하는지를 고민하고, 그들이 꿈꾸는 교육이 일어나야 할 교육생태계 자체를 새롭게 세우는 것에 관심을 기울였던 이유를 이해할 수 있다. 결국 교육생태계가 교육하기 때문이다. 종교개혁을 '교육개혁'이라고 부르는 것은 바로 이 교육생태계, 즉 교육이 일어나는 기반부터 새롭게 한 사건이기 때문이다.

오늘날 우리 교회가 스스로를 개신교라 부른다는 것은 우리가 종교개혁의 전통에 접목하여 있다는 것, 그리고 그것을 언제나 다시금 기억하겠다는 것을 선언하는 것이라고 할 수 있다. 그런 의미에서 우리가 종교개혁을 기억하는 일은, 무엇보다 먼저 종교개혁의 기독교교육 전통에 비추어서 우리 기독교교육의 현재와 앞으로의 방향을 비추어 보는 것이 되어야 할 것이다. 그러나 그것보다 먼저 근본적으로 우리의 기독교교육 생태계를 돌아보고 다시 살리는 일, 즉 교육이 일어나는 기반부터 새롭게 하는 것이야말로 500주년을 맞은 이 시점에서 우리가 종교개혁을 제대로 기억하는 방법이 될 것이다.

주 ————————————————————————————————————

1) J. Calvin, *Christliche Unterweisung. Der Genfer Katechismus* 1537, Guetersloh, 1978.

2) 양금희, 『종교개혁과 교육사상』 (한국장로교출판사, 1999), 69 이하.

3) WA 6, 370, 24-28

4) WA 7, 38.

5) M. Luther, "Eine Predigt, dass man Kinder zur Schule halten solle", WA.

6) Klaus Petzold, *Die Grundlagen der Erziehungslehre im Spaetmittelalter und bei Luther*, Heidelberg, 1969, 70.

7) Ivar Asheim, *Glaube und Erziehung bei Luther*, (Heidelberg, 1961) 44

8) Ivar Asheim, *Glaube und Erziehung bei Luther*, (Heidelberg, 1961),

9) M. Luther, *Deutsche Messe*, WA.

10) M. Luther, Katechismuspredigt, WA.

11) Reinhold Hedtke, *Erziehung durch die Kirche bei Calvin, Der Unterweisungs- und Erziehungsauftrag der Kirche und seine anthropologischen und theologischen Grundlagen* (Heidelberg, 1969), 103.

종교개혁과 교육개혁

12) 양금희, 『종교개혁과 교육사상』 (한국장로교출판사, 1999), 66.

13) M. Luther, "An die Ratsherren aller Staedte deutschen Lands, dass sie christliche Schulen aufrichten und halten sollen", WA 15ff; "An den christlichen Adel deutscher Nation von des christlichen Standes Besserung"(1520), WA, 6, 404-465; "Eine Predigt, dass man Kinder zur Schule halten solle"

다시 개혁으로! – 한국 교회 위기에 대한 기독교교육적 진단

* * *

1. 들어가는 말

기독교교육학에서 한국 교회의 위기를 진단할 때, 일반적으로 '교회학교'의 위기를 떠올리게 된다. 물론 아래에서 자세히 살펴보겠지만 한국의 교회학교는 수에서나 내용적 면에서 위기적 증후들이 곳곳에서 나타나고 있다. 요즘 '어린이가 없는 교회', '교회학교가 사라지고 있다'와 같은 말들이 회자되는 데서 알 수 있듯이 교회학교의 위기에 대한 체감온도는 그야말로 뜨겁다.

그렇지만 우리의 교회학교의 위기는 단순히 교회학교와 관련하여 발생한 것이기보다는 한국 교회가 전반적으로 안고 있는 위기적 증후군과 함께 생긴 현상이며, 우리 사회의 '저출산 고령화' 현상과도 맞물려 있는 현상이

종교개혁과 교육개혁

라고 할 수 있다. 예를 들어서 예장통합 교단에서 최근 발표한 보고서에 따르면 소속된 전체 교회(8,383개) 중 유치부가 없는 교회의 비율이 무려 51%라고 집계했다.[1] 그런데 유치부가 없다는 것은 단순히 교회학교만의 문제가 아니다. 이것은 우리 사회의 저출산 현상과 어린 자녀를 둔 부모의 신앙적 상태, 더 나아가 우리 교단 교회의 50% 이상이 교회학교를 운영할 수 없을 정도로 작은 교회들이라는 현실과 복합적으로 얽혀있는 문제이다. 따라서 51%의 교회에 유치부가 없다는 조사결과를 단순히 교회학교의 문제로만 해석하는 것에는 무리가 따른다.

오히려 교회학교와 관련하여 이루어진 여러 연구들은 교회학교의 문제는 그래도 교회와 그 교회가 자리하고 있는 사회 전반의 상황, 즉 교육이 일어나는 '교육생태계' 전체의 문제와 긴밀하게 연결되어 있다는 것을 다각도로 말해준다.[2] 따라서 교회교육의 위기를 바로 이해하기 위해서는 한국 교회 자체가 직면하고 있는 위기적 현상들을 함께 보아야 하고, 또한 역으로 교회학교의 위기적 현상은 한국 교회의 위기를 통전적으로 설명할 수 있는 또 하나의 통로가 될 수도 있는 것이다.

2. 한국 교회 위기 현상들

최근 한국 교회의 위기에 대한 진단 및 토론들이 눈에 띄게 두드러지는 것은 한국 교회가 실제로 위기를 체감하고 있다는 단적인 증거라고 할 수 있다. 이 장에서는 무엇보다 먼저 그와 같은 토론들에 나타나는 한국 교회 위기 현상의 결정적 요인으로 지목되는 '기독교인의 수적 감소' 현상을 구체적으로 살펴보고, 또한 그 같은 토론들에서 공통적으로 나타나는 침체의 원인을 찾아보도록 하자.

1) 수적 침체

한국의 종교인 통계로 가장 권위 있는 통계청의 전수조사 인구센서스 결과는 현재 2005년까지만 발표되었다.[3] 통계청은 매 10년마다 조사를 갱신하는 관례상 2016년 이후가 되어야 2015년까지의 내용이 발표될 예정이다. 따라서 2005년까지의 조사내용을 근거로 하여 종교인비율변화를 도표로 나타내 보면 〈표 II-2-1〉과 같다.[4]

〈표 II-2-1〉 연도별 (총인구 수 대비) 종교인 비율 변화

(통계청, 단위_ 명, (%))

	1985		1995		2005	
	인구	총인구대비	인구	총인구대비	인구	총인구대비
총인구	40,419,652	(100.0)	44,553,710	(100.0)	47,041,434	(100.0)
종교 있음	17,203,296	(42.6)	22,597,824	(50.7)	24,970,766	(53.1)
개신교 인구	6,489,282	(16.1)	8,760,336	(19.7)	8,616,438	(18.3)
천주교 인구	1,865,397	(4.6)	2,950,730	(6.6)	5,146,147	(10.9)
불교 인구	8,059,624	(19.9)	10,321,012	(23.2)	10,726,463	(22.8)
기타	788,993	(1.9)	565,746	(1.3)	481,718	(1.0)

위의 표에서 개신교의 인구는 1995년(19.7%) 이후 감소하기 시작하여 2005년에는 국민의 18.3%에 해당하는 860만여 명에 달하는 것을 볼 수 있다. 눈에 띄는 것은 개신교가 그간 1.4% 감소한 것에 비하여, 천주교 인구는 1995년 295만여 명(6.6%)에서 2005년에는 10.9%에 해당하는 515만여 명으로 대폭 증가한 것이라고 할 수 있다.

최근에 이루어진 전국규모 표본조사로는 글로벌리서치의 〈2013년 한국인의 종교생활과 의식조사〉와 한국갤럽의 〈한국인의 종교 1984-2014〉를 들 수 있다. 전자는 '한국목회자협의회'가 글로벌리서치에 의뢰

종교개혁과 교육개혁

해 이루어진 조사이고, 후자는 1984년 이래 30년간 지속적으로 수행되는 한국인의 종교분포에 관한 조사이다.

　〈2013년 한국인의 종교생활과 의식조사〉에 의하면 2012년 현재 우리나라의 종교별 현황은 개신교(22.5%), 불교(22.1%), 천주교(10.1%), 기타 종교(0.5%)로 나타나고 있다.[5] 특이한 점은 통계청의 2005년 조사 이후 개신교 인구의 현격한 감소가 예상되었지만, 이 자료는 오히려 2004년 대비 0.9% 상승한 수치를 나타내고 있다는 것이다. 특별히 눈에 띄는 것은 불교도의 현격한 감소현상인데, 불교도는 2012년에 전 국민의 22.1%로 감소하여, 2004년(26.7%) 대비 4.6%의 감소를 나타내고 있다. 또한 천주교의 경우 지속적 증가 추이(7.5%-8.2%-10.1%)를 나타내고 있는 것을 볼 수 있다. 각 종교인구의 분포도를 표로 나타내면 〈표 II-2-2〉와 같다.

〈표 II-2-2〉 종교별 분포도[6]

(글로벌리서치, 단위 : %)

	1998년	2004년	2012년
개신교	20.7	21.6	22.5
불교	23.5	26.7	22.1
천주교	7.5	8.2	10.1
비종교인	47.2	43.0	44.9

　반면 〈표 II-2-3〉에서 보는 바와 같이, 2015년에 발표된 한국갤럽의 〈한국의 종교인구 분포〉에[7] 의하면 2014년 현재 개신교 인구는 전체의 21%이고 2004년도와 동일한 비율을 유지하고 있는 것으로 나타났다. 1984년 이후의 증감 추이는 17%(84) - 19%(89) - 20%(97) - 21%(04) - 21%(14)로서 2004년 최대인 21%에 도달한 후로는 정체되어 있는 현상을

볼 수 있다. 2014년 현재 한국의 종교인구 분포는 불교 22%, 개신교 21%, 천주교 7%로 나타났다.[8]

한국갤럽의 조사결과는 통계청의 결과와 비교해볼 때, 무엇보다 2004년 천주교의 비율이 7%로 통계청의 결과인 10%와 큰 폭의 차이를 보이고 있다. 어쨌든 갤럽의 조사로부터 우리가 주목해야 할 것은 2004년에서 2014년까지 10년간 개신교의 인구수는 21%로 변동이 없다는 것이다. 큰 폭으로 떨어질 것이라던 예측은 틀린 것이었다.

〈표 II-2-3〉 한국의 종교 인구 분포

(한국갤럽, 1984-2014)

		사례수 (명)	불교	개신교	천주교	기타종교	비종교인 (종교없음)
	1984년	1,946	19	17	6	3	56
	1989년	1,990	21	19	7	2	51
	1997년	1,613	18	20	7	1	53
	2004년	1,500	24	21	7	1	47
	2014년	1,500	22	21	7	0	50
성별	남성	743	20	18	5	0	56
	여성	757	24	24	8	0	43
연령별	19-29세	266	10	18	3	−	69
	30대	291	11	20	7	0	62
	40대	326	21	20	9	0	49
	50대	295	32	23	5	0	40
	60세 이상	322	35	24	8	0	32
직업별	농/임/어업	27	−	−	−	−	−
	자영업	199	27	19	9	0	45
	블루칼라	368	21	23	5	1	50
	화이트칼라	375	15	19	9	−	57
	가정주부	345	30	25	5	0	39
	학생	109	9	16	4	−	70
	무직/은퇴/기타	79	28	21	3	−	48

종교개혁과 교육개혁

2005년도 이후의 연구들은 표본조사로 이루어졌다는 점을 감안하고 표집대상의 크기가 한국갤럽은 1,500명 그리고 글로벌리서치의 경우는 5,140명으로 전수조사를 하는 통계청의 조사와는 오차구간이 크다는 점을 감안할 필요가 있겠지만, 두 조사 모두 개신교 인구에서 큰 폭의 감소현상은 나타나지 않고 있다는 점을 분명하게 보여주고 있다.

위의 세 조사들이 전국의 종교인과 비종교인들을 대상으로 하는 조사를 통해 개신교 인구를 측정하는 조사였다면, 개신교 각 교단의 총회에서 집계된 교세수를 통해서도 가늠해 볼 수 있다. 〈뉴스앤조이〉가 2014년 9월에 있었던 6개 교단 총회보고서를 토대로 지난 10년간 교세변화를 정리하여 보도한 내용은 〈표 II-2-4〉와 같다.[9]

〈표 II-2-4〉 6개 교단의 교인 수 추이

교단 연도	예장합동	예장통합	감리회	예장고신	기장	예장합신
2004	2,508,451	2,489,717	1,491,754	436,443	336,095	128,711
2005	2,716,815	2,539,431	1,507,994	464,865	337,188	137,449
2006	2,818,092	2,648,852	1,534,504	501,036	337,327	144,974
2007	2,912,476	2,686,812	1,557,509	474,047	337,570	147,415
2008	2,896,967	2,699,419	1,563,993	464,799	327,903	105,241
2009	2,936,977	2,802,576	1,587,385	464,515	317,886	151,507
2010	2,953,116	2,852,311	1,586,063	466,379	311,212	156,508
2011	2,988,553	2,852,125	1,585,503	482,488	305,953	153,361
2012	2,994,873	2,810,531	1,557,692	481,032	297,752	154,709
2013	2,857,065	2,808,912	1,486,215	472,717	289,854	152,316
합계	28,583,385	27,190,686	15,458,612	4,708,321	3,198,740	1,432,191

〈표 II-2-4〉는 한국 개신교의 다수 교단인 6개 교단 모두 교세가 하락하고 있다는 것을 나타낸다. 예장합동은 2012년에, 예장통합은 2010년, 감리회는 2009년에, 예장고신은 2011년, 기장은 2007년, 예장합신은 2010년에 교세의 정점을 찍고 모두 하락세를 나타내고 있다. 이 하락세는 물론 완만하지만, 중요한 것은 6개 교단 모두 하락세를 나타내고 있다는 것이다.

앞의 전국 규모의 조사들과 교단별 통계자료들에서 공통적으로 확인되는 분명한 사실은 오늘날 한국의 개신교는 성장을 멈추었거나 감소하는 추세에 있다는 것이다. 한국 교회는 1978년, 1979년, 1980년에 기적과 같은 연 100만 명의 성장을 경험하기도 했지만,[10] 그러한 성장은 이제 멈추었고, 이제는 현상을 유지하는 단계에 들어섰다고 할 수 있다. 즉 한국 교회는 이른바 "성장이후(post-growth)" 시대에 들어섰다고 볼 수 있다.

물론 이 같은 현상은 '성장의 관점'에서 보면 위기이다. 그러나 한국 교회가 '관점' 자체를 전환해야 하는 때라는 것을 말해주는 강력한 사인이기도 하다. 위기(crisis)라는 단어가 헬라어 '크리나인(κρινειν)' 즉 '가르다'라는 단어에서 비롯되었음을 고려하면, 지금의 수적 정체는 한국 교회가 이제껏 유지해왔던 '성장패러다임'에서 벗어나 '성장 이후 패러다임'으로 새롭게 시작해야 할 시기라는 것을 말해주는 강력한 메시지가 되는 것이다.

2) 한국 교회 침체의 요인들

한국 교회가 수적 성장을 멈춘 '성장 이후'의 시대에 들어섰고, 이제 우리는 성장의 관점이 아니라 성장 이후의 관점으로 패러다임을 전환해야 한다는 점을 인정한다 하더라도, 그것이 우리에게 '왜 한국 교회가 성장을 멈추었는지'에 대한 질문과 반성의 의무를 면해 주는 것은 아니다. 따라서 우

종교개혁과 교육개혁

리는 먼저 최근 이루어진 논의들을 중심으로 한국 교회 침체의 원인을 진단할 필요가 있겠다.

(1) 경제성장

한국 교회의 침체 원인에 대한 다양한 논의 중 가장 눈에 띄는 것은 한국의 '경제발전'이다.[11] 이원규는 1960년대 이후 한국 교회가 급속도로 성장할 수 있었던 결정적 원인은 한국 교회의 '신앙적 역동성'으로, 무엇보다 '부흥운동', '성령운동', '전도운동', '신앙운동'이 성장을 가져왔다고 했다.[12] 그러나 1995년 이후 기독교인구가 줄어든 것은 한국 교회의 부흥운동과 성령운동이 더 이상 활력을 띠지 않은 것에서 기인하는데, 그 원인은 한국 사람들의 경제수준, 교육수준 그리고 복지수준의 향상에 있다고 진단하고 있다.[13] 그는 경제가 성장하면 사람들의 가치관에도 변화가 생기는바, 경제적 여유와 더불어 사람들이 사회적 심리적 여유를 얻게 되고, 그것이 결국 종교 이외의 것, 즉 '인생을 즐기는 것'에 더 관심을 쏟게 만든다고 했다. 이병선도 한국 교회의 성장둔화 현상의 요인으로 한국사회의 급격한 사회구조 변화, 즉 중산층이 증가하고 노동자의 경제적 지위가 향상된 것과 이를 통해서 가난한 사람들의 상대적 박탈감이 해소되거나 보상된 것이 이들로 하여금 종교생활에 대한 절실함을 약화시키는 데 결정적 기여를 했다고 했다.[14]

이 같은 설명이 어느 정도 설득력을 갖는 것이 사실이지만, '왜 그러면 우리나라 종교인구 총수는 줄어들지는 않았는지', 그리고 그럼에도 불구하고 '가톨릭의 성장은 왜 일어났는지'에 대해서도 설득력 있는 답을 주는 것은 아니다. 경제적 성장이 종교생활에 대한 절실함을 약화시킨다면, 가톨릭을 포함한 종교인구 전체가 감소되어야 맞는 것이 아니겠는가?

(2) 한국 교회 신뢰도 하락

한국 교회의 침체 요인을 보다 분명하게 찾기 위해서는 '경제성장'과 같은 일반적이고 사회적인 요인만이 아니라, 한국 교회 자체로 눈을 돌려야 한다. 한국 교회 자체가 안고 있는 침체 요인을 진단하는 최근의 논의들에서 공통적으로 지적되는 요인은 단연 '한국 교회의 신뢰도 하락'이다.[15] 최근의 〈한국교회 통계조사〉의 결과도 그것을 잘 나타내주고 있는바, 글로벌리서치의 경우 2013년 현재 비종교인의 종교별 신뢰도 평가는 천주교(26.2%) - 불교(23.5%) - 기독교(18.8%) 순서로 기독교가 가장 낮게 나타났다. 이것은 우리 국민들 가운데 기독교를 신뢰하는 사람의 비중이 10명 중 2명도 안된다는 것을 의미한다.

〈표 II-2-5〉 비종교인의 각 종교별 신뢰도 평가[16]

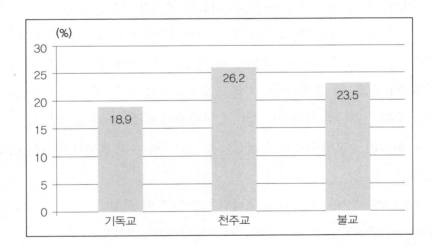

종교개혁과 교육개혁

〈표 Ⅱ-2-6〉 비종교인의 종교별 호감도 조사[17]

문) (종교를 믿지 않는 사람에게)
　　귀하께서 종교를 믿지 않으시는 것과는 무관하게, 현재 가장 호감이 가는 종교는
　　무엇입니까? (%, 표 49)

	2004년	2014년
불교	37	25
개신교	12	10
천주교	17	18
호감가는 종교 없다	33	46

연령별 비종교인의 호감 종교								(%)
	불교		개신교		천주교		없다	
	'04	'14	'04	'14	'04	'14	'04	'14
19~29세	34	18	11	12	18	17	36	52
30대	37	23	11	7	19	23	33	47
40대	43	30	17	12	17	18	23	40
50대	39	28	11	11	13	17	36	43
60세 이상		31		10		10		48

* 1984~2004년의 50대는 50세 이상을 의미, 2014년부터 50대와 60세 이상을 별도 구분

〈표 Ⅱ-2-7〉 기독교인, 기독교 목사, 교회활동에 대한 신뢰도[18]

(단위 : %)

	전혀 신뢰하지 않음	별로 신뢰하지 않음	보통	약간 신뢰함	매우 신뢰함
기독교인	19.8	29.4	36.7	11.0	3.1
기독교 목사	17.9	24.9	36.2	17.0	4.1
교회활동	11.5	22.7	36.0	24.1	6.2

또한 기윤실이 발표한 <2013년 한국 교회 사회적 신뢰도 여론조사>는 가톨릭(29.2%) - 불교(28.0%) - 기독교(21.3%)의 순으로 나타났고,[19] 한국갤럽의 비종교인들의 종교에 대한 호감도 조사에서도 2014년 현재 불교(25%) - 천주교(18%) - 개신교(10%)의 순서로, 기독교인에 대한 호감도가 최저로 나타났다.

위에 언급한 모든 조사에서 기독교는 천주교와 불교에 비해 사회적 신뢰도와 호감도가 낮게 나타나고 있는 것을 볼 수 있다. 또한 기윤실의 조사에 의하면, 신뢰받지 못하는 대상은 교회의 활동뿐만 아니라 '교인', 그리고 '목회자' 전체를 아우르는바, 교인(49.2%), 목사(42.8%), 교회활동(33.7%) 순으로 신뢰받지 못하고 있는 것으로 나타났다(<표 II-2-7> 참조).

그러면 한국 교회에 대한 불신의 원인이 무엇인가? 기윤실의 조사에 의하면 일차적 이유가 '언행일치가 되지 않아서'(24.8%)로 가장 높고, '교회 내부에 비리/부정부패가 많아서'(21.4%), '타종교에 대한 비판적 입장'(10.2%), 그리고 '강압적 선교방식'(10.1%)이 뒤를 따랐다. '언행일치가 되지 않아서'나, '교회 내부에 비리/부정부패가 많아서'라는 답은 교회가 윤리, 도덕적 차원에서 이 사회의 사람들에게 신뢰를 받고 있지 못하다는 뜻이다. 또한 한국 교회의 선교방식이 '타종교에 대한 비판'이나 '강압적 방식'으로 여겨지는 것은 교회가 교세확장을 사회적 섬김이나 소통보다 중시하고 있다는 것의 반증이라고 할 수 있다.

글로벌리서치가 제시한 '각 종교별 이미지 포지셔닝'을 보면, 기독교는 다른 두 종교에 비해 '헌금을 강요', '교세확장에 치중'이라는 이미지가 강한 것으로 나타났다.[20] '대사회적 역할이 우수한 종교' 혹은 '시대변화에 빠른 적응'의 이미지를 가지는 천주교와 '영적 문제 해답 제공' 및 '지도자의 자질 우수' 이미지에 가까운 불교에 비해 부정적 이미지가 강한 것으로 나타났다.

종교개혁과 교육개혁

<표 II-2-8> 종교별 이미지 포지셔닝 [21]

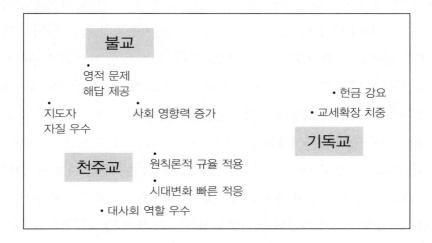

이와 같은 통계자료 외에도 교회의 신뢰도 하락과 관련하여 회자되는 내용들을 열거해보면, '교회지도자들의 교권 다툼', '목회자들의 정치세력화 및 윤리적 타락', '교회의 세습화', '신자들의 삶과 신앙의 괴리', '기복신앙', '물량주의와 맘몬이즘에 빠져서 신앙의 본질을 상실한 교회', '한국교회 분열' 등을 들 수 있다.[22] 이 같은 요소들, 즉 한국 교회의 사회적 신뢰도를 떨어뜨리면서 한국 교회의 위기를 가져온 요인들을 분류해 보면 다음과 같이 정리할 수 있겠다.

① 세속화

교회의 사회적 신뢰 하락 요인들과 가장 직접적으로 연결되는 원인을 우리는 "교회의 세속화"라고 표현할 수 있다. 교회는 세상과는 구별되는 곳이어야 함에도 불구하고 세속적 가치관이 오히려 교회를 움직이는 힘이요 에너지가 되었다는 것이다. 이원규는 사회는 교회가 다르기를 기대하고, 사람들은 교인이 다르기를 기대하는데, 한국 교회는 오히려 신앙의 본질을 잃은 채 세속화되고, 교회, 교인, 성직자가 일반인들과 다르지 않아서 사회의 신뢰를 잃어버렸다고 했다.[23] 기독교인들은 비신자들과 다를 바 없이 돈과 성공을 탐하고, 목회자들도 돈과 명예와 권력을 쫓으며, 대형화를 추구하고, 교권다툼 및 교회정치에 탐닉하고, 급기야 도덕적으로 타락하여 품위를 잃고, 사회의 지탄의 대상이 되었다는 것이다. 그러한 세속화로 한국 교회는 한 생명을 중시하고 사회를 섬기기보다는 '교회 성장' 자체를 더 중시하게 되었는바, 그 결과 위의 '이미지 포지셔닝'에 나타난 '헌금 강요'와 '교세 확장에 치중'의 항목이 이 사회 속에 교회가 만든 핵심 이미지가 되었다. 글로벌리서치의 조사에 따르면 기독교로 개종하고 싶지 않은 사람들이 꼽고 있는 첫째 이유가 "교회가 너무 상업적이라서"라는데, 더 이상 어떤 설명이 필요한가?[24]

한국 교회의 성장 이데올로기, 즉 '성장주의'도 세속화의 한 단면이다.[25] 한국 교회가 건강하게 성장하여 하나님 나라를 구현하는 통로가 되는 것은 좋지만, 교회의 성장이 하나님 나라를 위한 수단이 아니라 목적이 되었다면 그것은 '성장주의'라고 할 수 있다. 한국 교회의 성장이 세상을 섬기기 위한 것이 아니라, 스스로를 위한 성장이고, 결국 성장이 교회 존립의 목적이 되었다면 그것은 하나의 이데올로기이다. 그 같은 '성장 이데올로기'가 바로 한국 교회 안에서 '무한한 성장이 곧 축복'이라는 '번영신학'을 만연하게 했고, 모든 교회들이 교세 확장에만 급급하게 했고, 교회 안에 강력한 물질주의와 세속주의가 자리 잡는 데 결정적 기여를 했다. 급기야 그로 인하여 교회와 세상 간에 구별이 없어지게 되었고, 결국 한국 교회가 사회로부터 신뢰를 잃는 계기가 되었다고 할 수 있다.

② 권력화

한국 교회가 최근 성장이 정체되었다고는 하지만, 그럼에도 불구하고 이 사회의 막강한 권력집단이 되었다는 것은 누구도 부인하지 못한다. 한국 갤럽이나 글로벌리서치의 조사에서 나타나는 것과 같이 기독교는 한국 사회에서 전 연령층에 거쳐 신자들이 고르게 분포되어 있는 종교이다.[26] 불교가 50~60대 이상의 연령에 집중적으로 분포되어 있는 것과 달리, 기독교는 청장년층에도 고른 분포를 보이고, 또한 지방보다는 서울을 비롯한 대도시에 집중되어 있으며, 더 나아가 기독교인들의 학력수준도 다른 종교에 비해 높은 것으로 나타나 있다.[27] 또한 이 사회의 학계, 교육계, 법조계, 군대 등 사회 지도층에 기독교인들이 가장 많이 포진되어 있는 것은 이미 널리 알려진 사실이다. 기독교는 이 사회에서 기득권층이 되어 버렸다.

이러한 여러 가지 요인들을 바탕으로 기독교는 우리 사회에서 가장 강력한 권력집단이 되었다. 특별히 이명박 정권 초기에 기독교인들은 '장로대통령'을 환호했지만, 오히려 그 시점부터 우리 사회에 안티 기독교적 움직임이 본격화되었던 것을 기억할 필요가 있다. '고소영' 같은 개념들이 나타나면서 기독교가 강력한 권력집단이 되는 것을 견제하는 움직임들이 나타났고, 심지어 한기총 행사에서 대통령을 무릎 꿇게 하면서 이 사회 속에 안티 기독교세력이 활발하게 일어나도록 한 계기가 되었다. 기독교가 이 사회 권력의 중심이 되고자 했을 때 오히려 사회로부터 집중적으로 견제를 받게 된 것이다. 최희범은 이 시대 한국 교회의 위기를 가져온 요인 중 하나로 '반기독교 세력의 교회파괴 운동'을 꼽는다.[28] 그는 오늘날 반기독교적 세력이 지상파 TV나 다양한 언론을 통해서 반기독교적 활동을 하고, 다양한 안티 기독교적 집단들의 기독교 파괴 시도들이 기독교를 위협했다고 했다. 이 같은 현상은 모두 권력화되는 기독교에 대한 강력한 견제 현상이라고 할 수 있고, 그러한 견제들이 기독교인들의 크고 작은 잘못을 찾아내어 발 빠르게 세상에 노출시켰고, 그 결과 오늘날 기독교가 사회적 신뢰를 잃었다는 것도 전혀 근거가 없는 것은 아니다.

③ 분리 현상

기윤실의 <기독교인에 대한 신뢰도 조사>에 의하면 비종교인들이 기독교를 신뢰하지 않는 일차적 이유는 '언행의 불일치'였다.[29] 이것이 의미하는 것은 기독교인들은 이 사회에서 말과 행동이 다른 사람들로 비춰지고 있다는 것이다. 이것은 기독교인들이 말은 잘 하지만 실제 행동은 다르다는 뜻이기도 하고, 그들이 믿는 바가 그들의 삶에까지 연결되지 않는다는 뜻이기도 하며, 그들이 교회 안에서만 신앙인이지 세상 속에서는 신앙인이 되지 못한다는 것을 의미하기도 한다. 따라서 기독교가 이 사회에서 받는 불신에는 기독교의 '말과 행동의 분리', '신앙과 삶의 분리', '교회와 세상의 분리'와 같은 분리의 현상들이 있다는 것을 알 수 있다.

이와 같은 분리 현상들 뒤에는 물론 다양한 요인들이 얽혀 있지만, 그 중심에는 무엇보다 한국 교회의 '교회중심주의'가 자리하고 있다고 할 수 있다. 교회는 하나님이 "세상을 이처럼 사랑하사" 보내신 독생자 예수님처럼 하나님이 세상 속으로 파송한 기관이다. 교회의 근본적인 존립의 목적은 스스로 자족하는 것이 아니라 세상 속에 하나님의 나라를 구현하는 '하나님 선교(missio Dei)'의 기관이다. 모든 교인들은 세상 속에서 '증인'으로 살아갈 소명을 받은 존재들이다. 교인들은 교회 안에서 자족하거나 언제까지나 미숙한 존재인 평신도(laity)[30]로 남아있는 것이 아니라, 세상이라는 무대의 최일선에서 하나님의 나라를 구현하는 '목회적 사명'을 수행해야 할 사역자들로 살아야 한다. 교회는 세상을 위해 존재하고, 평신도는 세상으로 파송된 하나님 나라의 백성이고, 믿는 바의 것을 세상 속의 삶에서 구체적으로 구현하도록 부름받은 사역자들이어야 한다.

그러나 한국 교회의 '교회중심주의'는 교인들에게 교회와 세상을 연결하는 길을 터주지 못했고, 신앙을 세상 속에서의 삶으로 구현하는 적극적 도전을 주지도 못했고, 교인들을 언제까지나 교회와 성직자의 간섭 아래 있는 평신도로 남도록 했다. 교회중심주의는 궁극적으로 말과 행동의 분리, 신앙과 삶의 분리, 교회와 세상의 분리와 같은 현상들을 낳았고, 급기야 사회로부터 받는 불신의 핵심적 원인을 제공했다.

④ 사회 변화에 대처하는 능력의 부재

한국 교회가 사회로부터 신뢰를 얻지 못한 또 하나의 결정적인 요인으로 '사회의 변화에 대처하는 능력의 부재'를 들 수 있다. 조성돈은 한국 교회는 시대마다 그 시대에 맞는 복음의 틀을 만들면서 사회의 변동에 방향을 제시하고 사회와 의사소통해 왔다고 했다.[31] 예를 들어 해방 이후와 한국전쟁 이후의 시대적 상황 속에서 영락교회가 장로교회라는 하나의 모습을 만들었다면, 산업화 시기에는 순복음교회가 성령운동을 통한 활력목회의 형태를 만들었고, 90년대에 형성된 문화 시기에는 온누리교회라는 형태를 통하여 하나의 거대한 흐름을 만들어냈다는 것이다. 그는 그러한 교회들이 "시대마다 하나의 전형(type)을 만들어서 한국 교회의 흐름을 형성했다."고 할 수 있고, 이러한 목회 형태의 변화는 결국 그 시대에 맞는 메시지와 조직 변화를 이루어 냈고, 그것이 곧 한국 교회의 변형과정을 이끌었다고 보았다. 그러한 관점에서 그는 오늘날 한국 교회가 침체국면을 맞이하고 있는 것은 시대적 변화 속에서 한국 교회가 어떠한 복음의 틀을 만들어 가야 할지에 관한 방향을 만들어내지 못했기 때문이라고 지적했다. 다시 말해서 시대는 변화했는데, 아직 한국 교회는 이 사회와 어떻게 소통해야 할지 그에 맞는 형태를 만들어내지 못했다는 것이다.

특별히 최근에 이슈가 되고 있는 소위 '가나안성도', 즉 신앙은 있지만 교회는 나가지 않는 성도가 전 기독교인의 10% 가까이 될 것이라는[32] 소식들을 바탕으로 해서 보았을 때, 한국 교회는 1995년 이후 이 사회와 소통하는 새로운 틀과 과정을 만들어내지 못했다는 것을 미루어 짐작할 수 있다. 환언하면 한국 교회가 정체된 것은 한국의 교회가 이 시대와 사람을 읽고, 그들의 언어로 복음을 해석하고 제시해 주며, '왜 교회에 와야 하는지', '왜 여전히 기독교여야만 하는지'를 제시하면서 이 시대 사람들을 설득하는 데 성공하지 못했다.

3. 한국 교회의 위기와 기독교교육

서론에서 언급한 바와 같이, 교회학교의 문제는 단순히 교회학교만의 문제가 아니라 교회학교가 속해 있는 '교회'의 문제와 긴밀하게 연결되어 있다. 즉 오늘날 교회학교의 위기는 한국 교회의 침체 안에서 이루어진 위기라고 할 수 있는 것이다.

1) 교회학교의 침체

잘 알려진 바대로 교회학교의 수적 침체는 한국 교회의 완만한 침체와는 비교도 할 수 없는 급격한 곡선을 그리면서 진행되고 있다. 예장통합 교단이 99회 총회에서 발표한 지난 10년간(2004~2013)의 교회학교 증감추이를 보면 다음과 같다. <표 II-2-9>에 의하면 예장통합 교단의 학령 전

종교개혁과 교육개혁

아동은 지난 10년간 15.93% 감소했고, 학령기 아동은 10년 전 대비 평균 34.16%, 중고등부는 12.29(-4.0)%로 감소했다.[33] 이와 같은 현상은 물론 그 무엇보다 '저출산 고령화 사회'인 현재 우리나라 인구분포가 반영된 결과이다.

따라서 예장통합 교단의 교회학교 학생 수의 증감은 우리나라의 어린이 및 청소년 인구 증감과 비교해보아야 하는 바 그것은 다음 〈표 II-2-10〉 '연령별 인구 수 변화'에서 자세히 볼 수 있다.

두 집단의 증감추이를 비교해 볼 때, 예장통합 교단 교회학교 학생들이 학령 전 아동을 제외하면, 아동 전체(-34.16 vs -31.8)와 중고등부(-4 vs -2)에서 일반 인구보다 더 높은 감소율을 보이고 있다는 것을 알 수 있다.

그런데 교회학교의 침체는 양적 차원에서도 문제지만, 질적 차원의 침체가 더 큰 문제인지도 모른다. 교회학교 학생의 숫자도 숫자이려니와 오늘날 우리의 교회학교가 그 영향력이나 열기, 어린이와 청소년들의 삶에서 차지하는 의미와 관심, 분위기 등에서 전과는 비교할 수 없을 정도로 침체되었다는 것이 많은 사람들의 공통된 주장이다. 이미 2005년에 이루어진 연구에서 많은 사람들(78%)이 교회학교의 위기를 체감했고,[34] 2015년에 이루어진 연구에서도 응답자의 80% 정도가 교회학교의 위기를 느낀다고 응답한 것이 보고되었다.[35]

그런데 이와 같은 교회학교의 위기는 교회 자체의 위기와 뗄 수 없이 연결되어 있다. 박상진의 "교회학교의 위기에 대한 연구"에 따르면 '교회가 더 위기이다(67.3%)'라고 응답한 사람이 '교회학교가 더 위기이다(32.7%)'에 응답한 사람보다 두 배가 넘는다.[36] 뿐만 아니라 교회학교의 위기 요인으로 '가정의 신앙교육 부재', '부모들의 세속적 자녀교육관', '부모의 신앙저하'와 같은 부모요인이 가장 높은 것으로 나타났다.[37] 이 같은 사실은 한

〈표 II-2-9〉 2004 - 2013년 예장 통합 교회학교 학생 수 추이[38]

(단위 : 명, %)

		2004년*	2005년	2006년*	2007년*	2008년*	2009년*	2010년	2011년*	2012년*	2013년*	증감률
0-5세	영아부	14,874	14,868	15,738	16,655	17,737	17,297	18,305	21,429	18,733	17,101	+14.97
0-5세	유아부	21,846	21,700	22,004	23,025	23,184	22,956	24,571	24,130	23,641	21,555	-1.33
0-5세	유치부	78,605	76,899	75,568	75,136	74,751	72,184	67,378	64,731	62,251	58,293	-25.84
0-5세	소계	115,325	113,467	113,310	114,816	115,672	112,437	110,254	110,290	104,625	96,949	-15.93
6-7세	유년부	77,582	78,764	78,739	79,532	74,223	69,924	64,232	58,419	56,519	50,840	-34.47
8-9세	초등부	88,373	85,629	89,622	85,580	83,783	80,056	74,327	69,015	64,175	59,423	-32.76
10-11세	소년부	105,280	105,518	105,463	106,015	104,897	100,520	89,900	83,266	76,090	68,175	-35.24
12-17세	중고등부	179,472	180,496	198,198	193,215	193,344	195,275	188,308	180,308	171,660	157,409	-12.29 (-4.0)
계		566,032	563,874	585,332	579,158	571,919	558,212	527,021	501,298	473,069	432,796	

* 총인구조사가 5년 단위로 시행됨에 따라 *는 추계인구임.
* 증감률은 2004년 대비 2013년 없음.

〈표 II-2-10〉 연령별 인구 수 변화[39]

(단위 : 명, %)

	2004년*	2005년	2006년*	2007년*	2008년*	2009년*	2010년	2011년*	2012년*	2013년*	증감률
0-5세	3,338,225	2,999,461	2,972,734	2,829,808	2,789,527	2,758,954	2,642,186	2,759,816	2,777,812	2,774,066	-16.90
6-7세	1,308,004	1,226,338	1,237,960	1,204,471	1,105,727	991,609	933,609	919,610	876,951	890,422	-31.93
8-9세	1,389,533	1,325,438	1,301,866	1,254,277	1,228,715	1,198,672	1,037,952	984,125	950,652	917,493	-33.97
10-11세	1,414,872	1,375,595	1,379,081	1,339,078	1,292,651	1,251,449	1,218,057	1,194,367	1,095,131	979,757	-30.75
12-17세	3,846,882	3,914,016	4,014,761	4,087,004	4,127,697	4,122,112	4,014,990	3,977,082	3,877,640	3,770,156	-2.0
계	11,297,516	10,840,848	10,906,402	10,714,638	10,544,317	10,322,796	9,846,794	9,835,000	9,578,186	9,331,894	

* 총인구조사가 5년 단위로 시행됨에 따라 *는 추계인구임.
* 증감률은 2004년 대비 2013년 없임.

〈표 II-2-11〉 연령별 종교인 분포[40]

(단위 : %)

	19~29세				30대				40대				50대				60세 이상			
	'84	'97	'04	'14	'84	'97	'04	'14	'84	'97	'04	'14	'84	'97	'04	'14	'84	'97	'04	'14
불교인	10	10	15	10	17	15	21	11	28	21	27	21	29	30	35	32				35
개신교인	20	19	23	18	19	22	23	20	14	22	21	20	13	18	19	23				24
천주교인	5	6	6	3	7	8	6	7	5	8	9	9	6	7	6	5				8
비종교인	64	64	55	69	55	53	51	62	51	47	43	49	47	44	38	40				32

* 1984~2004년의 50대는 50세 이상을 의미. 2014년부터 60세 이상 별도 구분

국갤럽의 조사에 의해 최근 10년간 교회학교 학생의 학부모세대인 30-40대 교인들의 감소 현상과도 뗄 수 없이 연결되어 있는 것이라고 할 수 있다.

이와 같은 자료들은 모두 우리에게 교회학교의 위기는 교회 자체의 위기가 극복되어야만 비로소 극복되는 것이라는 추측을 뒷받침한다. 성인들이 세속적 가치관에 따라 사는데, 어떻게 자녀들의 신앙교육이 잘 이루어질 수 있으며, 가정의 신앙공동체성이 상실되는데 어떻게 교회학교가 활성화될 수 있겠는가? 결국 교회학교의 문제는 교회학교가 속한 교육생태계인 교회의 문제가 풀려야만 해결할 수 있는 것이다.

2) 한국 교회의 위기에 대한 기독교교육의 책임

교회학교의 문제가 곧 한국 교회의 문제라고 할 만큼 그 둘이 뗄 수 없이 연결되어 있는 것이라면, 우리는 역으로 한국 교회의 위기 현상에 대해서 '기독교교육'은 책임이 없는지 물을 필요가 있다. 교육생태계인 교회가 교육에 결정적 영향을 미치는 것이라면, 역으로 교회를 구성하는 '교육'이 한국 교회의 위기에 책임이 없다고 할 수 있을까? 앞에서 기독교의 수적 침체를 부른 '사회적 신뢰도 하락'의 원인을 '세속화', '권력화', '분리현상', '성장이후 시대에 적합한 패러다임을 찾지 못함'으로 정리했는바, 이 같은 현상에 대해 기독교교육은 책임이 없는가? 기독교교육이 교회의 교육에 관여해온 이상 결코 그 책임에서 자유로울 수 없다.

(1) 세속화, 권력화와 기독교교육

오늘날 한국 교회의 '세속화'와 '권력화'는 지난 120여 년간 교회학교가 올바른 신앙교육을 못했다는 단적인 증거이다. 즉 교회야말로 이 세상과는

다른 대안적 삶의 양식, 예수 그리스도를 따라가는 삶의 양식을 제시하고
살도록 가르치는 곳이어야 하는데, 기독교교육이 그러한 사명을 다하지 못
했다는 뜻이다.

(2) 분리현상과 기독교교육

① 공적 삶으로의 임파워링(Empowering)

한국 교회가 사회로부터 신뢰를 잃게 된 결정적인 계기인 '분리현상', 즉
'말과 행동의 분리', '신앙과 삶의 분리', '교회와 세상의 분리'에도 기독교
교육이 깊숙이 관련되어 있다. 한국의 기독교교육은 성경을 가르치고 기독
교의 전통을 가르치는 것에는 열심을 냈는지 모르지만, 그것을 세상 속에서
삶으로 구체화하도록 능력을 부여하는 일(empowering)에는 실패했다는 것
을 의미한다. 신앙을 사적 영역에서만이 아닌 공공의 영역에서도 구체적으
로 살도록 실제적인 능력을 부여하는 일을 소홀히 했다는 것을 알 수 있다.

② 신앙공동체 형성

그러한 분리현상은 단순히 교육의 방법과 관련된 문제가 아니라, 근본
적으로 한국 교회의 교육구조와도 관련되어 있다. 많은 기독교교육학자들
은 우리 교회학교의 '학교식 교육'이 지식 중심의 교육에 치중함으로써 우
리의 어린이와 청소년이 통전적 신앙인으로 성장하지 못하게 된 핵심 요
인이 되었다고 지적한다. 신앙이란 지식과 정보(information)를 배워서 성
장하는 것이 아니라, 신앙공동체에 참여하고 삶을 함께 공유할 때 형성
(formation)되는 것이기 때문이다. 한국의 기독교교육은 교회학교라는 영역
을 넘어서서 신앙공동체가 교육의 장이 되도록 공동체를 형성하는 일에 취

약했고, 또한 가정을 다음 세대를 키우는 신앙공동체로 세우지 못했으며, 가정과 교회가 함께 연계하는 일에 취약했다. 아이 하나를 교육하는데 '마을'이 필요하다는 은유를 한국 교회에 구체화시키지 못했다.

③ 대안적 은유 창조

사실 그동안 많은 기독교교육학자들이 학교식 교육보다는 '신앙의 공동체'를, 교회학교보다는 '교육목회'를 주장해 왔지만, 아직도 대부분의 한국 교회에서는 '교육은 교회학교'라는 이미지가 절대적이다. '학교'의 은유는 18세기 말에 시작되어 미국과 한국을 지배해온 기독교교육의 핵심 은유이고, 이 은유로 인하여 한국 교회의 교육이 활성화된 것도 사실이지만, 한국 교회의 교육을 어린이와 청소년에만 국한하여 보게 했고, 또 신앙공동체와 분리된 지식 중심의 교육의 형태를 띰으로써 신앙과 삶의 분리를 가져오는 통로가 되기도 했다. 그런 의미에서 한국의 기독교교육과 기독교교육학은 '학교'의 은유를 극복하는 '대안적 은유'를 창조하여 한국 교회에 확산하는 일에 실패했다.

④ 교회중심주의를 넘어서는 교육비전

한국의 기독교교육은 또한 한국 교회에 분리현상을 가져온 '교회중심주의'를 넘어서는 교육적 비전을 제시하지 못했다. 신자를 양육해서 교회에 충성하는 '평신도'로 훈련하는 데에는 열심을 내었는지 모르지만, 그들을 세상이라는 무대에서 하나님 선교(missio Dei)를 수행하는 '목회적 소명'을 받은 하나님의 백성으로 세우고 파송하는 비전을 공유하고 실천하는 일을 하지 못했다.

종교개혁과 교육개혁

(3) 성장패러다임에서 성숙패러다임으로

한국 교회가 1995년 이후의 한국사회 변화에 적절하게 대응하면서 교회와 영성의 새로운 모델을 만들어내지 못한 것이 기독교가 침체하는 원인이 되었다면, 그것은 한국의 기독교교육이 한국 교회에게 '성장 이후' 시대에 적합한 패러다임을 제시하지 못했다는 것을 의미한다. 기독교교육도 '성장주의'에 사로잡혀서 교세확장 및 교회에 출석한 학생들의 숫자에만 관심을 쏟았지, 성장에서 성숙으로 나아가는 새로운 패러다임을 제시하지 못했다.

한국의 기독교교육은 마치 청소년이 다 커서 청년이 되면 성장판이 닫히고 키는 멈추지만 다른 측면의 성숙을 이루어 성인이 되어가는 것처럼, 한국 교회가 수적 증가와 세불리기가 아니라 내실 있는 성숙으로 나아가는 전환, 즉 "성장패러다임에서 성숙패러다임으로 전환"하는 데 그 어느 영역보다 결정적으로 기여할 수 있었음에도 불구하고, 그 일을 시의적절하게 감당하지 못했다.

4. 나오는 말 – 다시 개혁으로! 다시 본질로!

이상에서 우리는 한국 교회의 침체요인들과 기독교교육의 관계들을 살펴보았다. 먼저 한국 교회의 위기를 교회 외적 요인 및 내적 요인으로부터 살펴보았는바, 우리 사회의 경제적 발전이 한국 교회 성장동력이었던 성령운동과 부흥운동의 정체(停滯)를 가져왔고, 한국인의 종교생활에 대한 절박함을 약화시키는 데 결정적 영향을 미쳤다는 것을 살펴보았다. 그러나 그와 나란히 개신교회 자체의 요인, 즉 교회의 '세속화', '권력화', '분리현상', '사회변화에 대처하는 능력 부재' 등의 현상이 교회로 하여금 한국사회의 신뢰를 상실하는 데 결정적 역할을 했다는 점을 살펴보았다.

우리는 또한 그와 같은 한국 교회의 위기에 대하여 기독교교육은 어떠한 역할을 했는지도 생각하여 보았다. 지난 120여 년간 한국 교회가 세속화하고 권력화하는 과정에서 대안적 삶의 양식을 교육하지 못했으며, 또한 성경과 기독교전통을 가르치는 것에는 열심을 내었는지 모르지만, 정작 그것을 세상 속의 삶으로 구체화하도록 능력을 부여하는 일에 실패함으로써 한국 교회 교인들의 신앙과 삶의 분리, 교회와 삶의 분리현상에도 부정적으로 기여했다는 점을 살펴보았다. 또한 한국 교회는 학교식 교육의 지식 중심 교육에 치중함으로써 가정과 교회라는 신앙공동체를 통한 통전적 교육을 소홀히 했고, 더 나아가 학교식 교육이 갖는 '학교'라는 은유를 극복하는 새로운 대안적 은유를 창조하고 확산하는 일에 실패했다는 것을 살펴보았다. 그리고 '교회중심주의'를 넘어서서 평신도를 훈련하여 그들이 세상에서 '하나님 선교'를 수행하도록 파송하는 일에 소홀히 했다는 점을 살펴보았다.

그러면 이 시점에서 우리는 어떻게 해야 하겠는가? 위기의 상황에 처해 어떻게 해야 할지 모를 때 무엇보다 먼저 우리 자신이 누구인지, 본질을 생각해보는 것이 필요하다. 그리고 본질을 생각하는 방법 중의 하나는 출발점에 다시 서는 것이다. 그렇다면 개신교회가 출발하게 된 모태는 무엇인가? 종교개혁이다. 우리의 교회가 스스로를 개신교회라고 칭한다는 것은 곧 우리의 교회가 종교개혁 전통에 서 있으며 따라서 그 정신을 언제나 새롭게 기억하고 그것에 우리를 비추어 보겠다는 것을 고백하는 것과 다름 아니라고 할 수 있다. 그런 의미에서 오늘날 한국 교회와 기독교교육의 위기도 우리 교회와 기독교교육의 모판이자 본질인 종교개혁적 전통에 비추어 보아야 할 필요가 있을 것이다.

우리는 앞 장에서 종교개혁이 로마 가톨릭교회가 세속화하고, 교권주의가 권력화의 정점을 달리던 시대에 일어났던 사건임을 살펴보았다. 종교개혁은 교회가 권력화하면서 하나님의 계시를 전하고 가르칠 권리를 교황과 사제가 독점하고, 하나님의 은혜를 돈으로 바꾸고, 예수 그리스도의 복음의 핵심에서 멀어짐으로써 사회의 신뢰를 상실해 갈 때 일어난 사건이었다. 그러한 상황에서 일어난 종교개혁은 어떠한 시도를 했는가? 종교개혁은 하나님의 계시의 자리를 교황과 교회로부터 개인들에게로 옮겼다. 또한 모든 성도들이 하나님의 말씀을 읽고 해석할 수 있어야 하고, 성도들은 교회의 간섭과 보호에 언제까지나 머무는 것이 아니라, 독자적이고 성숙한 신앙인으로서 제사장적 리더십을 수행해야 한다고 보았다. 종교개혁은 하나님의 계시를 받는 자리로서의 성도, 중재자가 없이도 하나님 앞에 서서 죄를 회개하고 용서받는 성도, 더 나아가 다른 사람들을 하나님 앞에서 변호할 수 있는 제사장적 성도라는 대안적 성도상을 제시했다.

이 같은 점은 종교개혁이 시대의 변화를 읽었다는 것을 단적으로 증명해준다. 종교개혁은 인문주의와 시민계급의 출현으로 '개인'에게 주목하는 시대적 정신을 읽었다. 사회는 변화하고 있었고, 교회는 더 이상 중세적 세계관과 성도상을 강요할 수 없다는 시대의 변화를 읽었다. 그리고 그와 같은 대안적 성도상을 실현하기 위한 교육의 개혁을 했다. 종교개혁은 모든 성도들이 믿음의 내용을 바로 알도록 교리문답을 배포했고, 가정과 교회와 학교에서 가르치도록 했다. 이제는 누구도 교회에 소속되었다는 것만으로 만족하는 것이 아니라, 성도라면 누구나 자신이 무엇을 믿는지 또 믿어야 하는지 분명하게 이해하는 신앙을 기반으로 해야 한다는 것을 강조했다. 이를 위해서 종교개혁은 국가에 태어나는 모든 어린이들이 학교를 다닐 수 있도록 하는 공교육을 실현했다. 모든 시민들이 글을 읽을 줄 알아야 하고, 그것으로 성경을 읽을 수 있도록 했다.

더 나아가 종교개혁은 교육생태계를 새롭게 하는 교육개혁을 했다. 종교개혁은 가정과 학교와 교회가 서로 연계하여 통전적으로 교육하는 교육 생태계를 구축했다. 앞 장에서 살펴본 대로 종교개혁은 '가정'을 교육의 가장 중요하고 핵심적인 장소로 선포했고, 부모를 자녀의 영적 구원을 책임지는 부모제사장으로서 새롭게 새웠다. 교회가 모국어로 예배하고 교리문답식 설교를 하면서 성도들 전체를 실제적으로 교육하는 장이 되게 했고, 학교를 공교육화하여 국가에 태어나는 모든 시민이 교육을 받아 성경을 읽을 뿐만 아니라, 국가에 필요한 인재들을 수급하는 장소가 되게 했다. 따라서 종교개혁의 교육개혁은 교회학교 중심의 교육이 아니라, 가정과 교회와 학교가 서로 연합하고 보충하는 교육생태계를 조성하는 것에 있었다.

그래서 종교개혁의 교육은 교회만을 위한 교육이 아니라, 세상을 위한 교육, 세상과 함께 가는 교육이었다. 그것은 세상 속에 하나님의 통치를 구현하는 교육이었지, 세상과 구별되어 교회라는 게토를 형성하는 교육이 아니었다. 종교개혁에 있어서 신앙과 삶은 떨어질 수 없는 것이었고, 이것을 위해 교육의 생태계 자체를 개혁하는 시도를 했다. 따라서 종교개혁은 교회 중심주의가 아닌 교회를 넘어선 세상을 향한 교육이었다.

종교개혁의 시대적 배경과 여러 교육개혁적 시도들은 그대로 우리가 앞에서 살펴본 한국 교회의 위기와 그에 부정적으로 기여했던 기독교교육의 모습과 놀랄 만큼 흡사하지 아니한가? 오늘날 한국 교회의 세속화와 권력화, 초심을 잃은 모습과 그로 인한 사회적 신뢰 상실은 종교개혁기의 그것과 비슷하지 아니한가? 그리고 그를 극복하기 위해 노력했던 종교개혁의 교육개혁은 놀랄 만큼 오늘날 한국 교회의 문제점들을 생각나게 하고 있지 않은가? 그렇다면 이 시점에서 우리가 무엇보다 먼저 해야 할 것은 우리의 시작, 즉 종교개혁에 우리의 본질을 비추어보고, 다시 한 번 개혁의 노력, 새로운 시작을 해야 하는 것은 아닌가?

1) 김치성, "우리 교단 교회학교 각종 통계분석표", 총회교회성장위원회, 제 98회기총회 교회성장위원회 확대세미나, 2015년 3월 7일, (장소 : 한국 교회백주년기념관).

2) 박상진, "한국 교회교육의 위기 진단과 대안의 방향", 장신대 기독교교육과 50주년강연집 『다음세대에 생명을』, 2015년 5월 1일. 3-32.

3) 이 글은 2016년 초에 작성한 글이다. 이후 2016년 12월 19일에 통계청에서 2015년 종교인구조사 결과를 발표하였다. 따라서 이 글은 통계청의 그 이전 조사인 2005년 조사결과를 반영했고, 그 이후 시기를 보완하기 위해 글로벌리서치와 한국갤럽 등의 2014년까지의 자료를 참조했다.

4) 통계청, 「인구주택 총조사」(1985, 1995, 2005).

5) 이 조사는 한국기독교목회자 협의회가 2013년 글로벌리서치에 의해 수행된 조사인데, 그 이전 "한국 교회 미래를 준비하는 모임(한미준)"이 한국갤럽에 의뢰해 1998년과 2004년에 발표한 "크리스천의 교회활동과 신앙생활분석"에 연계해서 이루어진 조사이다. 전화조사방식으로 진행된 이 조사는 전국(제주도 제외) 만 19세 이상 성인남녀 5,140명이 참여했으며 표본오차는 ± 1.23%(95% 신뢰구간)이다.

6) 한국기독교목회자협의회, 「2013 한국인의 종교생활과 의식조사보고서 한국기독교분석리포트」, (서울, 도서출판 URD, 2013), 23.

7) 2014년에 이루어졌던 이 조사는 전국 만 19세 이상 남녀 1,500명을 대상으로 하는 표본조사였고, 표본오차는 ±2.5포인트(95% 신뢰수준)이며, 응답방식은 면접조사원 인터뷰로 이루어진 조사였다.

8) 한국갤럽, 「한국인의 종교 : 1984-2014」 (서울: 한국갤럽조사연구소, 2015)

9) 〈뉴스앤조이〉, "교단총회 결산 5, 교세통계" http://m.newsnjoy.or.kr/news/articleView.html?idxno=197728, 2014. 10. 10.

10) 김병서, 『한국사회와 기독교』 (서울: 한울아카데미, 1995); 조성돈, "목회사회학적 관점에서 보는 한국 교회 마이너스 성장에 대한 원인 분석과 대안"; 조성돈, 정재영 편, 『그들은 왜 가톨릭교회로 갔을까?』 (서울, 예영커뮤니케이션, 2007), 60.

11) 이병선, "한국 교회 성장둔화의 사회적 요인 분석 -1990-2000년을 중심으로-" 한국기독교교육정보학회, 『기독교교육정보』 8, 2004, 4, 317-340; 이원규, "부흥의 추억: 한국 교회 미래는 있는가? - 한국 교회의 어제, 오늘, 그리고 내일에 대한 종교사회학적 성찰", 감리교신학대학교, 『신학과 세계』 2011.3 .

12) 이원규, 『종교사회학적 관점에서 본 한국 교회의 위기와 희망』 (서울, 도서출판 KMC 2010) 165. 이와 나란히 이원규는 한국인의 문화적 특성(열정적 감성주의, 현세적 공리주의, 무교적 기복

주의), 그리고 이 시기 한국의 정치적 불안과 경제적 빈곤, 그리고 높은 출산율을 원인으로 꼽고 있다.

13) 이원규, "부흥의 추억: 한국 교회 미래는 있는가? - 한국 교회의 어제, 오늘, 그리고 내일에 대한 종교사회학적 성찰".

14) 이병선, "한국 교회 성장둔화의 사회적 요인 분석 -1990-2000년을 중심으로-" 한국기독교교육정보학회, 『기독교교육정보』 8, 2004, 4, 317-340.

15) 이원규, "한국 교회 절망과 희망", 사단법인 한국기독교지도자협의회, 『한국 교회 오늘과 내일 심포지엄 공교회성 및 정체성회복』 2014년 10월 21일; 이원규, "성장 이후 한국 교회의 비전", 제 4회 수표교포럼, 한국 교회 쇄신과 성장, 2011, 10. 23; 최희범, "위기의 시대, 한국 교회의 역할을 논한다", 변상욱, "한국 교회의 쇄신과 위기관리" 한국기독교목회자협의회, 제 26차 열린대화마당, 2014, 5, 29, 박영돈, 『일그러진 한국 교회의 얼굴』 (서울, IVP, 2013) 21-33,

16) 글로벌리서치, 『2013년 한국인의 종교생활과 의식조사 보고서』 한국 기독교 분석리포트, (서울, 도서출판 URD, 2013, 159.

17) 한국갤럽, 『한국인의 종교』 30-31.

18) 기윤실, 「2013년 한국 교회 사회적 신뢰도 여론조사 결과발표 세미나」 38.

19) 기독교윤리실천운동, 「2013년 한국 교회 사회적 신뢰도 여론조사 결과발표 세미나」 2014년 2월 5일, 40. 기윤실은 글로벌리서치에 의뢰해 2013년 12월 10, 11일 양일간 19세 이상의 남녀 1,000명을 대상으로 이 조사를 실시했고, 표본오차는 95% 신뢰수준에서 최대오차범위 ±3.1% 포인트이다.

20) 글로벌리서치, 「2013 한국인의 종교생활과 의식조사보고서」 한국기독교분석리포트, 158.

21) 글로벌리서치, 「2013 한국인의 종교생활과 의식조사보고서」 한국기독교분석리포트, 158

22) 최희범, "위기의 시대, 한국 교회의 역할을 논한다"; 변상욱, "한국 교회의 쇄신과 위기관리"; 한국기독교목회자협의회, 제 26차 열린대화마당, (2014, 5, 29, ; 박영돈, 『일그러진 한국 교회의 얼굴』 (서울, IVP, 2013) 21-33; 이원규, "한국 교회 절망과 희망", 사단법인 한국기독교지도자협의회, 『한국 교회 오늘과 내일 심포지엄 공교회성 및 정체성 회복』 2014년 10월 21일; 이원규, "성장 이후 한국 교회의 비전", 제 4회 수표교포럼, 「한국 교회 쇄신과 성장」 2011, 10. 23.

23) 이원규, "한국 교회의 절망과 희망."

24) 글로벌리서치, 「2013 한국인의 종교생활과 의식조사보고서」 한국기독교분석리포트, 41.

25) 박영돈, 『일그러진 한국 교회의 얼굴』 (서울, IVP, 2013)

26) 한국갤럽, 「한국인의 종교」 20; 글로벌리서치, 「2013 한국인의 종교생활과 의식조사보고서」 한국기독교분석리포트, 24.

27) 글로벌리서치, 「2013 한국인의 종교생활과 의식조사보고서」 한국기독교분석리포트 25.

28) 최희범, "위기의 시대, 한국 교회의 역할을 논한다", 한국기독교목회자협의회 심포지움, 2014.5.29.

29) 기윤실, 「2013년 한국 교회 사회적 신뢰도 여론조사 결과발표 세미나」, 42.

30) laity라는 단어는 전문적인 교육을 받지 못했거나 무식한 사람을 일컫는 말이다.

31) 조성돈, "목회사회학적 관점에서 보는 한국 교회 마이너스 성장에 대한 원인 분석과 대안", 61

32) 양희송, 『가나안성도 교회밖 신앙』 (서울, 포이에마, 2014)

33) 총회의 통계수치에 나타나는 2013년 중고등부 숫자는 통계실수로 보인다. 이전 년도에 비해 급작스러운 감소는 통계상으로 부적합해 보인다. 따라서 그 이전연도인 2012의 수치로 비교해 볼 때, 중고등부의 증감률은 -4.0으로 나타나는데, 이 수치를 사용하기로 한다.

34) 양금희, 『아동교회학교 진단 침체와 부흥』 (서울, 쿰란출판사, 2008) 69-70.

35) 박상진, "한국 교회교육의 위기 진단과 대안의 방향", 장신대 기독교교육과, 다음세대에 생명을, 2015년 5월 1일, 장신대 세교협, 12.

36) 박상진, 14.

37) 박상진, 17.

38) 예장통합 총회, 「제99회 총회 회의록」, 2014.

39) 통계청, 「장래인구」

40) 한국갤럽, 『한국인의 종교』 20.

오직 말씀으로! 생명력 있는 말씀을 회복하는 교육

+ + +

1. 들어가는 말

우리는 앞 장에서 한국 교회교육의 위기가 교회학교의 위기만이 아니라 교회교육 전체 그리고 기독교 자체가 직면한 위기의 현상들과 뗄 수 없이 연결되어 있다는 것을 살펴보았다.[1] 그리고 한국 교회가 직면한 위기와 약화 현상은 한국사회의 영적, 사회적, 환경적 생태계 전반에 나타나고 있는 생명위협의 현상들과 밀접하게 연결되어 있다는 것을 살펴보았다.[2] 다시 말해서 한국 교회교육의 약화 현상은 교회의 문제와, 교회의 문제는 또한 이 사회 전반의 문제와 뗄 수 없이 연결되어 있다.

이것이 의미하는 것이 무엇인가? 교육이란 그것이 이루어지는 장, 즉 교육적 생태계 전체와 유기적으로 연계되어 있는데, 그 교육생태계 자체가 생

종교개혁과 교육개혁

명력이 약화되어 있는 상태에서 교육이 생명력을 잃는 것은 어쩌면 당연한 일이라고 할 수 있는 것이다. 교육의 주체인 '교회'가 생명력 있는 신앙교육의 장으로서의 역할을 못하고, 또한 가정과 학교, 그리고 그들이 속한 사회 자체가 그렇지 못한 것이 근본적 원인이라고 할 수 있다.

그렇게 볼 때 우리는 한국 교회와 교회교육의 위기를 극복하고 다시금 '다음 세대에 생명을' 전해주기 위해서 어떤 부분적 회복의 노력이 아닌 교육생태계 전반에 나타나는 생명위협의 현상들을 극복하는 통전적 노력을 기울여야 한다는 결론에 도달할 수 있다. 즉, 이 위기를 극복하기 위해서는 '짧은 시간 내에, 부분적 노력을 통해, 쉽게'라는 마음을 버리고, 좌절의 자리에서 딛고 일어서야 한다.

따라서 우리가 좌절하지 않고 무엇인가를 해야 한다면, 먼저 그 위기의 핵심을 찾아가서, 그것을 회복함으로써 전체가 회복될 수 있는 가능성을 모색하는 노력이 필요할 것이다. 그것이 무엇인가? '생명력 있는 말씀의 회복'이야말로 바로 그와 같은 노력이 될 수 있음을 믿는다. 이번 장에서는 우리의 교회교육이 이루어지는 교회와 가정과 학교와 교육적 생태계 전체에서 '말씀'이 회복될 때, 그로부터 교육적 생태계가 회복될 수 있다고 믿으며, 그로부터 다음 세대에 생명을 전해주는 교육이 살아날 수 있음을 확신하면서, 그 가능성을 모색해보고자 한다.

2. 총체적 교육생태계의 위기와 말씀

1) 이야기 하나 – 〈나무를 심은 사람〉

왜 총체적 교육생태계의 위기 현상을 극복하기 위해서 '말씀'이라는 핵심으로부터 시작해야 하는지를 생각해보기 위해 하나의 이야기에 귀 기울여보도록 하자. 이 이야기는 장 지오노라는 캐나다의 작가가 실존하는 인물 엘지아 부피에라는 사람의 이야기를 주제로 하여 쓴 『나무를 심은 사람』이라는 동화이다.

〈나무를 심은 사람〉

저자: 장 지오노

이 이야기는 수십 년 전, 내가 어느 깊은 산골을 여행했을 때의 얘기야. 나는 혼자 여행 다니는 것을 좋아했지. 그래서 발길 닿는 대로 돌아다니다 전혀 가 본 적이 없는 어떤 산골로 들어서게 되었어. 그곳은 해발 1,300미터쯤 되는 높은 지대였는데, 그야말로 완전한 황무지였어. 아무리 가도 나무 한 그루 보이지 않았지. 나는 이런 길을 사흘간이나 계속 걸었지. 끝없이 펼쳐진 들판에는 잡초만이 무성할 뿐이었는데…. 그런데 갑자기 저 멀리에 조그마한 검은 그림자가 언뜻 보이는 게 아니겠어? 그곳을 향해 걸어갔더니, 그 그림자는 양을 치는 노인이었단다. 노인의 옆에는 30마리쯤 되는 양들이 땅바닥에 엎드려 있었지. 노인은 우선 나에게 물을 마시게 해주었어. 양치기 노인은 나를 자기 집으로 데려갔어.

양치기 노인은 내게 따뜻한 스프를 갖다 주었어. 그러고는 자고 가라며 포근한 담요를 펴 주었어. 거기서 가장 가까운 마을이라 해도 걸어서 하루 반은 족히 걸린다고 하면서. 그 마을의 사람들은 대개 나무를 베어다 숯을 굽는 일을 하고 살았지. 물론 그 마을 사람들은 매우 가난했지. 또 그곳은 사계절 모두 기후가 안 좋았어. 그러다 보니 마을 사람들은 항상 서로 으르렁

대고 싸우며 살았지. 남자들은 구운 숯을 수레에 싣고 도시로 팔러 나갔다 되돌아오는 생활을 다람쥐 쳇바퀴 돌 듯 되풀이했지. 이렇듯 지겨운 생활이 계속되다 보니, 사람들의 마음은 자연스레 메말라져 갔어. 여자들은 불평불만으로 하루하루를 살았고 사소한 일에도 다투길 잘했어. 더구나 끊임없이 불어오는 사나운 바람 때문에 사람들의 신경이 예민해져서 자살하는 사람들도 많았다고 하는구나. 한 마디로 사람 살 곳이 못 되는 마을이었지.

내가 수프를 다 먹고 나자 그 노인은 어디선가 조그만 주머니를 갖고 와서는 그 속에서 도토리를 꺼내 탁자 위에 펼쳐 놓는 거야. 그러고는 하나씩 집어 들고서 꼼꼼하게 가려내기 시작했어. 내가 "거들어 드릴까요?" 하고 말했지만, 노인은 "아니, 괜찮소." 하며 고개를 젓는 거야. 나는 양치기 노인이 하는 일을 지켜보았지. 우선 노인은 탁자 위에 펼쳐 놓은 도토리 중에서 큼직한 것들만 골라내더구나. 그런 다음에 골라낸 것들을 하나씩 눈에 가까이 대고 살펴본 뒤 금이 가지 않고 성한 것들만 가려놓는 거야.

마침내 제대로 된 도토리가 100개나 모아졌어. 그제야 양치기 노인은 하던 일을 멈추었고, 우리는 잠자리에 들었단다. 양치기 노인은 양떼에게 풀을 먹이러 떠나기 전에 지난 밤에 정성스럽게 골라 놓았던 도토리를 물 속에 잠시 담갔다가 꺼내어 자루에 담았어. 그리고 자루를 허리 춤에 매어달고 나서는 양떼를 몰기 시작했지. 그런데 참으로 이상한 것은, 양치기 노인이 손에 쥐고 있는 것이 보통 양치기들이 다니는 나무지팡이가 아니라 길이가 1.5미터 정도 되는 쇠막대가 아니었겠니?

나는 양치기 노인을 뒤따라갔어. 양치기 노인은 한참 동안 양떼를 몰고 가다 어느 조그만 골짜기에 있는 풀밭에다 양떼들을 풀어놓았어. 그러고는 한 200미터쯤 계속 올라가는 거야. 그러고는 쇠막대로 땅에 구멍을 파기 시작했어. 노인이 왜 땅에다 구멍을 팠을까? 양치기 노인은 구멍마다 도토리를 하나씩 심고는 정성스럽게 흙으로 덮었지. 그래, 양치기 노인은 떡갈나무를 심고 있었던 거야.

점심식사를 마치고 나자, 양치기 노인은 또다시 도토리를 골라내기 시작했어. 그때 나도 거들면서 노인에게 이것저것 물어 여러 가지 궁금한 사실을 알아냈지. 양치기 노인은 3년 전부터 이 황무지에 나무를 심어 왔다는 것이야. 그리고 그 동안 10만 개의 씨앗을 심었는데, 그 중에서 2만 개가 싹을 내었대. 그런데 그 중에서도 절반 가량은 앞으로 못 쓰게 될 것이라는구나. 산짐승들이 파먹기 때문이래. 그래도 굉장한 일이야. 나머지 1만 그루의 떡갈나무는 이곳에 뿌리를 내리게 되니깐. 나무 한 그루 없이 잡초뿐인 이 황무지에!

그 이후 나는 5년간 전쟁에 참여하여 싸웠단다. 그러다가 내가 다시 그 산골을 찾아간 것은 전쟁이 끝나고 한참이 지나서야. 양치기 노인은 예전보다 더욱 건강한 모습으로 나를 맞이해 주었어. 변한 게 있다면 양떼를 기르는 대신 100통의 꿀벌을 치고 있다는 것뿐. 양들이 자꾸 나무의 묘목을 뜯어먹어서 꿀벌로 바꾸었다는 거야.

양치기 노인은 전쟁이 한참 벌어지고 있는 중에도 꿋꿋이 나무만을 계속 심었던 거지. 산은 온통 떡갈나무의 푸른 잎으로 울창했어. 10년 전에 심었던 도토리가 뿌리를 내려 벌써 내 키보다 훨씬 더 크게 자라난 것이야. 나는 이 놀라운 광경을 보고 할 말을 잃었단다. 너무나도 감동해서 눈물이 나올 정도였다구. 나는 하루 종일 숲속을 돌아다녔어. 숲은 길이가 11킬로미터나

되었고 폭도 3킬로미터 정도였어. 믿을 수가 있겠니?

나무가 점점 자라나면서 시냇물도 다시 흐르게 되었고, 산토끼와 멧돼지 같은 짐승들도 다시 찾아들었어. 그리고 사람들도 하나 둘씩 모여들어 채소밭도 가꾸고 목장도 만들었지. 특히 젊은 부부들은 마당에다 꽃밭을 만들었어. 장미와 금어초, 셀러리와 아네모네…. 어느 집이나 들어가 살고 싶은 집들 뿐이었다구.

이제 내 얘기를 끝내기로 하자. 한 사람의 양치기 노인이 사람이 살 수 없는 황무지를 오늘의 낙원으로 만들었다는 사실을 우리 모두 꼭 기억하면서….

『나무를 심은 사람』에서 주인공 엘지아 부피에 노인이 황폐한 땅을 변화시키기 위해서 했던 일은 나무를 심는 것이었다. 아니 정확히 말해서 도토리를 심는 일이었다. 그 씨앗에서 결국 싹이 나고, 나무가 되고, 한 그루 한 그루의 나무가 모여 숲을 이루었고, 그 숲이 그곳으로 사람들을 다시 불러들였고, 그곳을 생명이 넘치는 곳으로 만들었다.

황폐해진 기독교교육 생태계를 살리는 것은 무엇으로부터 시작될 수 있을까? 오늘의 교회교육이 교회교육만의 문제가 아니라, 교육이 일어나는 생태계 자체의 문제라면 어떻게 그 생태계를 살릴 수 있을까? 기독교교육의 생태계 자체가 황폐해졌다면, 생태계 스스로가 자정능력을 통해 생명력을 회복하기를 손 놓고 기다리기보다는 그 안에 생명의 씨앗을 심고, 그것이 나무로 자라고, 숲을 이루어 생태계 전체를 다시금 활력 있게 만들어야 하지 않을까?

그렇다면 기독교교육 생태계 자체에 나무를 심는 일은 무엇일까? 그것은 생명력 있는 말씀의 씨앗을 심어 그 말씀이 능력을 나타내게 하는 일이라고 할 수 있겠다. 왜 그런가? 말씀이 생명이기 때문이다. 하나님은 이 땅의 생명을 말씀으로 창조하셨고, 육신이 되어 이 땅에 오신 말씀 곧 예수 그리스도로 인해 우리로 하여금 새생명을 얻게 했다. 그렇게 보았을 때 생명을 창조하는 말씀, 생명을 살리는 말씀이 우리의 교육 현장에서 회복되는 것이야말로 황폐한 기독교교육 생태계에 나무를 심는 일이라고 할 수 있는 것이다. 500년 전 루터가 "sola scriptura! 오직 말씀으로!"로 종교개혁의 기치를 삼은 것도 바로 이러한 이유 때문일 것이다.

2) 이야기 둘 – 말씀이 없는 기갈

왜 말씀 회복이 교육생태계의 황폐를 극복하는 핵심적인 길인가? 그 황폐 현상의 핵심에 '말씀 없음'의 현상이 있기 때문이다. 여기서 우리는 아모스서의 이야기에 주목할 필요가 있겠다. 하나님은 아모스서 8장 11절을 통해 다음과 같이 말씀하셨다 :

주 여호와의 말씀이니라 보라 날이 이를지라 내가 기근을 땅에 보내리니 양식이 없어 주림이 아니며 물이 없어 갈함이 아니요 여호와의 말씀을 듣지 못한 기갈이라 (암 8:11)

아모스가 활동할 당시의 북왕국 이스라엘은 정치적 안정기에 들어섰고, 경제적으로도 큰 번영을 누렸다. 오랫동안 이스라엘을 괴롭히던 다메섹이 있었는데, 이 나라가 새롭게 세력을 팽창해온 앗시리아의 침입으로 힘을 잃

종교개혁과 교육개혁

어서 더 이상 이스라엘에게 위협이 되지 못했다. 또한 앗시리아 역시 내부 문제와 우라르투 왕국의 침입을 받게 되어 이스라엘을 위협하지 못하는 상황이 되었다. 이러한 권력의 진공상태에서 여로보암 II세는 그 세력을 크게 확장하여 다윗과 솔로몬 시대에 필적할 영토를 회복했다. 이 과정에서 주요 무역로를 확보한 이스라엘은 막대한 통과세와 활발한 무역을 바탕으로 엄청난 경제력을 소유하게 되었다. 그런데 그것이 복인 것 같았으나 오히려 사람들은 향락과 사치에 빠지게 되었고, 부자들은 돈과 권력으로 재판을 장악하고, 가난한 사람들을 돌보지 않았으며, 부정과 불의로 가득한 상황을 초래했다 :

상아 상에 누우며 침상에서 기지개를 켜며 양떼에서 어린양과 우리에서 송아지를 잡아서 먹고 비파 소리에 맞추어 노래를 지절거리며 다윗처럼 자기를 위하여 악기를 제조하며 대접으로 포도주를 마시며 귀한 기름을 몸에 바르면서 요셉의 환난에 대하여는 근심하지 아니하는 자로다 (암 6:4-6)

위의 말씀은 아모스 시대의 사람들이 얼마나 경제적으로 풍성한 삶을 누렸는지, 상아로 만든 상에 눕고 기름진 음식을 먹고, 대접으로 양질의 포도주를 마시고, 개인이 소장할 악기를 제조할 정도였다는 표현들이 잘 보여준다. 바로 그러한 상황 가운데에서 아모스는 이스라엘에게 경제적 호황과 정치적 안정이 있어도, 하나님의 말씀이 없으면 그것이 기근이고 황폐라고 선포한다. 경제적으로 풍성해도 그 풍성함이 오히려 사람들을 사치와 향락에 빠지게 하고, 있는 사람은 더 가지려 하고, 사회 속의 약한 지체들을 억압하고, 부정과 부패를 일삼음으로써 사회적 생태계의 황폐를 가져온다면, 그것이야말로 양식 없어 주림이 아니고, 물이 없어 갈함이 아니라, 여호와의 말씀이 없는 황폐함, 여호와의 말씀이 다스리지 않는 황폐함이라는 것이다.

위의 이야기는 한국 교회학교의 위기 현상을 비추어 보게 하는 하나의 예가 된다. 우리의 위기도 양식과 물이 없는 위기가 아닌가? 오늘날 한국의 기독교교육은 그 어느 때보다 다양한 이론들이 넘쳐나지 않는가? 장신대에도 50년 전 기독교교육과가 설립된 이래 그 어느 때보다 많은 석박사들이 배출되고 있고, 모든 기독교교육과가 있는 대학들을 통해서 그 어느 때보다 많은 기독교교육학자들이 배출되고 있다. 교회학교에는 다양한 프로그램이 제시되고, 최신 매체를 사용하는 방법들이 제시되어 있는데, 그럼에도 불구하고 사람들은 위기를 말하고 기독교교육 생태계의 황폐를 말하지 않는가? 이것이야 말로 경제적 풍요 속에 있는 기갈, 즉 생명을 살리는 하나님의 말씀이 세워지지 못한 황폐요 기갈의 현상이 아닌가?

이것이 의미하는 것은 우리가 그동안 성경을 가르쳤고 기독교전통을 가르쳤지만, 그것이 실제로 어린이와 청소년의 인격을 형성하고 삶의 방향을 가리키는 힘 있는 가르침이 되지 못했다는 것을 의미하는 것이다. 학교식으로 객관적 지식을 매개하거나 정보를 제공하는 형태로 가르쳤는지 모르지만, 정말 성경의 이야기가 학생의 마음을 어루만지고 학생들의 인생을 동반하는 '마스터스토리'가 되도록 하지는 못했다는 것을 의미한다. 어느 때부터인가 우리의 교회학교에 엔터테인먼트와 게임이 넘쳐나지만, 실제로 그것들이 어린이들을 진정 말씀 안에 뿌리 내리고 내실 있는 신앙인으로 성장하도록 했는지, 우리는 되짚어보아야 한다. 어린이들을 단기적으로 교회에 오도록 하는 데에는 관심을 기울였는지 모르지만, 새로운 프로그램이 나오면 이리저리 휩쓸려 다니면서 강습을 받고 새것을 시도해보려고 했는지 모르지만, 진정 어린이들이 말씀을 통해서 살아 계신 하나님과 만나도록 인도했는지에 대해서 곰곰이 짚어보아야 한다. 어린이뿐만 아니라 청소년, 청

종교개혁과 교육개혁

년, 성인도 양식이나 물이 없어 주림이 아니라, 여호와의 말씀을 듣지 못한 기갈, 즉 말들(로고스)은 넘쳐났지만 그 말들이 진정 그들의 삶을 이끌고 변화시키는 힘으로 작용하는 하나님의 말씀(레마)이 되지 못했던 기갈은 아닌가 생각해야 한다. 여호와의 말씀을 듣지 못한 기갈, 여호와의 말씀을 들으려 하지 않는 기갈, 여호와의 말씀을 생명력 있는 말씀으로 가르치지 못한 기갈이 우리에게 있는 것은 아닌가 돌아보아야 한다.

이 기갈에는 교사, 학습자, 가르침의 방법, 교육환경 등의 문제들이 복합적으로 관련되어 있다. 하나님의 말씀을 진심으로 품지 못하고, 또한 살아 있는 말씀으로 전하지 못하는 교사의 문제가 있고, 말씀을 여호와의 말씀으로 들으려 하지 않는 학습자의 문제도 있다. 물론 그러한 학습자 뒤에는 그들이 여호와의 말씀에 귀 기울여 듣고 순종하기 어렵게 하는 세상적 가치관과 그 가치관을 기초로 하는 가정과 학교와 사회의 교육적 환경, 부모 등의 환경적 문제들이 도사리고 있다. 그래서 생명력 있는 말씀을 회복하는 것이야말로 황폐한 기독교교육 생태계에 다시 생명을 불어넣는 길이라는 확신이 있으면서도, 결코 그것이 우리에게 그다지 간단해 보이지 않는, 그리고 어쩌면 우리가 노력해서 될 것이라고 보장할 수도 없는 그런 과제라고 느껴지는 것도 사실이다.

3. 생명력 있는 말씀을 회복하는 교육 이야기

생명력 있는 말씀을 회복하는 것은 결코 간단하지 않고, 또한 우리의 노력 여하에 달린 것도 아니다. 그럼에도 우리의 노력이 그것으로부터 시작되어야 하는 이유는 그것이 하나님의 방법이기 때문이다. 하나님은 말씀으로 천지를 창조하셨고, 말씀으로 그의 백성들을 빚어가셨다. 하나님은 사람을 불러 말씀을 주셨고, 그를 백성에게 보내어 그 말로 백성들을 깨우치도록 하셨다. 그것이 하나님의 방법이다.

1) 이야기 하나 – "하나님의 교육 이야기"

여기에서 첫 번째 하나님의 교육 이야기에 주목해보자. 이 이야기는 하나님이 에스겔이라는 사람을 불러 그의 백성을 깨우치도록 보내신 이야기이다. 에스겔 당시 이스라엘의 사회적, 정치적, 영적 생태계는 황폐할 대로 황폐했다. 북이스라엘은 망한 지 오래였고, 남유다는 바벨론에 의해 멸망을 앞두고 있었다. 에스겔은 이미 바벨론의 일차 포로로 가 있었고, 예루살렘성전이 파괴되리라 예언되던 참담한 상황이었다. 이스라엘 생태계의 전방위적 황폐의 상황에서 하나님이 하신 것이 무엇인가? 하나님이 하신 것은 에스겔을 부르신 것이다. 하나님이 에스겔을 불러 다음과 같이 말씀하셨다 :

너 인자야 내가 네게 이르는 말을 듣고 그 패역한 족속같이 패역하지 말고 네 입을 벌리고 내가 네게 주는 것을 먹으라 하시기로 내가 보니 보라 한 손이 나를 향하여 펴지고 보라 그 안에 두루마리 책이 있더라 그가 그것을 내 앞에 펴시니 그 안팎에 글이 있는데 그 위에 애가와 애곡과 재앙의 말이 기록되었더라 또 그가 내게 이르시되 인자야 너는 발견한 것을 먹으라 너는 이 두루마리를 먹고 가서 이스라엘 족속에게 말하라 하시기로 내가 입을 벌리니 그가 그 두루마리를 내게 먹이시며 내게 이르시되 인자야 내가 네게 주는 이 두리마리를 네 배에 넣으며 네 창자에 채우라 하시기에 내가 먹으니 그것이 내 입에서 달기가 꿀 같더라 그가 또 내게 이르시되 인자야 이스라엘 족속에게 가서 내 말로 그들에게 고하라 (겔 2:8-3:4)

하나님이 에스겔을 불러서 그에게 말씀하셨다. "너 인자야 내가 네게 이르는 말을 듣고 그 패역한 족속같이 패역하지 말고 네 입을 벌리고 내가 네게 주는 것을 먹으라"(겔 2:8) 하셨을 때, 하늘에서 한 손이 내려와 에스겔을 향하여 펴졌고, 그 속에는 두루마리 책이 있었다. 그 책에는 멸망을 앞두고 있었던 남유다의 운명과 같이 쓰디 쓴 글들, '애가와 애곡과 재앙의 말'이 가득 기록되었음에도 불구하고 하나님은 에스겔에게 발견한 것을 먹으라고 하셨다. 에스겔은 입을 벌렸고, 그러자 손은 그에게 그 두루마리 책을 먹였다. 하나님은 에스겔에게 그 책을 배와 창자에 가득 채우라고 하신 후 먹이고 또 먹이셨다. 그런데 놀라운 것은 쓰디쓴 그 글들이 입에 들어가자 달기가 꿀과 같았다고 했다(3:3). 쓰고 아픈 글이지만 그것이 에스겔에게 씹히고 음미되고 묵상되었을 때에 그 안의 하나님의 뜻이 발견되면서, 하나님의 민족을 향한 사랑과 안타까움이 읽혀졌다는 것이다. 말씀의 맛을 느꼈다는 것이다. 그렇게 먹이시고서 하나님은 에스겔에게 말씀하셨다. "인자야. 이스라엘 족속에게 가서 내 말로 그들에게 고하라."

이것이 하나님의 교육 이야기이다. 이것이 하나님의 생명살림의 교육방법이다. 이스라엘이 처한 총체적 생태계의 파괴, 정치적, 영적, 사회 문화적 파괴 속에서 하나님이 하신 것은 기가 막히게도 한 사람을 부르시고, 말씀을 먹이시고, 보내서 하나님을 대신하여 그 말씀을 전하게 하시는 것이다. 원시적인 것 같고, 어느 세월에 변화가 일어날까 답답한 생각이 들지만, 그것이 하나님의 방식이다.

그래서 하나님의 말씀으로 백성을 깨우치는 일은 해도 되고 안 해도 되는 선택사항이 아니라, 목숨과 맞바꿀 만큼 절대적인 일이다. 하나님은 에스겔에게 "너는 내 입의 말을 듣고 나를 대신하여 이 백성을 깨우치라"(겔 3:17)고 하신 후, "네가 악인에게 깨우쳐서 그들이 악한 길에서 떠나 생명을 구원하게 하지 않으면 그의 피값을 너에게서 찾겠다"고 하셨다(겔 3:18).
그러나 "네가 깨우쳤음에도 불구하고 악인이 돌이키지 않아 죄악 중에서
죽게 되면 그것은 그의 책임으로 돌아간다"고 하셨다. 그들이 '듣든지 아니
듣든지' 하나님의 말씀을 가서 전해야 하는 것은 깨우치는 자의 목숨이 달
려 있는 일이기 때문이다. 왜 하나님의 말씀으로 백성을 깨우치는 일이 목
숨과 맞바꿀 일인가? 그것은 그 일이 생명을 살리는 일이기 때문이다. 그것
을 통해 하나님의 백성이 악한 길에서 떠나 생명을 구원하는 일이 일어나기
때문이다. 그 일이 하나님께서 백성의 생명을 살리고 구원하는 방법, 즉 하
나님 교육의 핵심이다.

그런데 잘 살펴보면 사람을 불러 민족의 교사로 세우시고, 그에게 하나
님의 말씀을 주어 보내서 하나님을 대신하여 백성을 깨우치는 것은 성경에
서 반복적으로 찾을 수 있는 하나님의 교육패턴이라는 사실을 발견하게 된
다. 하나님이 애굽의 노예되었던 이스라엘 백성들을 불러내실 때에도, 그리
고 광야에서 40년간 인도하시고 약속의 땅에 이르게 하실 때에도 하나님은
먼저 모세를 부르셨고, 그에게 말씀을 주어 가서 말하게 하셨다 :

모세가 하나님 앞에 올라가니 여호와께서 산에서 그를 불러 말씀하시되 너는 이
같이 야곱의 집에 말하고 이스라엘 자손들에게 말하라 … 세계가 다 내게 속하
였나니 너희가 내 말을 잘 듣고 내 언약을 지키면 너희는 모든 민족 중에서 내
소유가 되겠고 너희가 내게 대하여 제사장 나라가 되며 거룩한 백성이 되리라
너는 이 말을 이스라엘 자손에게 전할지니라 (출 19:3-6)

"너는 이 말을 이스라엘 자손들에게 전할지니라." 이 말은 모세뿐만 아
니라 여호수아, 이사야, 예레미야, 아모스 등에게 똑같이 하신 말씀이다. 시

종교개혁과 교육개혁

대적 배경과 상황만 바뀌었지 하나님은 언제나 먼저 민족의 교사를 부르시고, 그에게 말씀을 주신 후, 그 말씀을 그의 백성에게 가서 전하도록 하심으로 그의 백성들을 교육하셨다. 사람을 부르시고, 그를 보내시지만, 사람의 말이 아니라, "너는 이 말로 이스라엘 자손들에게 전할지니라"고 하심으로써 하나님의 말씀으로 가르치시는 역설! 이것이 성경 전체를 흐르는 하나님 교육의 패턴이다.

2) 이야기 둘 – "예수님의 교육 이야기"

성경에서 볼 수 있는 두 번째 교육 이야기가 있다. 하나님께서 하나님의 말씀 자체를 우리에게 보내셨다는 이야기다. 예수님! 그분은 성육신하신 말씀 그 자체로 우리 가운데 계시면서, 말씀으로, 삶으로, 구체화된 능력으로 하나님의 말씀을 우리에게 펼쳐 보이면서 직접 하나님 교육을 실현하셨다 :

태초에 말씀이 계시니라 이 말씀이 하나님과 함께 계셨으니 이 말씀은 곧 하나님이시니라 그가 태초에 하나님과 함께 계셨고 만물이 그로 말미암아 지은 바 되었으니 지은 것이 하나도 그가 없이는 된 것이 없느니라 그 안에 생명이 있었으니 이 생명은 사람들의 빛이라 … 말씀이 육신이 되어 우리 가운데 거하시매 우리가 그의 영광을 보니 아버지의 독생자의 영광이요 은혜와 진리가 충만하더라 … 본래 하나님을 본 사람이 없으되 아버지 품속에 있는 독생하신 하나님이 나타내셨느니라 (요 1:1-18)

사람의 입을 통해 말씀을 전하게 하셨던 하나님께서 말씀 자체, 즉 예수님을 우리에게 보내셔서 그분의 말씀뿐만 아니라 삶과 행동과 죽음으로써 하나님의 말씀을 구체화하도록 하셨다. 그분은 죽음에 자신을 내어주면서까지 우리를 향한 하나님의 사랑을 구체적으로 보여주셨다. 하나님의 말씀이 예수님의 삶이 되고 예수님의 삶이 하나님의 말씀이 되자, 그것이 우리를 살리고 인류를 구원했다.

성육신하신 예수님과 더불어 우리는 하나님의 말씀은 언어로만이 아니라, 삶으로, 행동으로 표현되는 것임을 분명히 배웠다. 교사 예수님의 삶 자체가 하나님의 말씀이 되었을 때, 그 삶이 생명을 살리고 구원하는 것을 분명히 보았다. 사랑하라고 말로 가르치는 것이 아니라 사랑을 삶으로 그리고 죽음으로 보여준, 즉 말씀을 육화한 삶이 결국은 그 말씀에 생명력을 부여하고 세상을 변화시키며 생명 살림의 능력을 나타내는 것을 보았다. 예수님의 교육 이야기는 말씀을 육화하는 삶이야말로 생명력 있는 말씀을 회복하는 가장 강력한 방법이라는 것을 우리에게 가르쳐주었다. 우리의 존재 자체가 말씀이 될 때, 그때 우리의 교육이 사람을 살리는 생명력 있는 교육이 된다는 것을 가르쳐주었다.

3) 이야기 셋 – 성령님의 교육 이야기

세 번째로 예수님이 약속하신 성령님이 오셔서 복음의 말씀이 전해지는 곳마다 역사하시고 생명력 있는 말씀이 되도록 하신 '성령님의 교육 이야기'들을 만날 수 있다. 성령의 충만함을 경험한 베드로가 사람들 앞에서 예수 그리스도의 복음을 전했을 때 삼천 명 그리고 오천 명의 사람들이 듣고 마음에 찔림을 얻으며 회개했고, 그들로 인해 예루살렘에 소요가 일어났다. 그 사회를 지탱하던 기반이 흔들렸고, 기득권층의 불안과 그를 막는 세력들에 의해 순교자가 생겼을 때, 제자들은 예루살렘을 넘어 사마리아와 유

종교개혁과 교육개혁

대 그리고 땅끝까지 흩어져야 했다. 그러나 제자들이 가는 곳마다 성령께서 함께 가시며 그들의 말에 능력을 부여하셨고, 그렇게 하나님의 구원 교육은 성령의 역사와 함께 이루어 졌다. 성령님의 교육을 단적으로 보여주고 있는 한 이야기에 주목해보자 :

주의 사자가 빌립에게 말하여 이르되 일어나서 남쪽으로 향하여 예루살렘에서 가사로 내려가는 길까지 가라 하니 그 길은 광야라 일어나서 가서 보니 에디오피아 사람 곧 에디오피아 여왕 간다게의 모든 국고를 맡은 관리인 내시가 예배하러 예루살렘에 왔다가 돌아가는데 수레를 타고 선지자 이사야의 글을 읽더라 성령이 빌립더러 이르시되 이 수레로 가까이 나아가라 하시거늘 빌립이 달려가서 선지자 이사야의 글 읽는 것을 듣고 말하되 읽는 것을 깨닫느냐 대답하되 지도해 주는 사람이 없으니 어찌 깨달을 수 있느냐 하고 빌립을 청하여 수레에 올라 같이 앉으라 하니라 읽는 성경구절은 이것이니 일렀으되 그가 도살자에게로 가는 양과 같이 끌려갔고 털 깎는 자 앞에 있는 어린 양이 조용함과 같이 그의 입을 열지 아니하였도다 그가 굴욕을 당했을 때 공정한 재판도 받지 못하였으니 누가 그의 세대를 말하리요 그의 생명이 땅에서 빼앗김이로다 하였거늘 그 내시가 빌립에게 말하되 청컨대 내가 묻노니 선지자가 이 말한 것이 누구를 가리킴이냐 자기를 가리킴이냐 타인을 가리킴이냐 빌립이 입을 열어 이 글에서 시작하여 예수를 가르쳐 복음을 전하니 길 가다가 물 있는 곳에 이르러 그 내시가 말하되 보라 물이 있으니 내가 세례를 받음에 무슨 거리낌이 있느냐 이에 명하여 수레를 멈추고 빌립과 내시가 둘 다 물에 내려가 빌립이 세례를 베풀고 둘이 물에서 올라올새 주의 영이 빌립을 이끌어간지라 내시는 기쁘게 길을 가므로 그를 다시 보지 못하니라 (행 8:26-39)

이 이야기는 성령께서 어떻게 교육하시는지, 어떻게 말씀의 생명력을 나타내시는지를 분명하게 보여주는 감동적인 성령님의 교육 이야기이다. 이 이야기에서 성령님은 빌립이 간다게의 내시를 만나기도 전에 먼저 빌립의 마음을 움직여 남쪽으로 가게 하셨고, 빌립이 수레 위의 내시를 보았을 때도 수레로 가까이 나아가라고 일러주셨다. 그리고 빌립이 내시가 읽고 있었던 이사야의 글이 무슨 뜻인지 알겠느냐고 묻자 그는 "지도해주는 사람이 없으니 어찌 깨달을 수 있느냐"고 말한다. 누군가 지도해주어야 깨닫지 않겠냐는 말이다. 그때 빌립이 그 글을 시작으로 예수 그리스도의 복음을 가르친다. 이 이야기는 그 가르침의 결과에 대해서 자세하게 보고하기보다는, 단지 그 내시가 세례를 받았다고만 기록하고 있다. 그러나 내시가 세례를 받기를 원했다는 것이 의미하는 것이 무엇인가? 그것은 빌립이 예수 그리스도의 복음을 가르쳤을 때, 그의 마음에 변화가 일어났다는 것을 뜻한다. 그는 지금까지의 삶에서 돌이켜서 세례를 받음으로 신앙인으로 거듭나기를 원했다는 것이다. 그가 이제는 십자가에서 예수와 함께 죽고, 예수와 함께 다시 사는 새로운 정체성을 획득했다는 것을 의미한다(롬 6장). 이 이야기에서 성령은 지도하는 자에게도 함께하셨고, 지도하는 자가 말씀을 전할 때 그 말씀에 능력이 나타나도록 하셨으며, 또한 그를 듣는 사람과 함께 하셔서 그 말씀으로 마음이 열리고 그 말씀의 능력 가운데로 들어가게 하셨다. 이 이야기는 그렇게 가르침이 일어나고, 세례가 베풀어졌을 때, 주의 영이 빌립을 이끌어 데리고 갔다는 것으로 끝이 난다.

한 편의 놀라운 성령님의 교육 이야기이다. 이러한 성령님의 교육 이야기는 단지 빌립에게서 만이 아니라 베드로와 바울과 바나바와 아볼로 및 모든 예수님의 제자들이 그리스도의 복음을 전하는 곳마다 동일하게 일어났던 교육 이야기였다. 예수의 제자들이 복음을 전하고 지도했지만, 그들 가운데 성령께서 함께 지도하셨기에 듣는 사람들 마음 가운데에 변화가 일어났고, 공동체가 세워지고 새로워지며, 사회가 변화되는 놀라운 일들이 있어났다.

우리는 이와 같은 성령님의 교육 이야기로부터 생명력 있는 말씀이 회복되는 교육은 성령의 함께하심과 역사하심으로 가능한 것임을 분명히 배운다. 인간의 입을 통해 전하지만 지도하는 사람, 지도하는 내용, 듣는 사람 가운데 함께하심으로 말씀의 능력이 나타나게 하는 성령님의 존재와 함께하는 가르침이야말로 생명력 있는 말씀이 회복되는 결정적인 통로라는 사실을 확인한다.

4) 생명력 있는 말씀 회복, 어떻게 할 것인가?

그러면 우리의 교회교육에서 생명력 있는 말씀이 회복되려면 어떻게 해야 할까? 우리가 앞에서 살펴본 생명력 있는 말씀을 회복하는 교육 이야기, 즉 하나님의 교육 이야기, 예수님의 교육 이야기, 그리고 성령님의 교육 이야기로부터 우리는 다음과 같은 통찰을 얻게 된다.

(1) 교사가 먼저 하나님의 말씀을 읽는 운동이 일어나야 한다.

'하나님의 교육 이야기'로부터 우리는 하나님이 그의 백성을 깨우치실 때 언제나 먼저 사람을 불러 그에게 말씀을 준 후, 그를 보내서 하나님을 대신하여 백성을 깨우치도록 하셨던 것을 보았다. 즉 하나님의 교육은 반드시 사람을 통해서 이루어지는 패턴이 나타난다는 것이다. 물론 이 패턴은 예수님과 성령님의 교육 이야기에서도 동일하게 발견된다. 성령님의 교육 이야기도 성령이 사람을 통해서 교육하는 이야기이고, 심지어 예수님의 교육 이야기에서는 말씀이 사람(육신)이 됨으로써, 말씀과 사람이 일치되는 것을 본다.

이상에서 우리는 말씀의 생명력이 회복되는 교육을 위해 무엇보다 먼저 관심을 기울여야 할 대상이 교사라는 사실을 깨닫게 된다. 교사가 먼저 세워져야, 그를 통해 생명력 있는 말씀의 교육이 일어날 수 있는 것이다. 그런데 하나님은 교사를 어떻게 세우시는가? 하나님은 교사를 불러 먼저 그에게 하나님의 말씀을 주셨다. 왜 그런가? 하나님은 그의 백성들을 그의 말씀으로 교육하시는데, 이를 위해서 하나님은 그가 전할 말씀을 먼저 교사에게 주셨다. 하나님의 교육 이야기에 반복적으로 나타나는 말, "너는 이 말을 이스라엘 자손들에게 전할지니라"는 언제나 먼저 교사에게 전할 말씀을 주시는 것으로부터 시작되는 것이다. 심지어 하나님은 에스겔에게 말씀 두루마리를 먹여주는 환상을 보여주셨다.

말씀을 먹는다는 것이 무엇인가? 말씀이란 읽거나 듣는 것인데, 에스겔서의 본문에는 말씀을 먹는다는 표현이 나타나는바, 이것은 말씀과 우리의 관계를 보다 분명하게 보여주고 있다. 우리가 음식을 먹는 것은 음식으로부터 에너지를 얻고, 우리의 생명을 유지하고 보존하는 데 필요한 요소들을 얻어서 살아간다는 것을 의미한다. 그래서 음식을 먹지 않으면 우리의 생명은 이어질 수 없다. 마찬가지로 말씀을 귀로 듣고 흘리는 것이 아니라 먹는다는 것은 말씀이 우리 안에 들어와 씹히고, 음미되고, 그 안의 영양소가 흡수되어 온 몸으로 공급됨으로써 우리의 생명을 살리고 유지하는 힘이 되어야 한다는 것을 의미한다. 말씀을 먹는다는 것은 우리의 삶을 말씀으로부터 공급받은 힘으로 산다는 것을 의미하는 것이다.

그렇기 때문에 성경에는 하나님의 말씀에 대하여 먹는다는 비유가 사용되고 있는 것을 자주 발견할 수 있다. 신명기에는 말씀을 만나와 연결시키면서, 하나님이 하늘에서 내려온 만나로 이스라엘 백성이 살도록 하신 것은

우리가 여호와의 입에서 나오는 말씀으로 살지 않으면 안 된다는 것을 보여 주는 것이라고 했다 :

너를 낮추시며 너를 주리게 하시며 또 너도 알지 못하며 네 조상들도 알지 못하던 만나를 네게 먹이신 것은 사람이 떡으로만 사는 것이 아니요 여호와의 입에서 나오는 모든 말씀으로 사는 줄을 네가 알게 하려 하심이니라 (신 8:3, 시 78:24).

예수님도 돌을 떡으로 만들라는 시험 앞에서 "기록되었으되 사람이 떡으로만 살 것이 아니요 하나님의 입으로부터 나오는 모든 말씀으로 살 것이라 했느니라 하시니"라고 하셨다(마 4:4).

지금까지 살펴본 바대로, 하나님이 교사에게 "너는 이 말을 이스라엘 자손들에게 전하라"고 하시면서 말씀을 주신 것은 단순히 받아서 전달하라고 주신 것이 아니라, 교사가 말씀을 먹는 것과 같아야 한다는 것이다. 교사는 진정으로 말씀과 인격적으로 만나고, 말씀의 능력을 뼛속 깊이 체험한 후 가야 한다는 것이다. 말씀을 먹는다는 것은 말씀이 교사에게 들어가 말씀과 하나가 된다는 것을 의미하며, 이것은 예수님의 성육신 이야기처럼, 말씀과 교사가 일체가 되는 것을 의미한다. 말씀을 먹어 말씀과 하나가 됨으로써 교사는 그 말씀을 말할 수 있고 그 말씀을 삶으로 선포할 수 있는 것이다.

따라서 말씀의 생명력이 회복되는 교육을 위해서 무엇보다 먼저 선행되어야 하는 것은 교사가 말씀을 먹어야 한다는 것이다. 즉 교사가 진정으로 말씀과 전인격적으로 만나고, 말씀의 힘 앞에 자신을 내어놓고, 그 말씀이 지시하는 것에 자신과 자신의 삶을 맞추고 일치시킬 때, 교사는 가서 그 말씀을 말하고 삶으로 선포할 수 있는 것이다.

그러므로 우리가 지금 해야 할 일은, 하나님께서 그 어떤 상황에서도 언제나 한 사람을 부르시고 말씀을 주시면서 그의 교육 이야기를 시작하신 것처럼, 우리도 무엇보다 먼저 교사들이 말씀을 읽도록 해야 한다는 것이고, 읽은 말씀을 하나님의 말씀으로 만나도록 해야 한다는 것이다. 그것이 당장 교회학교에 큰 변화를 가져오지 않을지라도, 그것이 당장 어린이와 청소년을 교회에 불러 모으지는 않는다 하더라도, 그것이야말로 우리가 가장 시급하게 해야 할 일이다.

이를 위해 우리는 교사들의 '말씀읽기 운동'을 시작해야 할 것이다. 교사는 자신이 가르칠 공과책을 펴기 전에 먼저 하나님의 말씀인 성경책을 펴서 읽고, 그 말씀 속에서 하나님의 말씀을 만나고, 그 말씀을 하나님이 자신에게 주신 말씀으로 발견할 수 있어야 한다. 교사는 학생을 가르치기 전에 먼저 말씀을 열어 자신을 가르쳐야 할 것이다. 말씀을 통해 역사하시는 하나님의 뜻을 먼저 발견하고, 가서 그 말을 전할 수 있도록 해야 할 것이다. 생명력 있는 말씀이 회복되기 위해서는 그 생명력이 먼저 교사에게서 나타나도록 해야 할 것이다.

(2) 말씀을 육화하는 삶의 운동이 일어나야 한다.

'예수님의 교육 이야기'는 성육신 사건을 통해 말씀 자체가 우리에게 오셨다는 것을 보여줌으로써, 예수님의 언어적 가르침뿐만 아니라, 그의 삶과 죽음 그리고 부활 자체가 하나님의 말씀이라는 것을 우리에게 분명히 가르쳐주셨다. 또한 그가 보여주신 삶 자체가 곧 구원하는 능력이며, 인간을 변화시키는 힘이라는 것을 구체적으로 보여주셨다. 이것이 우리의 교육에 주는 의미는 무엇인가? 말씀이 결국 우리의 삶으로 구체화될 때, 그것이 생명을 살리는 궁극적 능력이 된다는 것이다. 이것은 우리가 말로만이 아니라 말씀이 육화된 행동과 삶으로 가르칠 때, 말씀의 진정한 생명력이 나타난다는 것을 의미하는 것이다. 따라서 생명력 있는 말씀을 회복하는 교육은 말씀이 육화된 삶으로 가르쳐야 한다는 것이다.

말씀이 육화된 행동과 삶으로 가르쳐야 한다는 것은, 무엇보다 먼저 '교사'가 말로써만이 아니라 예수님처럼 행동과 삶으로 가르쳐야 한다는 것을 의미한다. 생명을 살리는 교육의 힘은 교사에게서 먼저 삶으로 육화된 생명력 있는 말씀이 될 때에 나타난다는 것이다. 그런 의미에서 우리는 모든 교사와 더불어 말씀을 삶으로 살아내는 '말씀 살기 운동'을 시작해야 한다.

여기서 교사라고 하면 우리는 먼저 교회학교 교사를 비롯한 모든 기독교교육 지도자를 떠올리기 쉽다. 물론 그렇다. 그러나 육화된 삶으로 가르쳐야 하는 대표적 교사는 그 누구보다 '부모'이다. 하나님은 그의 백성들을 가르칠 일차적 사명을 부모에게 주시면서, 부모가 하나님 사랑하기를 "네 자녀에게 부지런히 가르치며 집에 앉았을 때에든지 길을 갈 때에든지 누워 있을 때에든지 일어날 때에든지 강론하라"고 하셨다(신 6:4-9). 앉았을 때, 길을 갈 때, 누워 있을 때, 일어날 때 강론하라는 말씀이 정말 누워서 강론하고, 서서 강론하라는 말씀일까? 이것은 삶으로 가르치라는 말씀이다. 부모는 삶의 모든 순간에 하나님 사랑의 삶을 행동으로, 삶으로 보이라는 것이다. 삶으로 가르치라는 것이다. 따라서 우리는 부모를 비롯한 모든 교육 지도자들, 즉 교사들의 '말씀 살기 운동'을 시작해야 한다.

말씀을, 그것이 육화된 행동과 삶으로 가르치는 것은 또한 '공동체' 자체를 통해서도 나타나야 한다. 말씀은 교사나 부모의 개인적 삶을 통해서도 육화되지만, 그러한 개인적 삶이 모인 신앙의 공동체를 통해서도 육화된다. 우리 모두는 신앙공동체의 삶에 참여함을 통해 신앙을 형성했고 또한 성장했다. 따라서 공동체 자체가 말씀이 육화된 삶을 형성하는 것이 선행되어야만, 그에 참여하는 사람들에게 생명력 있는 말씀이 경험되는 것이다. 이를 위해서는 공동체의 문화 자체가 말씀으로 육화되는 것, 공동체 속에서 말씀의 문화화가 선행되어야 한다. 가정 안에 말씀의 문화화가 이루어져야 하고, 교회 속에서 말씀의 문화화가 이루어져야 한다. 공동체의 '말씀 살기 운동'이 시작되어야 하는 것이다.

(3) 말씀이 수단이 아닌 목적이 되는 운동이 일어나야 한다.

'성령님의 교육 이야기'는 말씀이란 인간의 입을 통해 전해지지만, 그 가운데 성령이 함께할 때 말씀의 생명력이 나타나는 교육이 됨을 우리에게 가르쳐준다. 이것은 교육이 우리의 노력에 달려 있는 것이 아니라는 것을 인정하도록 하며, 따라서 우리의 교육의 현장에서 성령께서 역사하시도록 자리를 내어 드려야 함을 분명히 해 준다.

그러면 성령께 자리를 내어드린다는 것이 무엇인가? 그것은 일차적으로 말씀 자체의 생명력이 스스로 나타나도록 하는 교육을 의미하는 것인바, 이것은 말씀이 목적이 되도록 하는 교육을 말하는 것이다. 즉 말씀을 어떤 다른 것을 가르치는 수단이나 어떤 다른 목적을 이루기 위한 방편으로서가 아니라, 그 자체의 생명력이 스스로 나타나 사람들을 살리고 변화시키는 힘이 되도록 말씀에 자리를 내어주는 교육이 되어야 한다는 것이다.

사실 우리의 교회교육 현장에서 말씀이 가르쳐지지 않은 적은 없다. 모든 교회학교에서 매 주일 말씀이 선포되고 있고, 또 교사들에게 무엇을 가르쳤냐고 물으면 너도 나도 성경말씀을 가르쳤다고 답하고 있는데, 지금 말씀 자체가 목적이 되어야 한다는 것이 웬 말인가? 이 물음에 직면해서 우리는 우리의 교육 현장에서 진정으로 말씀이 목적이 되었는가를 다시 점검할 필요가 있다. 우리의 교육 현장에서 말씀은 우리가 원하는 어떤 윤리적, 도덕적 가르침을 주기 위한 수단이 되고 있지는 않은가? 어린이가 흥미와 재

종교개혁과 교육개혁

미를 느끼는 것이 말씀 자체의 생명력보다 중시되지는 않는가? 어린이가 많이 오게 하기 위해서 선택한 엔터테인먼트적 요소들이 말씀보다 앞서지는 않는가? 공과책을 통해 해석된 말씀이 성경말씀보다 우선시 되지는 않았는가? 정말 우리가 우리의 현장에서 하나님의 말씀의 깨우치시고 변화시키시는 힘을 믿고, 말씀이 말씀하시도록 자리를 내어드렸는가?

생명력 있는 말씀이 회복되는 교육은 우리의 교육 현장에서 말씀이 수단이 아닌 목적이 되도록 하는 것으로부터 시작되어야 한다. 그것은 먼저 교육 내용에서 그러해야 한다. 우리의 커리큘럼은 먼저 말씀을 소중하게 생각하고 말씀의 생명력이 나타날 수 있도록 구성하는 것을 중요한 원칙으로 삼아야 할 것이다. 말씀보다 주제를 앞세우지 말고, 말씀보다 성품을 앞세우지 말아야 한다. 말씀보다 해석을 앞세우지 말고, 말씀보다 활동을 앞세우지 말아야 한다. 성경의 이야기는 먼저 그 자체의 플롯(줄거리)에 따라 잘 전개하고, 그것을 듣는 학생들이 마치 그 이야기 속 현장에 있는 것처럼 체험할 수 있도록 그렇게 구성되고 전달되어야 한다. 그렇게 성경의 이야기 안에서 성령님이 마음껏 춤추면서 이야기와 이야기 안으로 초대된 학생들과 이야기를 전달하는 교사를 넘나들면서 성경 이야기의 생명력을 나타내게 해야 한다.

그렇기 때문에 생명력 있는 말씀이 회복되는 교육은 교육의 방법을 통해서도 구현되어야 한다. 성경의 이야기는 정보를 제공하듯, 지적인 전달 방법으로 제시될 것이 아니라, 학습자들이 그 이야기 안으로 초대되어 그 안에 머무를 수 있도록 제시되어야 한다. 그 안에서 이야기를 만드신 하나님을 만나고, 그분과 관계맺을 수 있도록 제시되어야 한다. 따라서 성경의 이야기는 언어만이 아니라 시각, 청각, 촉각 등의 다양한 감각으로 경험되어야 하고, 머리만이 아니라 몸으로도, 전인적으로 경험되어야 한다. 정보

전달이 아니라, 이야기의 경험, 감탄과 경이의 경험이 중요하고, 머리로만이 아니라 가슴으로도 느껴질 수 있도록 제시되어야 한다. 그럴 때 학습자는 성경 이야기를 마음으로 품을 수 있게 된다.

따라서 우리의 교육 현장에서 생명력 있는 말씀이 회복되기 위해 우리는 말씀을 수단이 아니라 목적이 되도록 하는 운동을 시작해야 한다. 말씀의 해석보다는 말씀 자체를, 주제나 성품보다는 말씀을, 엔터테인먼트보다는 말씀을 중시하는 운동을 시작해야 한다. 엔터테인먼트보다는 말씀을 중시하는 교육을 하자는 것이 재미와 흥미를 포기하라는 말이 아니다. 재미를 찾되 그 재미가 성경의 이야기 속에서 우러나올 수 있게, 재미를 느끼되 성경 이야기에 몰입하면서 느낄 수 있게 하자는 것이다. 말씀 외의 요소들에서 느끼는 재미는 순간적인 재미를 가져올지 모르지만, 그것이 신앙에 뿌리내리게 하는 통로는 되지 못한다. 순간적으로 어린이들을 교회에 오도록 할지는 모르지만, 장기적으로 어린이가 말씀을 품고 성장하여 말씀의 사람이되게 하지는 못한다. 말씀을 수단이 아닌 목적이 되게 하는 것은 교육의 내용, 공과의 방향, 교육의 방법적 측면에 이르기까지 총체적으로 변화를 요청하는 일이다. 그러나 그것이 우리의 교육에서 생명력 있는 말씀을 회복하는 길이라면, 우리는 힘들고 어렵지만 그 운동을 시작해야 할 것이다.

4. 나오는 말 – 오직 말씀으로!

총체적인 교육생태계의 황폐화 현상에 직면한 한국의 교회교육이 다시금 생명력을 회복할 수 있는 길은, 교육생태계가 스스로의 자정능력으로 생명력을 회복하기를 기다리기보다는, 그곳에 적극적으로 생명을 심음으로써 회복될 수 있는바, 그것이 '생명력 있는 말씀의 회복'이라는 것으로부터 우리는 이 글을 시작했다. 왜냐하면 현재 한국의 교회교육의 위기는 경제적 어려움이나 교육이론 혹은 방법의 결핍이 아니라, 궁극적으로 하나님의 말씀이 우리의 삶을 변화시키고 이끌어가는 생명력 있는 말씀이 되지 못하는 근본적 문제와 뗄 수 없이 연결되어 있다고 보았기 때문이다.

이 장에서는 그러한 전제 위에서 어떻게 우리의 교회교육에서 '생명력 있는 말씀을 회복'할 것인지에 대한 가능성을 모색하면서, 성경에서 찾은 세 가지의 교육 이야기, 즉 '하나님의 교육 이야기', '예수님의 교육 이야기' 그리고 '성령님의 교육 이야기'를 살피고, 그것에 길을 물었다.

그 이야기들로부터 우리는 생명력 있는 말씀을 회복하기 위해 한국 교회는 첫째, 교사가 하나님의 말씀을 받는(먹는) 것으로부터 시작해야 함을 확인했다. 왜냐하면 성경에 나타난 하나님의 교육 이야기는 우리에게 하나님은 그 어떤 위기의 상황 속에서도, 그 어떤 절망의 상황 속에서도 한 사람의 교사를 부르시고, 그에게 말씀을 주신 후 그를 보내 민족에게 가서 "내 말을 그들에게 전하라"고 하는 것으로 그의 백성들을 가르치고 계시기 때문이다. 이 상황에서, 학생들도 아니고, 교사들에게 말씀을 먹으라는 것이 당장에 어떤 변화를 가지고 올 것 같이 보이지 않는다 하더라도, 그것이 하나님의 방법이기에 우리는 그것으로부터 다시 시작해야 한다. 교사가 성경 말씀을 펴고 읽는 것으로부터 우리는 말씀회복의 운동을 시작해야 할 것이다.

둘째, 우리는 '예수님의 교육 이야기'로부터 말씀이 육화된 삶으로 가르쳐야 한다는 것을 다시 확인했다. 예수님의 교육 이야기는 우리가 진정 생명력 있는 말씀을 회복하기 원한다면, 입으로만이 아니라 삶으로 구체화된 말씀만이, 그리고 말씀이 육화된 공동체의 삶만이 답이라는 것을 가르쳐 준다. 개인이나 공동체의 '말씀 살기 운동'을 우리는 시작해야 한다.

셋째, '성령님의 교육 이야기'로부터 우리는 말씀이 수단이 아니라 목적이 되도록 해야 한다는 것을 확인했다. 말씀을 통해 성령의 역사가 나타나도록 하는 가르침은 말씀 자체로부터 생명력이 나타나도록 하는 것과 다름 아니기에 말씀 자체가 목적이 되어야 하는 것이다. 도덕적, 윤리적 가르침보다는 성경 이야기 자체에, 말씀의 해석보다는 말씀 자체에, 성품보다는 성경 이야기에, 엔터테인먼트보다는 성경 이야기에 초점을 두는 가르침을 통해서 우리의 어린이와 청소년들이 말씀을 품고 성장할 수 있도록 해야 한다. 그것이 교육의 내용, 공과의 방향, 교육의 방법 등의 차원에서 근본적으로 변화를 요청하는 것일지라도, 진정으로 생명력 있는 말씀을 회복하는 교육을 원한다면 반드시 붙잡고 실천해야 하는 중요한 원칙이다. 말씀이 수단이 아닌 목적이 되는 운동을 시작해야 한다.

그렇게 우리는 한국 교회가 처해 있는 총체적 교육생태계의 황폐화 현상의 한가운데에 말씀의 생명력을 심어야 할 것이다. 느리더라도, 당장 눈앞에 성과를 보게 되지 않더라도, 그것이 하나님, 예수님, 그리고 성령님의 교육방법이기에. 그리고 그것이 우리 개신교 전통의 첫 걸음을 내딛은 루터의 교육방법이었기에.

주 ————

1) 이원규, 『종교사회학적 관점에서 본 한국 교회의 위기와 희망』 서울, 도서출판 KMC. 2010.
2) 양금희, "다음 세대에 생명을 불어넣는 기독교교육", 2013.

종교개혁과 교육개혁

만인을 제사장으로!
- 한국 교회 평신도교육 개혁

* * *

1. 들어가는 말

　만인제사장설은 개혁가 루터에 의해 처음으로 제안되었고, 종교개혁의 초창기에 로마 가톨릭교회의 성직주의에 대항하여 개혁교회의 새로운 방향을 보여준 상징적 개념 중 하나라고 할 수 있다. 만인제사장 개념은 사제와 평신도 간의 존재론적 차이를 부정하고, 하나님의 계시의 자리를 교회와 사제로부터 성도 개인에게로 옮기는 결정적 계기를 마련했다. 또한 그 개념은 모든 성도가 교회와 사제의 간섭이나 보살핌 아래에 머무는 것이 아니라 스스로 사제의 직을 감당할 수 있는 독자적이고 성숙한 신앙인이 되어야 한다는 통찰을 제시함으로써, 평신도 이해에 대한 새로운 지평을 열고, 평신도교육에서 일종의 패러다임 전환을 가져왔다고 할 수 있다.

그로부터 500년! 루터의 종교개혁 500주년을 맞으면서, 이 책의 마지막 장에서 루터의 만인제사장 개념에 나타나는 평신도 이해를 바탕으로 개혁교회가 나아가야 할 평신도교육의 패러다임을 살펴보고, 이를 바탕으로 한국 교회 평신도교육의 개혁 방향을 제시해보고자 한다. 물론 이를 위해서 먼저 루터가 제시하는 만인제사장 개념과 기본 정신을 그가 만인제사장 개념을 언급한 문서들을 중심으로 살펴보도록 할 것이다.

2. 루터의 만인제사장설

1) '만인제사장설'과 루터의 저술

루터의 저술에서 '만인제사장(das allgemeine Priestertum)'의 흔적이 처음 나타난 것은 『로마서 강해』(1515~1516)이지만,[1] 그 개념이 본격적으로 확인되는 것은 1520년부터, 특별히 『신약성경에 대한 설교 *Sermon von dem Neuen Testament, 1520*』와[2] 『독일 그리스도인 귀족에게 *An den Christlichen Adel deutscher Nation von des christlichen Standes Besserung, 1520~1521*』[3]에서다. 『독일 그리스도인 귀족에게』는 루터가 특별히 로마 가톨릭과 교황의 교권주의를 비판하면서 개신교의 입장을 밝힌 개혁 프로그램적 저술인데, 이 글에서 '만인제사장' 개념이 본격적으로 나타난다. 이후 『기독교인의 자유에 관하여 *Von der Freiheit eines Christenmenschen, 1520*』[4]와 『미사의 오용에 관하여 *Vom Missbrauch der Messe*』에서도 부분적으로 언급되고, 무엇보다 1523년에 라틴어로 발표된 『교회의 사역자를 세우는 것에 관하여 *De instituendis ministris ecclesiae, 1523*』[5]에서 앞선 글들에서 언급한 만인제사장 개념이 체계적으로 정리되어 있는 것을 발견할 수 있다. 라틴어로 쓰여진 이 글은 순식간에 네 개의 상이한 독일어 번역본이 나타났을 정도로 동시대인들에게 그 중요성이 인식되었던 글이다.[6]

그런데 위의 저술들은 대부분 1520~1523년 사이에 발표된 것들이고, 이것은 '만인제사장' 개념이 주로 루터의 초기 종교개혁 저술들에 집중적으로 나타난다는 것을 의미한다. 로제(Bernhard Lohse)는 루터가 교회의 직제에 관해 쓴 글을 크게 네 시기로 나누고 있다.[7]

첫 번째 시기는 1517~1520년으로, 이 시기는 루터가 로마 가톨릭교회의 지도층에 대해 분개하면서 모든 세례자들이 제사장이라는 개념을 처음으로 전개하던 시기이다. 두 번째 시기는 1520년 가을부터 1523년까지로, 이 시기는 루터가 로마와 첨예한 대립관계에 있으면서도, 동시에 급진적 종교개혁 진영에 대항하여 직제에 대한 개신교의 새로운 입장을 세웠어야 했던 시기라고 했다. 세 번째 시기는 1524~1529년으로, 이 시기에 루터는 열광주의자들에 대항하여 '성령의 역사'와 '목사(geistliche Amt)의 말씀선포'는 함께 가는 것이라는 입장을 전개했다. 네 번째 시기는 1530년 이후로, 이 시기에 루터는 개신교의 노회들(landeskirchen) 안에 목사 및 감독직에 대한 분명한 윤곽을 세우고 이를 시행했다.

이 분류에 비추어 볼 때, 앞에 나열한 루터의 만인제사장 개념에 관한 글들은 주로 첫 번째 시기와 두 번째 시기에 분포되어 있는바, 이것은 루터가 주로 로마 가톨릭교회와의 분쟁의 시기에 그와 구별된 개신교의 입장을 천명하는 과정에서 '만인제사장' 개념을 집중해서 제시했다는 것을 말해준다. 또한 그의 후반기 저술에서는 만인제사장 개념이 집중적으로 조명되지 않는데, 이는 그가 직제의 문제를 '만인제사장' 개념과 연계하여 생각하지 않았다는 것을 보여주는 것이라고 할 수 있다.[8] 왜 그런지, 그리고 그렇다면 그에게서 '만인제사장' 개념은 어떠한 의미를 갖는지, 그의 저술들에 나타난 만인제사장 개념을 살펴보면서 가늠해보도록 한다.

2) '만인제사장', '일반 제사장'

우리말로 '만인제사장'이라 번역되는 루터의 이 개념은 독일어로는 "알게마이네스 프리스터툼(allgemeines Priestertum)"이라고 읽는데, 보다 엄밀하게 말하면 '일반제사장'이라고 번역할 수 있다. 물론 그 둘은 비슷한 뜻이지만 의미상으로 약간의 차이가 있다. 우선 '만인제사장'이라는 단어는 "모든 사람이 조건 없이 제사장"이라는 의미를 내포하지만, 루터의 개념은 엄격하게 말하면 '신자의 만인제사장', 혹은 '세례자의 만인제사장(das allgemeines Priestertum von den getauften)'으로, 믿음으로 세례받은 사람의 만인제사장됨을 뜻한다. 반면 '일반제사장'이란 만인이 다 제사장이라는 개념을 포함하면서도, 로마 가톨릭교회에서 주장하는 '특별제사장(spezielles Priestertum)'과 반대되는 개념이라는 의미를 담고 있다. 즉 '특별제사장' 개념이 제사장적 직분을 담당하도록 특별하게 서품된 사제들을 지칭하면서, 이들은 영원히 사제로서의 특별한 지위(character indelebilis)를 획득하게 된다는 개념이라면, '일반제사장'은 이미 세례와 더불어 모든 신자들이 일반적으로 '제사장됨'의 상태를 얻는다는 개념이라 할 수 있다. 이 일반적 제사장됨이 특별한 서품이 없어도 사제 역할을 할 수 있는 기반이 되고, 따라서 '목사'의 직도 이 일반제사장직의 기초 위에 세워진다는 것이다. 그런데 루터는 일반적 사제직만으로 그리스도인은 누구나 위급한 상황에서 공적 사제직을 수행할 수 있지만, 공적 예배 때에 말씀을 선포하고 성례전을 집전하는 것은 '목사'의 일로, 이것은 공동체가 그것에 합당하다고 인정하여 선

종교개혁과 교육개혁

택하고 위탁한 사람이 담당해야 한다고 했다 :

> 두 가지가 있다. 누군가가 공적으로 공동체의 위탁을 받아 일반적 권리
> (allgemeines Recht)를 수행하는 것, 혹은 누군가가 위급상황에서 이 권리를 스
> 스로 수행하는 것, 공적으로는 공동체의 동의 없이 누구도 이 직을 수행해서는
> 안 된다. 그러나 위급상황에서는 누구든지 원하면 이 권한을 수행할 수 있다.[9]

루터는 이러한 맥락에서 일반적 사제직과 목사직을 구별하는 명칭을 사
용했는데, 그는 라틴어로 "제사장〔sacerdos/sacerdotes(Priester)〕"이라는
단어를 '일반적 사제직'에 사용하고, 목사직에 대해서는 "사역자(minister/
ministri)"라는 단어를 사용했다.[10] 루터는 "제사장은 사역자(직을 맡은 자
Amtstraeger)가 아니다. 전자는 물과 영으로서 태어나는 것이고, 후자는 그
직분으로의 부르심에 의해서 만들어지는 것이다."[11]라고 보다 구체적으로
설명하기도 한다. 그의 이러한 생각은 1530년에 더욱 분명해져서 그는 "모
든 기독교인은 제사장이다. 그러나 모두가 목사는 아니다. 그는 기독교인이
면서 제사장인 것을 넘어서서 교회의 직분으로 부름 받고 명령 받아야 한
다. 이 부름과 명령이 목사와 설교자를 만드는 것이다."[12]라고 했다.

이 같은 구분을 통해 우리는 루터의 "알게마이네스 프리스터툼"을 신자
에게 일반적으로 주어지는 제사장됨이라는 개념인 '일반 제사장'으로 번역
하고 이해할 수 있게 된다.

3) 믿음이 제사장이다.

루터는 만인제사장의 근거를 '믿음'으로부터 설명하고 있다. 그는 믿음

이 곧 제사장이 되는 관문이고, 따라서 믿음으로 인해 '신자'된 사람들은 모두 제사장이라고 했다. 그가 만인제사장에 대해 최초로 본격적 언급을 한 『신약성경에 대한 설교』(1520)에 다음과 같은 구절이 있다 :

> 믿음이 전부이다. 믿음만이 진정한 제사장이요, 믿음은 누구라도 제사장 외의 다른 것이 되도록 허락하지 않는다. 따라서 모든 기독교인은 목사다. 모든 여자들도 목사다. 젊은이나 노인이나, 주인이나 종이나, 여자나 소녀나, 배운 사람이나 배우지 않은 사람이나 여기에는 어떠한 차이도 없다. 믿음에서 차이가 있는 것이 아니라면.[13]

　루터는 믿음이 있는 자, 즉 모든 '신자'는 제사장이라고 천명했고, 따라서 믿음으로 신자가 되는 관문인 '세례'야말로 그 자체로 신자들이 '제사장이 되는 관문'이라고 했다. 우리가 '세례'로 인해 기독교인이 되는 것처럼, 우리가 기독교인이라면 곧 제사장이라는 것이다.

　이와 같은 생각은 당시 로마 가톨릭교회의 생각을 전복하는 것이었다. 즉 로마 가톨릭교회는 '사제서품'을 받아 사제가 되는 사람은 평생 '지울 수 없는 표시(character indelebilis)'를 소유하는 것이며, 이것으로서 사제는 평신도와 존재 자체가 달라진다는 생각을 가지고 있었다. 이에 반해 루터는 제사장이란 로마 가톨릭에서처럼 외적 기름 부음으로 되는 것이 아니라 영적으로 물과 성령으로 거듭나는 것이며, 이것이야말로 믿음으로 세례를 받는 모든 신자들에게 주어지는 것이고, 이것이 사제됨보다 선행하는 것이라고 했다 :

> 신약에서 제사장이란 만들어지는 것이 아니라 태어나는 것이고, 서품을 받는 것

종교개혁과 교육개혁

이 아니라 만들어지는 것이다(erschaffen). 이 말은 제사장이 육적으로 태어난다는 말이 아니라, 영적 탄생, 즉 물과 성령으로 거듭남의 탕 안으로 태어난다는 말이다(요 3:5, 디 3:5). 따라서 모든 기독교인은 철저히 제사장이고, 모든 제사장은 그 자체로 기독교인이다. 따라서 누군가 사제가 평신도와 무엇인가 다르다고 주장하는 사람이 있다면, 그는 저주받아야 한다. 그런 사람은 하나님의 말씀 없이 말하는 사람이고, 단순히 인간적인 말을 하는 것이며, 낡은 전통이나 단순히 그렇게 생각하는 사람들에 따라서 말하는 것뿐이다.[14]

루터는 기독교인의 제사장됨은 외적인 안수나 사제서품과 같은 제도를 통해서가 아니라, 믿음과 세례로 신자가 되는 순간에 영적으로 또 내면적으로 일어나는 것이라고 보았다. 믿음이 곧 제사장이요, 세례가 곧 사제서품과 다름 아니라는 것이다.

따라서 루터의 만인제사장 개념은 사제와 평신도 간에는 어떠한 존재적 차이도 없음을 천명하는 개념이라고 할 수 있다. 그는 '믿음'으로 우리가 신자가 되듯이, 신자는 그 누구도 차별 없이 제사장이라는 것을 분명히 함으로써, 사제나 평신도 간에 기능상 차이는 있을지 모르지만, 존재적 차이는 없음을 말한다. 그의 이러한 개념은 당시 로마 가톨릭의 중세적 계급주의, 즉 영적 지위가 세속적 지위 위에 있고, 특별히 교황이 그 사다리의 맨 위에 있는 계급주의적 구조에 근본적인 문제를 제시하고, 새로운 패러다임, 즉 사제와 평신도, 종교적 직업과 세속적 직업 간에 계급적 차이가 없는 새로운 사회적 패러다임을 제시한 것이라고 할 수 있다.

이와 같은 생각은 오늘날 개신교 안에서조차 만연한 '성직주의', 즉 목사를 평신도와 존재적으로 다른 특별한 사람으로 여기도록 하고, 이를 구조적으로 유지하려 하는 흐름이 개혁자 루터가 극복하고자 했던 로마 가톨릭의 계급주의와 맥을 같이 하는 것이라는 분명한 통찰을 준다.

4) 그리스도인이 제사장이다.

또한 루터는 '만인제사장' 개념을 그리스도의 제사장됨에 근거하여 설명한다. 그는 "그리스도가 제사장인 것처럼 그리스도인은 제사장이다."라고 주장했다.[15] 즉 우리가 그리스도인이 되는 순간 그리스도께서는 우리를 하늘의 존재로 자리옮김하여 그리스도의 제사장됨에 참여하게 했다는 것이다. 특별히 루터는 베드로전서 2장 9절을 인용하여 신자들을 "왕 같은 제사장"으로 칭했고, 요한계시록 5장 10절을 인용하여 "그리스도께서 우리를 왕이요 제사장으로 삼으셨다."고 설명했다.[16] 그리스도께서 왕이요 제사장인 것처럼, 그리스도인은 왕이요 제사장이라는 것이다.

이 말은 제사장됨의 '일반성(Allgemeinheit)'을 의미하는 것으로, 특혜를 받은 특정의 사람들만이 하나님과 사람 사이에서 중재자 역할을 하는 것이라는 기존 생각을 뒤집는 것이었다. 모든 종교에서 신적 존재와 인간 사이를 중재하는 특별한 사람들이 있고, 구약성경에도 제사장과 대제사장이 하나님께로의 통로 역할을 했다면, 신약성경은 오직 예수 그리스도만이 대제사장이 되셔서 우리와 하나님 사이의 중재자가 되셨고, 또한 자신의 목숨을 드리는 희생제사를 드림으로써 더 이상 제사장의 제사가 필요 없게 하셨다는 것을 분명히 한다. 이것으로써 우리는 그리스도 안에서 하나님에게로의 직접적인 통로가 생긴 것이며(롬 5:2, 히 10:22 등), 또한 동시에 그리스도처럼 스스로를 거룩한 산제사로 드리는 제사장의 삶으로 부름 받은 것이라는 사실이 분명해진다. 그래서 루터는 그리스도의 제사장됨과 그리스도인의 제사장됨 그리고 사제의 제사장 역할은 동일한 것이라고 했다.[17]

루터는 그의 글 『교회의 사역자들을 세우는 것에 관하여』에서 제사장 직의 핵심적 기능을 일곱 가지, 즉 '하나님 말씀 선포', '세례', '축복과 성례전 집전', '죄를 묶거나 푸는 일(열쇠)', '중보기도', '제사(opfern)' 그리고 '교리와 영 분별'로 설명하면서, 이 권한이 모든 신자들에게 차별 없이 주어졌다고 했다.[18]

먼저 그는 첫 번째 직인 '하나님 말씀 선포'야말로 모든 그리스도인에게 주어진 것이라고 했다. 그는 베드로전서 2장 9절, "너희는 택하신 족속이요 왕 같은 제사장들이요 거룩한 나라요 그의 소유가 된 백성이니 이는 너희를 어두운 데서 불러내어 그의 기이한 빛에 들어가게 하신 이의 아름다운 덕을 선포하게 하려 하심이라"를 인용하면서, '그의 기이한 빛에 들어가게 하신 이의 아름다운 덕을 선포하는 것'으로 부름 받았다는 것이 곧 하나님의 말씀을 선포하는 것을 의미한다고 했다. 다시 말해서 하나님의 아름다운 덕이란 하나님께서 행하신 아름다운 행위인바, 그것을 선포한다는 것은 곧 하나님의 말씀을 선포하는 것이라고 했다. 따라서 하나님의 말씀을 선포하는 것은 그것을 위해서 모든 그리스도인들이 공통으로 부름 받은 일이라는 것이다.[19] 그런데 그는 '말씀'이야말로 모든 제사장 직분의 기본으로서, 말씀은 '가르치는 일', '축복하는 일', '죄를 묶거나 푸는 일', '세례를 주는 일', '제사를 지내는 일', '분별하는 일'들과 근본적으로 연결되어 있다고 주장한다. 결국 말씀을 위탁한다는 것은 모든 다른 제사장적 직을 다 준다는 것이나 다름이 없다는 것을 의미한다고 했다.

따라서 세례를 베푸는 것은 "영혼을 죽음과 죄로부터 구원하고 다시 살리는 말씀을 선포하는 것"을 의미하는 것이고,[20] 성찬을 집례하는 것은 "이것을 행함으로 나를 기념하라"(눅 22:19, 고전 11:24)고 하신 그리스도의 말씀을 행하는 것으로서, 이 명령은 특정인에게가 아니라 모두에게 주신 말씀이라고 했다.[21] 또한 '죄를 묶고 푸는 열쇠의 직'도 말씀으로 죄사함을 선포하는 것이기에 그것은 복음을 선포하는 것, 즉 말씀의 직을 수행하는 것과 다름 아니고, 따라서 이것 또한 모든 그리스도인에게 주어진 일이라고 했다.[22] '제사드림'의 직은 그리스도께서 십자가에서 스스로를 드리신 제사에서 근거하는 것으로서, 우리 모두는 하나님 앞에 자신을 영적 제물로 드릴 수 있다고 했고,[23] '중보기도'는 그리스도께서 우리 모두에게 '주기도문'을 알려주신 것과 같이, 모두에게 열려있는 공동의 제사장됨이라고 했다. 즉 모든 그리스도인들은 하나님 앞에서 다른 사람들을 대표하고 변호하는 제사장적 섬김에 대한 위탁이 있다고 했다.[24] 마지막으로 '교리를 분별하는 것'도 우리 모두에게 주어진 것으로서, 성경에서 거짓선지자들을 조심하거나 바리새인의 누룩을 조심하라고 하신 것은 결국 우리가 무엇을 믿으며, 누구를 따라야 하는지에 대한 분별을 하라는 것으로, 이 분별은 오직 내면적으로 "하나님께 배우는 것(Deo didactica)"이라고 했다.[25] 루터는 요한복음 14장 26절을 인용하면서 그리스도인은 모든 것을 가르치는 성령, 즉 그리스도께서 약속하신 성령을 가진 자이기에, 그리스도인 모두에게는 교리를 분별하는 것이 주어졌다고 했다.

이와 같은 루터의 만인제사장 개념이 우리에게 분명히 말해주는 것은 '신자됨의 권세', '성도의 영적 권세(geistliche Vollmacht)'이다. 그것은 그리스도인됨이란 제사장으로서의 '영적 권세 있음'을 의미하는 것이라는 통찰을 준다. 성도는 그 자체로 하나님과 직접 소통할 수 있고, 그래서 하나님의 계시말씀인 성경을 읽고 그것을 말과 행동과 삶으로써 선포할 수 있으며, 다른 사람의 죄를 듣고 용서를 선포할 수 있고, 다른 사람을 중보하고 하나님 앞에서 그를 위해 변호할 수 있으며, 그래서 그를 하나님과 화목하게 하는 직분이 있음을 분명히 보여주는 것이다.

종교개혁과 교육개혁

이와 같은 루터의 만인제사장 개념은 무엇보다 하나님의 계시의 자리를 교회로부터 개인에게로 옮긴 사건이라고 할 수 있다. 그것은 하나님과 인간(신자들) 사이에 어떤 다른 중재자가 필요 없다는 것을 의미하며, 모든 사람은 그리스도로 인하여 하나님께로의 자유로운 통로를 가지게 되었다는 것을 의미한다. 더 나아가 모든 성도들은 성도됨의 자리에 서는 순간 제사장의 영적 권세가 부여되는 것이며, 이것은 모든 성도들이 제사장적 '소명'으로 부름 받았다는 것을 의미하는 것이다.

5) 그리스도인은 세상 속의 제사장이다.

루터는 앞에서 살펴본 대로 '신자의 제사장됨'을 '그리스도의 제사장됨'으로부터 연원한다고 보았다. 그리스도인의 '제사장됨'이 '그리스도의 제사장됨'에 근거한다고 보는 순간, 이 제사장됨은 '성직화(Sakralisierung)'를 넘어선다는 사실을 깨닫게 된다. 그리스도는 성전에서 제사의식을 행하심으로 제사장직을 수행하신 것이 아니다. 그의 제사장됨은 그의 삶 전체와 또한 죽음을 통해서 수행되었고, 하나님과 화해하게 하는 그의 사역은 성전에서만이 아니라 모든 삶의 영역에서 이루어졌기 때문이다. 또한 앞에서 언급한 대로 그리스도께서는 대제사장이 되셔서 자신의 목숨을 드리는 희생제사를 드림으로써 더 이상 우리에게 구약적 제사를 드리지 않게 했다. 그리스도는 우리에게 제사장의 옛 개념을 넘어서는 새로운 제사장적 패러다임을 제시했는바, 이 새로운 제사장적 패러다임은 '예전'에 머물러 있는 '제사장'이 아니라, 세상 속 일상적 삶의 영역에서의 섬김을 아우르는 제사장됨이다. 이것이 바로 '일반적 제사장'인 것이다.

이와 같은 개념은 루터의 만인제사장 개념이 생기게 된 상황과 관련하여 볼 때 보다 분명하게 드러난다. 그가 최초로 만인제사장에 관하여 언급한 글들 중 하나인 『독일 그리스도인 귀족에게』에서 그는 로마 가톨릭교회의 견고한 세 가지 장벽을 비판했다. 그는 로마 교회가 누구도 개혁할 수 없도록 난공불락의 장벽을 쌓아서 종국에는 전 기독교가 나락으로 빠지게 했다고 비판했다.[26] 루터가 지적한 첫 번째 장벽은 세속적 권세가 로마를 대항할 때 영적 권세가 세속 권세보다 더 높기 때문에 세속 권력은 그들에게 아무 권한도 없다고 한 것이다. 두 번째 장벽은 그들을 말씀으로 징벌하려고 할 때, 교황 외에는 누구도 성경을 해석할 권한이 없다고 한 것이다. 마지막 세 번째 장벽은 사람들이 공의회로 그들을 위협하려고 할 때, 교황 외에는 누구도 공의회를 소집할 권한이 없다고 한 것이다.[27]

루터는 이러한 장벽들에 대항하여 만인제사장 개념을 제시하면서 다음과 같이 주장했다 :

사람들은 교황, 감독, 사제, 수도사들을 영적 직분이라고 칭하고, 영주들과 제후들, 장인들과 농부들은 세속직이라고 칭하지만, 그들은 아무런 차이가 없이 동일한바, 그것은 다음과 같은 이유에서이다. 모든 그리스도인들은 진실로 동일한 직분이기 때문이며, 그들 사이에는 직분으로 볼 때에는 어떠한 차이도 없다.[28]

루터의 이 주장은 기독교인이라면 누구나 제사장이고, 그런 의미에서 영적 직분과 세속직 사이에 아무런 차이가 없다는 것을 말한다. 믿음으로 세례 받은 기독교인은 세속적 직분을 가졌어도 이미 온전한 영적 권세를 가지는 제사장이기 때문이라는 것이다.

그러나 우리는 여기에서 좀 더 나아가 이 말이 가져오는 의미의 확장을 짚어볼 필요가 있다. 루터가 모든 그리스도인들이 동일한 직분이라고 한 것

종교개혁과 교육개혁

은 모든 그리스도인들이 세속적 직업을 버리고 목사가 되어야 한다는 말이 아니라, 세속적인 직분들 속에서 제사장이라는 것이다. 그가 "세례로부터 오는 것 자체가 이미 사제요, 감독이요, 교황으로 서품된 것이라고 인정될 수 있다. 비록 모든 사람이 그 직을 수행할 수 있는 것은 아닐지라도"[29] 라고 한 것은, 그리스도인들이 세속적 직분들 속에서도 제사장적으로 살아야 함을 시사하는 것이라고 할 수 있다. 그가 '목사'와 '일반 제사장됨'을 구별하고 있는 것도, 목사는 교회의 공적 사제직을 수행하는 것이요, 일반적 제사장은 세속적 직분 속에서 제사장됨을 수행하는 사람이라는 기능상의 분류를 나타내고 있는 것이다.

그런 의미에서 '만인제사장' 개념은 그리스도인의 제사장됨이 의례(Kult) 영역에만 머무는 제사장됨이 아니라, 세상 전체의 문화(Kultur)를 아우르는 영역에서 제사장이 되어야 함을, 성전(temple)에서만이 아니라 도시(polis)에서 수행되어야 함을 의미하는 것이라고 할 수 있다. 로흐만(Jan Milic Lochman)은 종교개혁의 만인제사장은 "세상을 성직화(교회화)하는 것이 아니라, 세상 한복판에서의 삶 자체가 거룩한 산제사가 되는 것"을 의미한다고 했다.[30] 그는 만인제사장이란 "그리스도인이 교회에서만 주체가 되는 것이 아니라, 사회와 역사에서도 주체가 됨을 선포한 사건"이라고 강조했다. 교회뿐만 아니라 사회에서도 주체가 되는 존재! 그것이 왕 같은 제사장으로서의 그리스도인의 정체성을 설명해주는 것이다.

이와 같은 '만인제사장' 개념은 제사장직의 새로운 패러다임을 보여주는 것으로써, 제사장직을 단순히 교회에서 말씀을 선포하고 성찬을 집전하는 것에 국한하지 않고 세상의 한복판에서 삶을 통해 말씀을 선포하는 것, 자녀와 이웃을 대표하여 그들을 하나님 앞에서 변호하고 하나님과 화목하게 하는 직분을 수행하는 것, 직장과 국가와 사회 구석구석에서(영주들과 제후들, 장인들과 농부들로서!) 하나님의 통치를 구현하는 통로가 되는 왕 같은 제사장의 일을 수행하는 것으로 이해하도록 한다. 이것은 그리스도께서 보여주신 제사장적 패러다임과 같은 것인바, 성전에 국한되는 제사장됨이 아닌 세상의 한복판에서 하나님 나라를 선포하고 세상 속에서 하나님의 통치를 구현함으로 제사장됨을 실천하며 보여주신 그리스도의 제사장됨과 다름 아닌 것이다. '만인제사장'이 제시하는 제사장직의 새로운 패러다임은 단순히 그 '대상'을 목사로부터 모든 그리스도인에게로 확장하는 것이 아니라, '제사장직'의 자리를 교회에서 세상으로 확장했다고 할 수 있다.

그렇게 보았을 때, '만인제사장' 개념은 우리에게 교회 자체를 새롭게 보도록 한다. '세상 속에서의 제사장' 개념은 교회를 세상과 구별되어 따로 '모이는 교회'에서 세상으로 '흩어지는 교회'로 확장하여 보도록 도전한다. 그것은 우리에게 교회를 '구원의 방주'와 같이 세상으로부터 구별되는 게토처럼 목사 중심, 예배 중심, 교회건물 중심, 주일 중심의 교회구조, 즉 '모이는 교회'의 구조에서, '세상 제사장'을 파송하고, 세상 속으로 들어가는 '흩어지는 교회'로서 세상 가운데 하나님의 나라를 구현하는 사명을 실천하는, 평신도 중심, 선교 중심, 세상 중심, 평일 중심의 구조로 확장하여 보는 안목을 제시한다.

그것은 또한 교회가 성도들을 '위로하는 교회'에서 머물 것이 아니라, 성도들을 제사장적 소명으로 불러 '세상 제사장'으로 살아갈 수 있도록 '능력을 부여하는(empowering)' 교회가 될 것을 도전한다. 만인제사장 개념은 개혁교회가 좁은 의미의 '모이는 교회'에 머물지 말고 세상에 제사장을 파송하는 교회, 세상 안으로 흩어지는 교회를 추구함으로써 온누리에 하나님의 통치를 실현하는 교회가 되어야 한다고 도전한다. '만인제사장'은 결국 '누가 제사장인가'의 문제가 아니라, '어떠한 교회가 될 것인가'라는 교회

종교개혁과 교육개혁

자체에 대한 물음을 우리에게 던지는 것이다.

3. 만인제사장 개념을 통해서 본 평신도와 평신도교육 패러다임

1) 만인제사장 개념이 평신도 이해에 주는 함의

루터의 '만인제사장'은 개혁교회의 '평신도' 이해에 대한 분명한 방향을 제시하고 있는바, 그것은 믿음으로 신자된 사람들, 즉 모든 평신도에게 '신자됨의 권세'와 '성도의 영적 권세'가 있음을 천명했으며, 그것이 우리 개혁교회의 전통임을 선언했다고 할 수 있다. 그것은 우리에게 '평신도'는 하나님과의 관계에서 중재자 없이 독자적으로 설 수 있는 영적 권세가 있는 사람임을, 하나님의 계시말씀인 성경을 읽고 스스로 해석하며, 말과 행동과 삶으로 그것을 선포할 사람임을, 더 나아가 다른 사람을 하나님 앞에서 변호하고 중보하며 그들을 하나님과 화목케 하는 제사장적 소명으로 부름 받은 사람임을 선포한다.

따라서 '만인제사장' 개념은 평신도를 언제까지나 교회의 간섭과 보호와 교육 아래 머물러야 할 미성숙한 신앙인으로 자리매김하는 모든 시도들이 개혁교회의 전통이 아니라는 것을 천명한다. '평신도'라는 단어는 사실 '만인제사장' 개념과는 정면으로 대치되는 개념이다. 한글로 '평신도(平信徒)'는 평범한 신도, 즉 성직자가 아닌 신도라는 뜻이고, 영어로도 "lay"는 '성직자가 아닌 사람', '비전문가', '교육받지 못한 사람'이라는 뜻을 내포하고 있는 단어이다. 따라서 평신도란 평신도의 속성을 말해주어 평신도의 정체성이 드러나게 하는 단어이기보다는 평신도가 무엇이 아닌지를 말해주는 단어이다. 결국 그 단어는 '제사장'으로서의 성도라는 개념을 담지 못하는 단어이다. '만인제사장'은 우리가 성도들을 '평신도(lay)'라는 이름으로 칭하면서 그들에게 주신 영적 권세를 사용하지 못하도록 묶어놓는 모든 의도적, 비의도적, 제도적, 문화적 시도들을 개혁해야 함을 말해준다.

그것은 또한 평신도를 독자적이고 성숙한 제사장적 리더십을 수행하도록 세우고 그들과 파트너십을 형성하기보다는, 그들을 목회의 수단으로 여기거나 혹은 목회의 방해꾼으로 생각하는 모든 이해가 개혁교회의 전통이 아님을 천명한다. '만인제사장' 개념은 목사와 평신도 간에 기능상의 차이는 있지만 존재적 차이가 없음을 선포하는 것으로써, 목사를 평신도와 다른 특별한 사람으로 여기도록 하고 이를 유지하려는 모든 구조적, 심리적, 영적 '성직주의'는 개혁되어야 함을 천명한다.

그러나 동시에 '만인제사장'은 평신도가 스스로의 권세를 자각하지 못하고, 믿음으로 말미암아 그리스도께서 주신 제사장 직분과 사명과 존엄을 망각하는 모든 게으름, 무지함, 나약함이야말로 개혁의 대상이 되어야 함을 천명한다. '만인제사장'은 평신도가 스스로의 제사장됨을 자각하고, 스스로를 지속적으로 거룩한 산제사로 드리는 삶, 언제나 스스로를 개혁하는 삶을 살도록 도전한다.

'만인제사장' 개념은 또한 평신도가 교회에서만이 아니라 세상의 한 복판에서 제사장적 리더십을 수행하면서 살아야 함을 천명한다. 그것은 평신도가 교회를 넘어 가정에서, 직장에서, 사회와 창조세계 한 복판에서 사람을 섬기고 사회를 섬기고 하나님을 섬기는 목회적 소명을 받은 하나님의 백성임을 천명한다.

그와 같은 '만인제사장' 이해는 결국 평신도를 "세상 속의 교회"로 즉 '흩어지는 교회'로 이해하도록 도전한다. 세상의 한복판에서 제사장적 리더십을 수행하는 일이란 세상을 교회화(klerikalisierung)하는 것이 아니

종교개혁과 교육개혁

라, 평신도가 세상 속에서 교회가 되는 것이다. 평신도가 세상 속에서 교회가 된다는 것이 무슨 뜻인가? 루터를 비롯한 종교개혁자들은 '교회의 표징 (signum ecclesiae)'을 '말씀이 성경대로 선포되는 것과, 성례전이 말씀대로 집전되는 것'이라고 했는바, 평신도가 세상 속에서 교회가 되고 제사장이 된다는 것은 곧 그들이 세상의 한복판에서 말씀을 선포하고 성례전을 집전해야 한다는 것을 의미한다. 그것이 무엇인가? 이것은 궁극적으로 그들이 세상의 삶 가운데에서 말로, 행동으로, 삶으로 말씀을 선포해야 한다는 것을 의미하며, 그들 자체가 그리스도를 드러내는 '성례전적 존재'가 되어야 함을 의미하는 것 아니겠는가. 그들이 세상에서 제사장이 된다는 것은 일상의 삶 속에서 자신의 몸을 "하나님이 기뻐하시는 거룩한 산제사"로 드리는 제사장적 삶을 사는 것을 의미하며, 세상 속에서 삶으로 드리는 예배가 되도록 하는 것을 의미하며, 그렇게 할 때 그들은 세상 속에서 교회가 되는 것이다.

이상에서 '흩어지는 교회'로서의 평신도와 '모이는 교회'의 관계가 분명하게 드러나는바, '모이는 교회'는 흩어지는 교회로서의 평신도를 '세상 제사장'으로 세우고 파송하고 지속적으로 능력을 부여하는(empowering) 곳이 되어야 하며, 그런 의미에서 모이는 교회는 '세상을 향하는 교회'요 '세상을 위한 교회'라는 자기이해를 획득해야 한다. 그렇게 보았을 때, '모이는 교회'는 '흩어지는 교회'의 사명을 잘 수행하기 위한 교회로, '흩어지는 교회'는 '모이는 교회'와의 파트너십 속에서 궁극적으로는 세상 섬김의 사명을 협력적으로 감당해야 하는 교회가 되어야 함을 도전하는 것이다. 그런 의미에서 목사와 평신도, 목사와 일반제사장의 관계는 서로 다른 영역에서 각자의 목회적 사명을 수행하면서도 서로 협력하고 동역하는 관계를 유지해야 한다고 할 수 있다.

2) '만인제사장'의 관점에서 보는 평신도교육 패러다임

위에서 살펴본 바와 같이 '만인제사장' 개념은 그 자체로 개혁교회의 '평신도' 이해뿐만 아니라 '교회이해'에 이르기까지 근본적 통찰을 제시하고 있고, 이것은 그 자체로 '평신도교육'에 대해서도 기본적 방향을 제시해준다고 할 수 있다. 무엇보다 그것은 평신도교육의 필요성과 중요성을 분명히 해주는바, '만인제사장' 개념은 개혁교회가 평신도를 '예수 믿고 천당만 가면 되는 사람'으로 이해하거나, 영원히 교회의 간섭과 보호 아래에 머물러 있는 '미성숙한 신앙인'으로 여기는 것이 아니라, 세상 속에서 '일반제사장직을 수행해야 할 사람'으로, 더 나아가 세상 속에서 '흩어지는 교회'가 되어야 할 사람으로 이해한다는 것을 천명했다. 즉 개혁교회는 '평신도를 사역자로 세우는 교회'요, '평신도를 세상 제사장으로 파송하는 교회'이며, 또한 평신도를 통해서 '세상을 향하여 가서 그곳에서 교회가 되는 교회'라는 것을 의미한다.

(1) 평신도교육은 목회 자체의 문제로 이해되어야

이것은 우리에게 평신도교육의 문제는 평신도만이 아니라 보다 근본적으로 '교회'의 문제이며, 그런 의미에서 '목회 자체'의 문제라는 것을 시사한다. 따라서 '평신도교육'은 어떤 프로그램이나 교회학교의 문제 같은 미시적 차원을 넘어서서 '우리가 어떤 교회가 될 것인가?'의 문제와 관련되어 있다. 평신도를 제사장으로 인정하는 순간, 교회는 단순히 평신도교육 프로그램 하나 더 하고 성인교육을 강화하는 것이 아니라, '목회의 방향 자체가 달라져야 한다'는 도전 앞에 서게 되는 것이다. 어떻게? 목사 중심, 예배 중심, 교회건물 중심, 주일 중심의 목회에서, 세상 제사장을 세우고 파송하는

종교개혁과 교육개혁

교회로, 평신도와 함께 세상으로 가서 세상의 한복판에서 교회가 됨으로써 세상과 평일을 아우르는 목회로, 스스로를 위한 목회에서 세상을 위한 목회로의 방향전환에 대한 도전 앞에 서게 되는 것이다.

평신도를 제사장으로 보는 것은 곧 목회의 목적을 "평신도를 세상 제사장, 즉 사역자로 세우고, 파송하고, 지속적으로 능력을 부여하는 것"으로 삼는 것이고, "평신도 중심 목회"를 해야 한다는 것을 의미한다. 평신도 중심 목회는 건물을 짓고, 교인을 모으고, 그 안에서 자족하는 목회가 아니라 평신도를 세상으로 보내는 목회, 평신도를 '위로하는' 목회가 아니라 세상 제사장으로 '깨우치는' 목회요 '힘을 부여하는 목회'를 지향하는 것이다. 평신도 중심 목회는 성도들이 교회에 잘 적응하도록 돕거나, 그들을 목회를 돕는 '교회 안의 일꾼'으로 성장시키는 것에 그치는 것이 아니라, '세상 제사장', 즉 세상으로 보냄 받은 사역자로 양육하고 파송하며, 가정과 직장과 사회 속에서 '하나님의 통치를 구현하는 제사장적 리더십'을 실현하도록 지속적으로 힘을 부여하는 목회가 되는 것이다. 이러한 평신도 중심 목회야말로 평신도교육이 궁극적으로 추구해야 할 방향이라 할 수 있다.

(2) 평신도교육은 교회이해의 개혁으로부터 시작되어야

그렇게 볼 때, '평신도교육'의 시작은 교회이해의 개혁으로부터 시작되어야 한다. '스스로를 위해 존재하는 교회'에서 '세상을 향한, 세상을 위한 교회'로의 교회이해의 전환과 개혁이야말로 평신도교육이 시작될 수 있는 출발점이다.

교회가 자신을 '스스로를 위해 존재하는 교회'로 이해할 때, 건물을 짓고, 새신자가 아닌 수평이동으로 교인수를 늘리고, 그 안에서 자족하는 교회를 지향하게 되고, 결국 평신도 리더십 역시 교회만을 위한 것이 되고 만다. 그런 구조에서 평신도의 리더십이란 교회가 잘 유지 보존되는 데 필요한 것이고, 따라서 평신도들도 장로나 집사 등의 직분을 받아 교회의 중요한 결정에 참여할 수 있는 사람이 되는 것을 목표로 하는 교회생활에 머물게 되는 것이다. 그것이 평신도의 목표가 되는 순간 장로가 되기 전에는 봉사의 일에 열심을 내지만 장로가 된 이후는 오히려 의사결정권을 가지고 군림하는 리더십을 행사하려는 부작용을 낳기도 한다. 오늘날 한국 교회에 이러한 장로들의 모습은 종교개혁기 로마 가톨릭의 성직주의와 다를 것이 없는 개혁의 대상이 되어버렸다. 그러한 구조에서 형성되는 평신도 리더십은 교회 안의 리더십일지는 모르지만, 세상을 변화시키고 하나님 나라의 선한 영향력을 나타내는 리더십은 아니다. 이 구도에서 평신도들은 모든 에너지를 교회 안에서 소모하게 된다. '스스로를 위해 존재하는 교회'의 구조는 결국 교회와 세상 간의 괴리, 신앙과 삶 간의 괴리를 부르게 되고, 끝내는 사회로부터 외면당하는 교회가 되게 한다.

반면 교회가 세상을 향하는 교회, 세상을 위한 교회라는 인식을 갖게 되면, 이제부터 평신도 리더십의 개념이 달라진다. 평신도 리더십은 단지 교회 안에서의 리더십으로 머무는 것이 아니라 세상을 향하신 하나님의 계획에 동참하고, 세상의 한복판에서, 즉 가정과 일터에서, 문화와 정치와 창조 세계의 일선에서 하나님 나라를 구현하는 목회적 소명을 수행하는 리더십으로 변모하게 되는 것이다. 평신도 한 사람 한 사람이 세상 속으로 '흩어진 교회'가 되어, 세상의 한복판에서 하나님의 구원사역을 감당하는 사역자들이 되는 것이다. 이런 구조에서 평신도의 리더십은 교회와 세상을 연결하는 리더십이 되고, 또한 그들의 에너지를 교회 안에서보다는 교회 밖에서 생산적으로 사용하게 된다. 이런 구조로의 패러다임 전환이 있어야만 세상 제사장, 즉 교회와 세상을 화해시키고, 신앙과 삶 간의 괴리를 극복하는 세상 제사장으로서의 평신도 리더십이 형성될 수 있다.

따라서 '스스로를 위해 존재하는 교회'에서 '세상을 향하는 교회'로 교회의 '자기이해가 개혁'된다는 것은 결국은 "평신도를 사역자로 세우는 교회"가 되는 것을 의미한다. 세상의 최전선에서 하나님 나라의 사역을 감당할 사역자들은 결국은 평신도들이기 때문이다. 교회는 '교회의 분산'으로서의 평신도가 궁극적으로 사역적이 되고 봉사적이 될 때에만, 즉 사역자가 될 때에만 비로소 세상을 향하는 교회의 본질을 구현할 수 있다. 따라서 평신도를 사역자로 세우는 교회가 되기 위해서는 평신도를 '위로하는 목회'가 아니라 평신도를 '깨우는 목회', 그리고 '능력을 부여하는 목회'로의 방향전환이 요청된다. 평신도에게 복 주는 목회가 아니라 평신도가 복이 되도록 하는 목회로의 방향전환이 요청된다.

세상을 향하는 교회로의 전환은 결국 "목사와 평신도의 관계"도 재정의해준다. 즉 평신도는 단순히 성직자의 목회적 대상으로만 머무는 것이 아니다. 목사나 평신도 모두 공통적으로 세례와 더불어 선교와 사역에의 일반적 소명을 공유하며, 협력적으로 그 소명을 수행해야 하고, 이 둘 사이는 계급적 차이가 아니라 사역적 차이가 있을 뿐이라는 이해가 공유될 수 있다. '세상을 향하는 교회' 개념을 진심으로 모두가 공유하게 되면, 성직자는 교회를 위한 목회적 소명을, 평신도는 세상 속에서의 목회적 소명을 받은 동역자로서 세상을 향한 하나님의 구원계획을 이루는 데 있어서 함께 협력하는 관계를 형성할 수 있다.

(3) 평신도교육은 '평신도목회'로 실현되어야

앞서 언급한 대로 평신도교육이 단순히 어떤 특별한 프로그램을 할 것인가의 문제가 아니라 교회이해 자체의 문제이고 또한 목회의 문제라면, 평신도교육은 교육이라는 좁은 범위에서가 아니라 목회라는 차원에서 이루어져야 할 것이다. 이것을 "평신도목회"라고 칭해볼 수 있는바, '평신도목회'란 '세상을 향한 교회'요 '세상을 위한 교회'로서의 자기정체성을 가진 교회가 '평신도를 세상의 제사장으로 세우고 파송하고 지속적으로 능력을 부여하는 것을 목회의 전 영역에서 지향하는 목회'를 지칭한다. 그렇다면 '평신도목회'는 구체적으로 어떠한 것이 되어야 하는가?

그러한 질문으로 초대교회를 봤을 때, 초대교회의 삶 자체가 '평신도목회'였음을 발견할 수 있다. 사도행전에 나타나는 초대교회의 삶의 양식 자체가 곧 평신도를 세우고 파송하고 지속적으로 능력을 부여하는 '평신도목회'의 장이었음을 확인할 수 있다. 그들은 모여서 기도하고 하나님을 칭송했고, 사도의 가르침을 받았으며, 함께 교제하고 떡을 떼었고, 재산과 소유를 팔아 필요한 사람들에게 나누어 주고, 누구 할 것 없이 예수 그리스도를 전하는 삶에 동참했다. 초대교회의 이러한 삶의 양식, 즉 '예배', '친교', '봉사', '교육', '선교'를 아우르는 삶의 양식은 예배 중심적 혹은 주일 중심적만이 아니라 평일을 포함하는 것이었고, 교회 중심적 삶만이 아니라 세상을 포함하는 것이었다. 다시 말해서 초대교회 공동체의 삶의 양식에 참여함은 그 자체로 성도가 '하나님의 백성', '왕 같은 제사장'으로서의 능력을 부여받는 통로가 되었던 것이다.

그렇게 보았을 때 평신도목회는 그 무엇보다 목회의 전 영역, 즉 '예배', '친교', '봉사', '교육', '선교'라는 교회의 모든 기초적 삶의 양식에 균형 있게 참여할 수 있도록 환경을 조성하는 것과 더불어 시작되어야 할 것이다. 모든 목회의 영역에 균형 있게 참여할 수 있는 것이야말로 예배 중심적, 주일 중심적 신앙생활을 극복하면서 세상과 평일을 아우르는 리더십을 형성할 수 있는 가장 핵심적인 길이다.

더 나아가 평신도목회는 목회의 모든 양식이 평신도들이 실제적으로 세상의 제사장으로 살아갈 수 있도록 역량을 부여하는 통로가 되도록 구성되어야 함을 요청한다.

　　"예배"는 성도들이 주일에 교회에 모여 하나님께 드리는 것이지만, 동시에 그것이 주일에 교회 안에서만 드려지는 것에서 끝나지 않고, 매일의 삶 속에서 자신의 몸을 하나님께서 기뻐하실 거룩한 산제사로 드리는 매일의 예배로 연결될 수 있도록 도전하고 힘을 주는 자리가 되어야 할 것이다. 예배는 매 주마다 세상 제사장의 파송식이 되어야 할 것이다.

　　"친교"는 교회 안의 형제와 자매 간의 공동체적 사귐, 진정 열려진 사귐의 자리가 되기 위해서 그들이 세상의 삶 속에서 겪고 있는 문제들과 경험을 나누는 자리가 되어야 할 것이다. 부모이자, 직장인이자, 상인이자, 동시에 제사장으로서 살아가는 삶의 문제들을 서로 나누고, 동시에 서로를 격려하고 힘을 얻는 자리가 되어야 할 것이다. 그러한 친교로부터 힘과 용기를 얻어 '자기들만의 사귐'을 넘어서서 이 세상의 죄인과 세리, 수고하고 무거운 짐 진 사람들에게도 자신을 열어 그들을 하나님과 화해하게 하는 통로가 되는 제사장적 친교로 나아갈 수 있어야 할 것이다.

　　"봉사"는 교회 안의 봉사에서 그치는 것이 아닌 교회 밖을 향한 봉사와 섬김을 훈련하는 자리가 되어야 할 것이고, '교육'은 단순히 성경과 교리적 지식을 전수하는 것이 아니라, 평신도들이 하나님의 말씀을 세상 속에서 행동으로 선포하는 삶을 살도록 지원하고, 그 삶을 반성함으로써 다시 행동할 수 있도록 용기를 북돋는 교육으로의 패러다임 전환이 있어야 할 것이다.

　　'선교'는 외국으로 선교사를 파송하거나 믿지 않는 사람들을 교회로 전도하는 것에만 국한하지 않고, 가정과 직장과 사회로 보냄받은 평신도의 삶 자체가 선교가 되고, 그들의 삶 자체가 하나님의 선교에 참여하는 사역

(ministry)이 되도록 함으로써, 평신도의 삶 자체가 '흩어지는 교회'가 되도록 해야 할 것이다.

이상과 같이 될 때, 목회 현장은 목사 중심, 예배 중심, 교회건물 중심, 주일 중심의 교회구조를 극복하고, 평신도, 선교, 세상, 평일을 아우르는 흩어지는 교회로 확장되면서 세상 제사장을 세우고 파송하고 지속적으로 능력을 부여하는 목회의 자리가 될 것이다.

(4) 세례는 "제사장 취임식", 세례교육은 "제사장 준비교육"이 되어야

우리가 만인제사장 개념을 바탕으로 한 '평신도목회'를 지향한다고 했을 때 무엇보다 시급하게 개혁해야 할 것은 '세례'와 '세례교육'이라고 할 수 있다. 왜냐하면 평신도가 되는 관문으로서 "세례"는 곧 성도에게 '제사장으로서의 취임식'이요 '세상 사역자로서 파송식'이 되기 때문이고, 따라서 세례교육은 '제사장 준비교육', '사역자 준비교육'이 되지 않으면 안 되기 때문이다. 이것은 세례와 교육의 관계에 대한 우리의 생각을 근본적으로 뒤집는 것으로써, 그동안 우리가 세례와 더불어 평신도교육이 시작되는 것이라 생각해 왔다면, 만인제사장 개념은 세례가 제사장 훈련을 일단락 짓는 시점이 되어야 한다고 말한다. 세례를 받음과 동시에 제사장이자 사역자로서의 업무가 시작되기 때문이다. 따라서 세례가 '값싼' 세례가 되지 않기 위해서 세례교육은 단순히 세례문답 몇 가지에 답하는 것으로 대체되는 것이 아니라, 제사장으로서의 정체성을 분명히 하고, 사역자로서의 소명을 받아들이고, 그 업무를 실행할 수 있도록 훈련하고 준비되는 과정이 되어야 한다.

사실 기독교교육의 역사는 세례교육의 역사라 할 수 있다. 고대 교회에서 세례는 최소 3년 이상의 시간이 필요한 '카테큐메나테(catechumenate)'

종교개혁과 교육개혁

라는 교육과정을 성공적으로 수료해야 주어졌고,[31] 거기에서 연원하는 카테키즘, 혹은 카테큐메낫 등의 단어들이 오늘날에도 '기독교교육' 자체를 지칭하는 단어로 쓰이고 있을 정도로 세례교육은 기독교교육의 근간이요 핵심적 요소라고 할 수 있다. 서구에서는 기독교가 국교화되면서 유아세례가 일반화된 이후로는 '견신례(입교, confirmatio)'가 유아세례 후 성인이 된 사람들이 교회의 일원이 되는 관문이 되었다. 로마 가톨릭교회에서는 '견신례'를 칠성례 중의 하나로 치루지만, 개신교의 경우 '선 세례 후 교육'이라는 의미를 부여하여, 견신례를 '추후적 세례교육'의 과정, 즉 유아세례 시에 제대로 이루어지지 못했던 세례교육을 추후 실시하는 과정이라는 전통을 수립했다. 독일의 경우 오늘날에도 견신례 준비교육이 견신례 후보생들에게 최소한 2년 이상 실시되고 있는데, 이로부터 기독교가 세례교육을 얼마나 중시하고 있는지를 잘 엿볼 수 있다.[32] 세례교육을 철저하게 하는 것은 이처럼 개혁교회의 핵심적 전통이라 할 수 있다.

(5) 교회의 문화 자체가 평신도 리더십 형성의 통로가 되어야

평신도교육이 '교육'이 아닌 '목회'의 차원에서 이루어져야 한다는 것은 교회의 문화 자체, 목회문화 자체가 평신도 제사장 훈련의 통로가 되어야 한다는 것을 의미한다. 즉 평신도가 세상 속에서의 제사장적 리더십을 형성할 수 있도록 교회 안에서 먼저 평신도 리더십이 발휘되고 연습될 수 있는 문화가 형성되어야 한다는 것을 의미한다.

평신도 리더십이 형성될 수 있는 문화란 무엇보다 교회 안의 모든 의사결정 과정이 '민주화'되는 것을 의미한다. 평신도들이 의사결정 과정에 민주적으로 참여하고, 그 과정이 민주적으로 이루어지는 것을 경험하는 것이야말로 그들에게 목사와 평신도가 차별 없이 제사장이라는 의식을 형성하는 통로가 된다. 의사결정 과정의 민주화란 물론 의사결정 과정에서 목사의 성직주의가 나타나서는 안 된다는 것을 의미하는 것이기도 하지만, 동시에 평신도들 안에 있는 비민주적 계급주의, 특별히 장로교회 안에 만연한 '장로주의'도 배제해야 함을 의미한다.

평신도 리더십이 형성되는 교회의 문화는 평신도가 의사결정 과정만이 아니라 목회의 전 영역에 리더로 참여할 수 있는 기회가 주어짐으로써 만들어진다. 평신도들에게 '예전'에 폭넓게 참여할 수 있는 기회가 제공되어야 하고, 교육, 봉사, 선교, 친교의 모든 과정에 리더로 참여할 수 있도록 기회가 열려야 한다. 초대교회 공동체가 '은사 중심 공동체(charismatische Gemeinschaft)'였던 것처럼, '은사'를 중심으로 목회의 모든 영역에 평신도들이 지도자로서 참여할 수 있는 구조가 형성되어야 할 것이다.[33] 몰트만이 말한 것처럼 교회는 평신도를 '위로하는 공동체'에서 탈피하여 모든 영역에서 '은사 중심 공동체'가 되어야만 세상을 향한 하나님의 통치를 구현하는 교회가 될 수 있다.[34]

(6) 행동과 반성이 구체적으로 일어나는 성경공부가 되어야

평신도교육이 교육의 영역에서만이 아니라 목회의 차원에서 이루어져야 하지만, 동시에 좁은 의미의 교육과 가르침도 평신도로 하여금 '평신도 제사장'직 수행의 역량을 개발하고 능력을 부여하는 형태로 이루어져야 할 것이다.

평신도교육은 그 무엇보다 "성경"으로부터 시작되어야 한다. 앞에서 살펴본 대로 루터의 만인제사장은 계시의 자리를 교회로부터 '개인'에게로 옮겼고, 이것은 모든 성도들이 하나님의 말씀을 읽고 해석하고 그것을 삶으로 선포하는 제사장이 되어야 한다는 것을 의미하는 것이다. 따라서 평신도가

종교개혁과 교육개혁

제사장이 되는 것은 무엇보다 성경을 바로 읽고 바로 알고 그를 삶으로 드러내고 선포할 능력을 갖춘다는 것을 의미한다.

따라서 평신도교육은 말씀에 대한 철저한 공부와 연구로부터 시작되어야 한다. 말씀에 대한 기초 없이 누구도 제사장직을 수행할 수 없다. 그러나 평신도를 위한 성경공부는 단순히 성경에 대한 지식전달 중심이 아니라, 실제로 말씀을 삶으로 살아냄으로써 세상의 한복판에서 말씀을 선포할 수 있는 훈련으로 나타나야 한다. 그러기 위해서 말씀에 삶을 비추어 볼 능력, 삶을 말씀에 비추어 볼 능력이 훈련되어야 하고, 더 나아가 말씀을 육화하는 삶을 살 수 있는 훈련이 동반되는 성경공부여야 한다.

이를 실현하기 위한 가장 중요한 방법적 원칙 중 하나는 "행동과 반성(action-reflection)"의 원칙이라고 할 수 있다. 평신도 성경공부는 말씀을 행동으로 연결하는 과정 그리고 그들의 행동을 말씀에 비추어 반성하는 과정이 필요하다. 성경공부는 성경을 성경지식의 매개에서 그치는 것이 아니라, 그것을 삶 속에서의 '행동'으로 연결함으로써 평신도들이 가정에서, 직장에서, 사회에서, 문화생활과 정치생활에서 그리고 창조세계 안에서 육화하여 말씀을 선포하는 삶을 살 수 있도록 구성되어야 한다. 이러한 과정 없는 객관적 지식의 제공은 평신도를 제사장으로서 세울 수가 없다. 또한 동시에 평신도 성경공부는 그들의 일상의 행동을 반성(reflection)함으로써 더 나은 행동이 될 수 있도록 지원하는 과정이 되어야 한다. 평신도를 위한 성경공부와 모든 훈련들은 결국 그들이 실제 사역자로서 살아갈 수 있는 능력부여(empowering)의 과정이 되어야 한다.

(7) 평신도에게는 '평신도 영성'을 갖춘 평신도 리더십이 필요하다.

평신도 성경공부를 비롯한 모든 훈련들이 결국은 말씀을 삶으로 육화하고 세상에서 사역자로 살아갈 수 있는 능력을 부여하는 것에 있다면, 평신도의 영성훈련도 그것에 초점이 맞춰져야 할 것이다. 평신도는 교회와 같이 구별된 장소에서만이 아니라 가정에서, 일터에서, 장터에서, 길에서, 자연 속에서, 정치의 장에서도 실제적으로 '하나님과의 일치'를 경험하고 구현하는 제사장적 삶을 살아야 하기 때문이다.

따라서 평신도에게는 수도원적 영성이 아닌, '생활의 영성'이 필요하다. 실제 삶의 한복판에서, 가정의 부모로서, 도로 위의 운전자로서, 시장의 상인과 손님으로서, 기업가로서, 공직자로서, 문화의 소비자로서, 정치적 오피니언 리더로서 …. 그들의 삶의 한복판에서도 하나님과의 일치를 추구하고 그것을 삶으로 구현하는 영성, 곧 생활의 영성이 형성되어야 할 것인바,[35] 그것이야말로 평신도에게 삶 속에서 제사장직을 수행하는 능력을 부여하는 영성이 될 것이다.

수도원적 영성이 수도원으로부터, 수도사들의 실제적인 영성적 경험으로부터 온 것처럼, '생활의 영성'은 평신도들이 실제로 삶 속에서 경험함으로써 형성될 수 있다. 그렇게 형성된 영성일 때, 그것은 다른 평신도의 영성을 형성하는 힘이 있는 것이다. 따라서 평신도교육에는 평신도 리더십이 필요하다고 할 수 있다. 훌륭한 성직자로 성장하는 데 좋은 롤모델이 필요하듯, 훌륭한 평신도가 되는 데에도 좋은 롤모델이 필요하다. 실제로 세상의 다양한 영역에서 사역적 삶을 사는 것은 성직자가 대신해 줄 수 없는 경험이다. 따라서 평신도의 영성, 평신도 리더십의 전문성과 경험, 그리고 이들의 은사를 존중함으로써 이들이 평신도교육에 참여할 수 있도록 기회를 부여해야 할 것이다. 이들이 스토리텔링을 통해서 자신들이 어떻게 가정에서, 직장에서, 문화와 정치의 영역에서 사역자의 삶을 살았는지를 생생하게 이야기할 때, 그것이야말로 다른 평신도들이 사역적 삶을 사는 데 도전과 용

종교개혁과 교육개혁

기와 희망이 되는 것이다.

(8) 교회가 평신도 사역자의 실습과 훈련의 장을 제공해야

교회는 또한 실제로 평신도 사역자로서의 실습 및 반성이 이루어질 수 있는 구체적인 장과 통로를 제공해야 한다. 예수님도 제자들을 세상으로 파송해서 하나님 나라를 전파하고 병 고치는 활동을 하고서 돌아와 보고하는 실습훈련을 하신 것처럼, 교회는 단순히 평신도를 세상 속에서 제사장이요 사역자로 살자고만 할 것이 아니라, 구체적인 장과 사회섬김의 기회를 제공함으로써 보다 적극적인 평신도 사역자의 훈련과 실천의 장을 마련해야 할 것이다.

이를 위해서는 무엇보다 교회 안에 다양한 사회섬김의 활동이 있어야 할 것이다. 장애우 주간 보호센터, 호스피스, 지역아동센터, 지역복지센터, 청소년쉼터, 탈북자 예배, 탈북청소년학사, 노숙자 섬김, 독거노인 섬김, 소년소녀 가장 섬김, 노인학교, 의료봉사, 법류봉사, 직장선교, 선교 비전트립 등 지역사회를 섬기고 하나님 나라를 구현하는 실제적인 사역의 장을 제공해야 한다. 이런 실제적 훈련을 통해서 평신도들은 혼자서도 세상을 섬기는 사역자로 성숙해 나갈 수 있는 것이다.

교회는 이처럼 다양한 사회섬김의 프로그램을 제공할 수도 있지만, 전통적 지역교회의 틀을 넘어서서 사회섬김의 과제를 효율적으로 수행할 수 있는 새로운 구조를 형성할 수도 있다. 레티 러셀(Letty M. Russell)은 교회가 실제적으로 세상을 섬기는 선교적 교회가 되기 위해서 사회적 필요에 바로 대응하는 '태스크 포스(task force)' 형태의 구조를 조직하고, 천재지변이나 사회적 사태 등에 신속히 대응하여 사회를 섬기고, 과제가 끝나면 해체되는 형태의 기관도 필요하다고 말한다. 또한 사회정의나 자연보호와 같은 장

기적 섬김을 위해서 교회연합적 차원에서 '지속적 유형의 기관(permanent availerability)'도 필요하다고 덧붙인다.[36] 러셀의 제안과 꼭 같을 필요는 없겠지만, 한국 교회는 사회의 필요들에 즉각적으로 대응하기 위한 기관이나, '기윤실', '기독교환경연대'와 같은 초교파적이고 지속적인 단체들을 만들거나 연계하는 형태를 통해서, 평신도들을 적극적으로 사역의 장에 참여하도록 기회를 제공할 수 있다. 이를 위해서는 전국 규모의 남여선교회, 노회, 지역사회 교회연합, 총회 등과도 보다 적극적으로 연계할 필요가 있겠다.

평신도 제사장을 교육하고 파송하며 지속적으로 능력을 부여하는 것은 교육적 차원뿐만 아니라 전체 목회적 차원에서, 그리고 전통적 목회의 차원뿐만 아니라 새로운 교회의 형태들을 통해서 다양하게 모색될 수 있다.

4. 만인제사장을 위한 한국 교회 개혁의 방향

앞에서 우리는 만인제사장 개념을 살펴보았고, 만인제사장 개념을 바탕으로 한 평신도 이해와 평신도교육의 방향을 모색해보았는바, 이 절에서는 앞에 제시된 방향을 바탕으로 하여 한국 교회가 개혁해야 할 방향을 명제적 형태로 제시해보려 한다.

첫째, 목사의 평신도 이해가 개혁되어야 한다. 목사는 평신도를 언제까지나 교회의 보호나 간섭 아래 있을 미성숙한 신앙인으로 여기거나 혹은 성장하더라도 교회 안의 충실한 일꾼으로 머물러주기를 원하는 입장, 즉 평신도를 목회의 수단이나 목회의 대상으로만 보는 이해에서 벗어나 평신도를 하나님으로부터 영적 권세를 받은 평신도 제사장으로 인정하고, 평신도와 서로 다른 영역에서 각자의 목회적 사명을 수행하면서 동역하는 파트너십을 형성해야 한다.

둘째, 교회이해가 개혁되어야 한다. 평신도의 문제는 결국 우리가 어떤 교회가 될 것인가의 문제이다. 만인제사장은 한국 교회에게 '스스로를 위한 교회'에서 '세상을 위한 교회'로의 전환을, 교회 안에서 자족하는 교회가 아니라 세상을 향해 나아가는 교회가 될 것을 요청한다. 목사 중심, 예배 중심, 교회건물 중심, 주일 중심의 목회에서 평신도 중심, 선교 중심, 세상 중심, 평일 중심의 교회, '모이는 교회'에서 평신도와 함께 세상 한복판에서 교회가 되는 '흩어지는 교회'로의 개혁을 요청한다.

셋째, 목회의 방향이 개혁되어야 한다. 평신도교육은 어떤 특별한 프로그램을 할 것인가의 문제가 아니라, 목회 자체가 평신도를 세상의 제사장으로 세우고 파송하고 지속적으로 능력을 부여하는 것을 지향해야 한다. 그런 의미에서 '평신도교육'은 '평신도목회'로 전환되어야 한다. 예배, 친교, 봉사, 교육, 선교가 모두 평신도가 세상 속에서 제사장적 리더십을 발휘할 수 있도록, 세상 속에서 흩어지는 교회로 살아갈 수 있도록 지원하고 능력을 부여하는 통로가 되어야 한다. 평신도를 '위로하는' 목회, 평신도를 '무력화하는' 목회에서 평신도를 '깨우는' 목회, '능력을 부여하는' 목회로 개혁되어야 한다. 평신도를 교회에 묶어놓지 말고 세상으로 파송하는 목회를 해야 한다.

넷째, 평신도의 자의식이 개혁되어야 한다. 평신도들은 스스로의 제사장됨과 영적 권세를 자각하고, 제사장적 직분과 사명과 존엄을 망각하게 하는 모든 게으름, 무지함, 나약함에서 벗어나야 한다. 평신도들은 교회를 넘어서서 가정에서 직장에서 사회와 창조세계 한복판에서 사람을 섬기고 하나님을 섬기라는 목회적 소명에 응답하고, 그 소명을 실천하는 삶을 살아야 한다.

다섯째, 세례교육과 입교교육이 개혁되어야 한다. 세례는 제사장으로서의 취임식이고, 따라서 세례교육과 입교교육은 제사장 준비교육이 되어야 한다. 몇 주간 세례문답을 외우는 것이 아니라 제사장을 세우는 훈련이 되어야 한다. 교육 없이 세례를 받은 모든 평신도에게는 추후라도 세례교육이 보충되어야 한다.

여섯째, 목사의 성직주의가 개혁되어야 한다. 사역은 목사의 전유물이 아니다. 평신도에게 사역을 돌려주어야 한다. 성경은 목사의 전유물이 아니다. 평신도에게 성경을 돌려주어야 한다. 평신도들에게 성경을 읽고 해석하고 삶으로 선포할 소명을 일깨우고, 하나님의 말씀에 대한 제사장적 책임을 그들에게 돌려주어야 한다. 평신도의 제사장적 판단과 분별의 능력을 인정하고, 교회의 모든 의사결정에 민주적으로 참여할 수 있게 해야 한다.

일곱째, 평신도들 간의 계급주의가 개혁되어야 한다. 목사의 성직주의도 평신도 리더십 훈련의 걸림돌이 되지만, 평신도 사이의 계급주의는 더 심각한 걸림돌이 되고 있다. 한국 교회, 특별히 장로교회의 장로주의는 루터가 비판했던 로마 가톨릭교회의 성직주의만큼이나 막강한 장벽을 형성하면서 교회의 민주적 의사결정과정을 방해하는 요인이 된다. 장로직을 비롯한 평신도 직분의 임기제, 혹은 예전(대표기도, 성찬분배 등)에 장로만이 아니라 평신도 전체가 참여할 수 있도록 기회를 주는 것 등으로 평신도 직분

종교개혁과 교육개혁

의 계급화를 완화해야 한다.

여덟째, 평신도 리더십 모델을 발굴해야 한다. 훌륭한 목사가 되는 데 롤모델이 필요하듯, 평신도에게도 좋은 롤모델이 필요하다. 세상 삶의 한복판에서 다양한 직업을 가지면서 하나님과의 일치를 추구하고 살아가는 평신도 영성을 가진 사람들, 직장의 영성, 가정의 영성, 부모의 영성, 문화생활의 영성, 정치생활의 영성 등 사회의 모든 영역에서 생활영성을 형성하고 살아가는 롤모델을 발굴하여 널리 알리는 것은 한국 교회의 평신도 리더십 형성을 위해서 매우 시급하고 중요한 일이다. 이를 위해 교회는 은사 중심의 공동체가 되어야 한다. 은사를 받은 평신도들이 목회의 모든 영역, 즉 예전, 교육, 친교, 봉사, 선교의 영역에서 지도자로서 참여할 수 있도록 기회를 줄 때 평신도 리더십의 다양한 모델이 발굴될 수 있다.

아홉째, 평신도를 위한 특별한 교육과 훈련의 모델이 개발되어야 한다. 평신도교육과 훈련의 방법들, 특히 성경을 삶으로 연결하는 방법들이 개발되어야 한다. 성경을 공부하고 그것을 삶과 행동으로 구현하며, 다시 삶을 말씀에 비추어서 반성하고, 또다시 삶으로 살아낼 수 있도록 도전하는 'action-reflection'의 성경공부 모델, 그리고 '성경의 이야기'와 '세상의 이야기', 그리고 '평신도 개인의 이야기'를 연결하여 그들 간의 연계를 만들어내는 방법들을 개발하여 평신도교육에 보급해야 한다. 총회의 교육부나 신학대학의 기독교교육연구원, 기독교교육과 교수들이 이것에 책임이 있다.

열째, 교회와 사회를 잇는 다양한 교회의 형태를 시도해보아야 한다. 평신도가 제사장적 리더십을 발휘하면서 살도록 돕는 일은 집중적으로 그러한 삶을 살도록 장을 만드는 것을 필요로 하고 이를 위해서는 다양한 사회 섬김의 활동을 교회가 주도적으로 제공해야 할 것이다. 뿐만 아니라 교회는 고전적 지역교회 형태만을 고집할 것이 아니라 사회의 문제에 발 빠르게 참여하는 유동적 교회 형태, 혹은 사회에 깊숙이 들어가기 위해 기독교 단체들과 연대하는 교회 형태 등에 대해 관심을 기울이고 새롭게 시도하는 노력을 기울여야 한다.

5. 나오는 말

앞에서 살펴본 바와 같이 평신도교육의 문제는 단순히 평신도만의 문제가 아니고, 교육만의 문제도 아니며, 교회 자체의 문제요, 목회 전체의 문제이며, 또한 사회의 문제이다. 이것은 왜 루터의 '만인제사장' 개념이 그의 개혁, 즉 교회의 개혁이자, 신학의 개혁이며, 교육의 개혁이자 사회 전체를 아우르는 종합적 개혁이었던 종교개혁의 핵심에 서 있었는지를 말해준다. 루터의 '만인제사장' 개념이 시사하는 바와 같이 진정한 의미의 평신도교육은 교회가 새로워지고, 목회와 교육이 새로워지고, 교회와 사회의 관계가 새로워지지 않으면 실현될 수 없다.

만인제사장설 500년! 종교개혁 500주년을 맞은 한국의 개혁교회가 사회의 신뢰를 잃어버린 오늘의 현실을 바라보면서 종교개혁의 정신으로 돌아가 다시금 개혁하는 교회가 되고자 할 때 그 무엇보다 '평신도교육'의 개혁으로부터 시작해야 하는 이유가 여기에 있는 것이다.

1) 이 글에서 루터는 다음과 같이 언급했다: "교회의 높은 직에 있는 사람이나, 한 경건하고 거룩한 사람의 입에서 나오는 모든 말씀은 그리스도의 말씀인바, 그는 '너희 말을 듣는 자는 곧 내말을 듣는 것이요.'(눅 10:16)라고 하셨다."(WA 56, 251, 25f) 그는 성직자나 교황과 같은 사람을 통해서 만이 아니라, 경건하고 거룩한 한 사람, 즉 성도에게서도 그리스도의 말씀이 나올 수 있다고 함으로써, 그리스도의 말씀이 성직을 통해서만 선포되는 것이 아니라고 주장하고 있다. Bernhard Lohse, *Luthers Theologie*, (Goettingen, Vandenhoeck & Ruprecht, 1995), 306.

2) M. Luther, "Sermon von dem Neuen Testament," WA 6.

3) M. Luther, "An den Christlichen Adel deutscher Nation" WA 6.

4) M. Luther, "Von der Freiheit eines Christenmenschen 1520" WA 7.

5) M. Luther, "De instituendis ministris ecclesiae, 1523" WA 12, [160] 169-196.

6) WA 12, 164ff. Reinhard Schwarz, "Geistliche Vollmacht, Luther ueber allgemeines Priestertum und kirchliches Amt(1523)", *Luther*, 77, no 2, 2006, 74-82.

7) Bernhard Lohse, *Luthers Theologie*, (Goettingen, Vandenhoeck & Ruprecht, 1995), 307.

8) Ibid., 310.

9) M. Luther, "instituendis ministris ecclesiae, 1523", WA 12, 189, 25. 루터는 같은 글의 다른 부분에서 다음과 같이 말하기도 했다: "앞에서 우리는 기독교인의 일반적인 사제적 권리(allgemeine Priesterlichen Recht)에 대해서 언급했다. 이것이 모든 기독교인들에게 공동으로 주어졌다는 것을 증명했기에, 사제직은 어떤 특정인만이 차지할 수는 없다. 이 권리를 가진 사람이 아무도 없는 상황이라면, 누구나 이 권리를 주장하고 실제로 실행할 수 있다. 그러나 공동체는 한명이나 혹은 여러 사람을 선택하고 공적으로 세울 권리를 수행함으로써, 이 일을 공적으로 수행할 수 있는 권리를 가진 사람의 이름으로 행하도록 하여, 하나님 백성 중에서 소란이 일어나지 않도록 하는 것이 좋다. 모든 것에 있어서 질서적이고, 또한 명예롭게 이루어지는 것이 좋겠다. 고린도전서 14장 40절에서 사도가 말한 것처럼" "instituendis ministris ecclesiae, 1523" WA 12, 189. 17.

10) M. Luther, "instituendis ministris ecclesiae, 1523", WA 12, 169-196.

11) M. Luther, "instituendis ministris ecclesiae, 1523", WA 12, 178, 9f.

12) M. Luther, "Der 82 Psalm ausgelegt 1530", WA 31, I, 211, 17-20.

13) WA 6, 370, 24-28.

14) M. Luther, "instituendis ministris ecclesiae, 1523" WA 12, 178, 26.

15) M. Luther, "instituendis ministris ecclesiae, 1523" WA 12, 179, 15

16) 루터는 이 두 성경구절을 만인제사장을 설명하는 근거로 삼고 있는바, 이것이 언급되고 있는 문헌은 다음과 같다: WA 6, 407, 23-25(An den christlichen Adel), 8, 487, 25-30, 416, 15-19(Vom Missbrauch der Messe bzw. De abroganda missa private); 베드로전서 2장 9절은 특별히 자주 나타나는데, WA, 7,27, 20 그리고 56, 39-57, 2(Von der Freiheit eines Christenmenschen bzw. De libertate christiana)에서도 찾을 수 있다.

17) "분명한 것은 미사제사(mess opfert)를 드리는 사제만이 사제가 아니라, 믿음이 있는 모든 사람이 사제이다. 이것이야말로 진정한 사제직인바, 그것은 곧 그리스도께서 스스로를 하나님께 희생제사로 드린 그 제사장직과 다름 아니며, 미사를 드릴 때에 사제가 수행하는 외적인 사제직과도 다름 아니다. 따라서 모든 사람들은 동일하게 하나님께 영적 제사장이다." M. Luther, "Sermon von dem neuen Testament", WA 6, 370, 7-11.

18) M. Luther, "instituendis ministris ecclesiae, 1523" WA 12, 179, 38.

19) M. Luther, "instituendis ministris ecclesiae, 1523" WA 12, 180, 5.

20) M. Luther, "instituendis ministris ecclesiae, 1523" WA 12, 181, 23.

21) M. Luther, "instituendis ministris ecclesiae, 1523" WA 12, 183, 19.

22) M. Luther, "instituendis ministris ecclesiae, 1523" WA 12, 184, 31.

23) M. Luther, "instituendis ministris ecclesiae, 1523" WA 12, 186, 16.

24) M. Luther, "instituendis ministris ecclesiae, 1523" WA 12, 186, 15.

25) M. Luther, "instituendis ministris ecclesiae, 1523" WA 12, 188. 7.

26) "An den Christlichen Adel deutscher Nation" WA 6, 406, 21-23.

27) "An den Christlichen Adel deutscher Nation" WA 6, 406, 23-29.

28) "An den Christlichen Adel deutscher Nation" WA 6, 407, 10-15

29) "An den Christlichen Adel deutscher Nation" WA 6, 408, 11-13

30) Jan Milic Lochman, "Kirchliches Amt und allgemeines Priestertum", Fr.Buri, J.M.Lochman, H. Ott, *Dogmatik im Dialog, Die Kirche und die Letzten Dinge, Gütersloh*, Gütersloher Verlagshaus, 1973), 74

31) 루이스 조셉 셰릴, 이숙종 역, 『기독교교육의 발생』(서울, 대한기독교서회, 1994), 224.

32) '선 세례 후 교육'의 원칙은 입교교육에만 해당하는 것이 아니라, 교육 없이 세례를 받을 수밖에 없었던 모든 평신도들에게 '후 교육'이 동반되어야 한다는 것을 분명히 시사한다.

33) Europäischer Rat der Evangelischßmethodistischen Kirche, *Dienstauftrag der Kirche Amt Allgemeines Priestertum*, (EREK, Reutlingen, 1981), 26.

34) Jürgen Moltmann, *Kirche in der Kraft des Geistes, Ein Beitrag zur messianischen Ekklesiologie*, München: Kaiser Verlaag, 1975, 1989 (2).

종교개혁과 교육개혁

35) 폴 스티븐스, 박영민 역, 『현대인을 위한 생활의 영성』(서울, IVP, 1993).

36) Letty M. Russell, *Christian Education in Mission*, 정웅섭 역, 『기독교교육의 새 전망』(서울: 대한기독교서회, 1991) 10-16, 20-28.

참고문헌

– 국내서적

글로벌리서치, 『2013년 한국인의 종교생활과 의식조사 보고서』 한국 기독교 분석 리포트, (서울, 도
　　서출판 URD, 2013)

기독교윤리실천운동, 「2013년 한국 교회 사회적 신뢰도 여론조사 결과발표 세미나」 2014년 2월
　　5일, 40

김기숙, "코메니우스의 평화사상의 현대적 의미", 『기독교교육정보』 39, 2013, 41-75.

김명용, "교회와 국가의 관계에 대한 신학적 해석"

김병서, 『한국사회와 기독교』 (서울: 한울아카데미, 1995)

김성원, "폴 스티븐스가 살아온 평신도 해방과 '저자거리 영성의 길'", 『기독교사상』 2011, 10, 204-
　　221.

김창환, "코메니우스의 유아교육사상 연구", 한국유아교육학회, 제 17권 제 2호(1997), 5-26.

김치성, "우리교단 교회학교 각종 통계분석표", 총회교회성장위원회, 제 98회기총회 교회성장위원회
　　확대세미나, 2015년 3월 7일, 장소: 한국교회백주년기념관.

뉴스앤조이, "교단총회 결산5, 교세통계", http://m.newsnjoy.or.kr/news/articleView.
　　html?idxno=197728, 2014, 10. 10.

박경수, 『교회의 신학자 칼뱅』 (서울, 대한기독교서회, 2009)

박상진, "한국 교회교육의 위기 진단과 대안의 방향", 장신대 기독교교육과 50주년강연집 『다음세대
　　에 생명을』 2015년 5월 1일. 3-32.

박영돈, 『일그러진 한국 교회의 얼굴』 (서울, IVP, 2013).

박충구, "생명이 위협받고 있는 세계와 샬롬의 윤리", 감리교신학대학교, 『신학과 세계』(74), 2012.6,
　　123-154.

박현숙, "독일제국(1871-1918)의 교회와 국가의 관계: 비스마르크의 문화투쟁(1871-1887)을 중심
　　으로"

변상욱, "한국 교회의 쇄신과 위기관리" 한국기독교목회자협의회, 제 26차 열린대화마당, 2014, 5, 29,

백충현, "16세기 종교개혁과 신학교육: 칼뱅의 제네바 아카데미의 "신학적 인문학 교육"을 중심으로",
　　제10회 종교개혁기념학술강좌, 2012, 10,25.

양금희, 『종교개혁과 교육사상』 (서울: 한국장로교출판사, 1999)

_____, "코메니우스의 기독교교육 사상", 『근대 기독교교육 사상』 한국장로교출판사, 2001, 15-142.

_____,『아동교회학교 진단 침체와 부흥』(서울, 쿰란출판사, 2008).

_____, "통전적 평화를 지향하는 기독교평화교육 연구",『평화와 기독교교육』장신대기독교 교육연구원, 2007, 116-157.

_____, "평신도신학을 지향하는 평신도교육에 관한 연구",『장신논단』46(4), 2014

양희송,『가나안성도 교회밖 신앙』(서울, 포이에마, 2014)

예장 통합 총회, 제99회 총회 회의록, 2014.

오인탁, "J. A. Comenius의 汎敎育(Pampaedia)理論",『신학사상』29(1980), 312-350.

_____, "요한 아모스 코메니우스. 팜파에디아", 기독교 명저 60선, 종로서적, 1985, 301-307.

오춘희, "코메니우스(1592-1670)의 해석과 수용에 대한 일 고찰",『현대 초등교육의 탐색』교육과학사, 1995, 189-228.

왕대일, "생명경외의 성서적 근거", 대한기독교서회,『기독교사상』36(7), 1997, 7, 7-17.

이범성 (2011). "목회신학의 중심주제인 평신도 신학, '디아코니아학'", 연세대학교 신과대학(연합신학대학원),『신학논단』, 64, 79-105

이병선, "한국 교회 성장둔화의 사회적 요인 분석 - 1990-2000년을 중심으로-" 한국기독교교육정보학회,『기독교교육정보』, 8, 2004, 4, 317-340

이원규, "부흥의 추억: 한국 교회 미래는 있는가? - 한국 교회의 어제, 오늘, 그리고 내일에 대한 종교사회학적 성찰", 감리교신학대학교,『신학과 세계』2011.3 .

이원규,『종교사회학적 관점에서 본 한국 교회의 위기와 희망』(서울, 도서출판 KMC 2010)

이원규, "성장 이후 한국 교회의 비전", 제 4회 수표교포럼,〈한국 교회 쇄신과 성장〉, 2011, 10.

이숙종, "죤 아모스 코메니우스(Johann Amos Comenius)의 신학적 교육사상",『현대와 신학』, 11(1987), 179-202.

_____, "코메니우스의 自然觀과 새 교수법에 관한 연구",『신학사상』67(1989), 944-983.

_____, "코메니우스의 신학적 人間觀과 認識論에 관한 연구".『신학사상』70(1990), 758-794.

_____, "코메니우스의 범지학에 관한 연구",『신학사상』72(1991), 147-178.

_____,『코메니우스의 교육사상』교육과학사, 1996.

이양구, "샬롬-평화-화평" 대한기독교서회,『기독교사상』33(3), 1989.3, 214-222.

이형기,『종교개혁신학사상』(장로회신학대학 출판부 1984)

_____,『전통과 개혁』(대한예수교장로회총회출판국 1990)

임도건『종교개혁의 역사와 신학』(기독교 문서선교회1995)

장 칼뱅 지음, 황정욱·박경수 옮김,『칼뱅: 신학논문들』서울: 두란노아카데미, 2011.

장화선, "J.A.Comenius와 J.J.Rousseau의 유아교육관점에 대한 비교연구", 이화여자대학교 대학원 박사학위논문, 1993.

정정숙, 『종교개혁자들의 교육사상』, (총신대학출판부1983)

정홍열, "루터의 만인제사장직", 『신학과 선교』 9권 0호, 2005, 179-193

조성돈, "목회사회학적 관점에서 보는 한국 교회 마이너스 성장에 대한 원인 분석과 대안",

조성돈, 정재역 편, 『그들은 왜 가톨릭교회로 갔을까?』(서울, 예영커뮤니케이션, 2007),

최윤배, "개혁전통에서 교회와 국가의 관계", 『장신논단』 24, 2005, 12.

최희범, "위기의 시대, 한국 교회의 역할을 논한다", 국기독교목회자협의회, 제 26차 열린대화마당,
      2014, 5, 29,

통계청, "인구주택 총조사", (1985, 1995, 2005)

한국기독교목회자 협의회, 『2013 한국인의 종교생활과 의식조사보고서 한국기독교분석리포트 23』
      서울 도서출판URD, 2013

한국갤럽, 『한국인의 종교 : 1984-2014』 (서울: 한국갤럽조사연구소, 2015)

– 외국서적

Asheim, Ivar, *Glaube und Erziehung bei Luther, Ein Beitrag zur Geschichte des
      Verhaeltnisses von Theologie und Paedagogik*, Heidelberg, Quelle&Meyer, 1961.

Bainton R. H. 서영일 역, 『16세기의 종교개혁』 (도서출판 은성, 1992)

Biehl, P., "Johann Amos Comenius(1592-1670)", *Klassiker der Religionspädagogik*, Hrsg.
      v. H. Schröer / D. Zilleßen, Frankfurt, 1989, 47-73.

Bornkamm, H., "Luther" Leben und Schriften, R.G.G. Bd.4 (Tübingen, 1960), S.480-495

Charpentier, A. B., *Reformation und Bildungswesen. Pädagogische Voraussetzungen
      von Schriftlichkeit im beginnenden 16.Jahrhundert* (Frankfurt a.M., 1975)

Calvin, John, *Opera quae supersunt omnia* (Corpus Reformatorum 29-87, Calvini Opera
      1-59) eds. G.Baum, E.Cunitz and E. Reuss Braunschweig: Schwetschke, 1863-1900.

Calvin, John, *Institutes of the Christian Religion*(1559).

Comenius, J. A., *Grosse Didaktik*, Übersetzt und hrsg. v. A. Flitner, Düsseldorf, 1960..

_____, *Informatorium der Mutterschul*, Hrsg. v. J. Heubach, Heidelberg, 1962.

_____, *Pampaedia. Lateinischer Text und deutsche Übersetzung*, Hrsg. v. V. D.
      Tschizewskij, Heidelberg, 1965.

_____, *De rerum humanarum emendatione Consultatio Catholica I*, Editio princeps,

Pragae, 1966,

_____, *Via Lucis*, 이숙종 역,『빛의 길』여수룬, 1999.

_____, *Orbis Sensualium Pictus*(1659), 이원호 역,『세계도회』도서출판 아름다운세상,1998.

Ebelingen, G., *Martin Luther, Ausgewählte Schriften* (Frankfurt a.M.1983)

Erasmus von Rotterdam, *De libero Arbitrio* 1524, J. Walter(Hrsg.) Quellenschriften zur Geschichte des Protestantismus, Heft. 8, deutsche Übersetzung von O. Schumacher, Vom freien Willen (Göttingen, 1956)

_____, "Über die Notwendigkeit einer frühzeitigen allgemeinen Charakter und Geistesbildung der Kinder", A. Gail(besorgt), *Erasmus*, (Paderborn, 1963) S.107-159

Erikson, E. H., *Der junge Mann Luther* (Frankfurt a.M., 1975)

Europäischer Rat der Evangelischßmethodistischen Kirche, *Dienstauftrag der Kirche Amt Allgemeines Priestertum*, EREK, Reutlingen, 1981.

Eykman, Walter, "Friedenspädagogische Aspekte im Reformprojekt des Comenius", Erwin Schadel (Hrsg.), *Johann Amos Comenius Vordenker eines kreativen Friedens*, Frankfurt am Main, Peter Lang, 2005.

Fee, Gordon, "Laos and Leadership under the New Covenant", Crux, 25 no4 Dec. 1989, 3-13.

Floss, Karl, "Panorthosia als Konzept zukünftiger Sicherung des Weltfriedens" *Johann Amos Comenius Vordenker eines kreativen Friedens*. Frankfurt am Main, Peter Lang, 2005.

Fraas, H.-J. *Katechismustradition Luthers kleiner Katechismus in Kirche und Schule* (Göttingen, 1971)

Freul, R., *Luther und die Praktische Theologie* (Marburg, 1989)

Goebel, K.(Hrsg.), *Luther in der Schule* (Bochum, 1985)

Gonzales, J. L., 서영일 역,『종교개혁사』(도서출판 은성, 1974)

Hahn, Fr., *Die Evangelische Unterweisung in den Schulen des 16. Jahrhunderts* (Heidelberg, 1971)

Harris, Maria (1989). *Fashion me a people, Curriculum in the Church*, Louisville, Kentucky: John Knox Press, 고용수 역, (1997).『회중 형성과 변형을 위한 교육목회 커리큘럼』서울: 한국장로교출판사.

Helmreich, Ernst Christian, *Religionsunterricht in Deutschland, Von den*

    Klosterschulen bis heute, Hamburg, Düsseldorf, Furche Verlag, Patmos Verlag, 1966.

Hofmann, F., *Pädagogik und Reformation* (Berlin, 1983)

Hornstein, H. (Hrsg.), Vorspiele. *Prodromus Pansophiae. Vorläufer der Pansophie*, Düsseldorf, 1963.

Jetter, H., *Erneuerung des Katechismusunterrichts* (Heidelberg, 1965)

Kaufmann, H. B., "Martin Luther", H. Schröer D. Zilleßen(Hrsg.), *Klassiker der Religionspädagogik* (Frankfurt a.M., 1989), S.7-23

Kerr, H. T.,편 김영환 편역, 〈루터신학 개요〉 (한국장로교 출판사, 1991)

Kidd, B. J. *documents Illustrative of the Continental Reformation*, Oxford, 1911.

'L'Ordre establi' in Thevenaz, *Histoire du College de Geneve*, 42, 44.

Köpf, Ulich, "A European View of the Problems of Dividing Church History into Periods", in Towards a History of the Church in the Third World: The Issue of Periodization, ed. by Lukas Vischer, Evangelische Arbeitstelle Ökumene Schweiz, 1985.

Kühn, U., Kirche, Handbuch Systematischer Theologie Bd 10 (Gütersloh, 1980)

Linsay, Th.M., 이형기 차종순 역,『宗教改革史 I II』(대한예수교장로회 총회출판국, 1990, 1991)

Lasek, Jan Blahoslav, "Die Theologische Voraussetzungen für den Frieden in Comenius "Consultatio catholica", *Johann Amos Comenius Vordenker eines kreativen Friedens*, Frankfurt am Main, Peter Lang, 2005.

Lochman, *Comenius*, Freiburg/Hamburg, 1982,

Lochman, Jan Milic "Kirchliches Amt und allgemeines Priestertum", Fr. Buri, J.M. Lochman, H. Ott, *Dogmatik im Dialog, Die Kirche und die Letzten Dinge*, Gütersloh, Gütersloher Verlagshaus, 1973.

Lohse, Bernhard, *Luthers Theologie*, Goettingen, Vandenhoeck & Ruprecht, 1995.

Luther, M., "An die christlichen Adel deutscher Nation von des christlichen Standes Besserung" 1520, WA 6, 404-465

_____, "An die Ratsherrn aller Städte deutschen Landes, daß sie christliches Schulen aufrichten und halten sollen 1524, WA 15, 27-53

_____, *De servo arbitrio* 1525, Bo Bd3

_____, *Deutsche Messe und Ordnung des Gottesdienstes* 1526 Bo Bd III 294-309

_____, *Der kleine Katechismus* 1529 BSLK 501-541

_____, *Der große Katechismus* 1529 BSLK 545-738

종교개혁과 교육개혁

_____, "Eine Predigt, daß man Kinder zur Schule halten solle" 1530 WA 30 II, 517-588

_____, *Genesisvorlesung* 1535

_____, "Disputatio über den Menschen" K.Bornkamm; G. Ebeling 편, *Martin Luther Ausgewählte Schriften.*Bd.II 294-296

Luther, M., "Von der weltlicher Obrigkeit 1523)", WA 11.

Luther, M., "An die Ratsherrn aller Staedte deutsches Landes, dass sie christliche Schulen aufrichten und halten sollen(1524)", WA, 15, 9-53.

Luther, M., "Vom Abendmahl Christi Bekenntnis(1528)", WA, 26.

Luther, M. "Eine Predigt, dass man Kinder zur Schule halten solle(1530)", WA, 30, II, 508-588.

_____, (1520b). Sermon von dem Neuen Testament, WA, 6.

_____, 1520, "Von der Freiheit eines Christenmenschen" WA 7

_____, 1523 "instituendis ministris ecclesiae", WA 12.

_____, 1530, "Der 82 Psalm ausgelegt", WA 31, I.

Maag, K., *Seminary or University?, The Genevan Academy and Reformed Higher Education, 1560-1620*, Cambridge, University Press, 1995.

Matula, Jozef, "Immanente Ordnung und universaler Friede bei Johann Amos Comenius", Erwin Schadel (Hrsg.), *Johann Amos Comenius Vordenker eines Kreativen Friedens*, (Frankfurt am Main, Peter Lang, 2005), 387-399.

McGrath A. E., 박종숙 역,『종교개혁사상 입문』(성광문화사, 1992).

Mcsorley, H. J., *Luthers Lehre vom unfreien Willen* (M?nchen, 1967).

Melanchton, Ph., "Unterricht der Visitatoren an die Pfarrherrn im Kurfürstentum zu Sachsen", 1528 jetzt durch D.M. Luther korrigiert 1538 WA 26, 237-240

Moltmann, Jürgen, *In der Geschichte des dreieinigen Gottes*, 1990, 이신건 역,『삼위일체와 하나님의 역사』대한기독교서회, 1998,

Moltmann, Jürgen, *Kirche in der Kraft des Geistes, Ein Beitrag zur messianischen Ekklesiologie*, München: Kaiser Verlaag, 1975, 1989(2).

Müller, Gerhard, Allgemeines Priestertum aller Getauften und kirchliches Amt in der Reformationszeit, *Kerygma und Dogma*, 52 no 1 Jan-Mar 2006, 98-104.

Nipkow, k. E./Schweitzer, Fr., *Religionspädagogik. Texte zur evangelischen Erziehungs - und Bildungsverantwortung seit der Reformation*, Bd.1 (munchen, 1991).

Nipkow, K. E., *Bildung - Glaube - Aufklärung. Zur Bedeutung von Luther und*

Comenius für die Bildungsaufgaben der Gegenwart, Konstanz, 1986.

Petry, P., "Universität", *die Religion in Geschichte und Gegenwart*, Tübingen, Paul Siebeck, 1986.

Petzold, K., *Die Grundlagen der Erziehungslehre im Spaetmittelalter und bei Luther* (Heidelberg,1969).

Preul, Reiner, *Luther und die Praktische Theologie, Beiträge zum kirchlichen Handeln in der Gegenwart*, Marburg, 1989.

Reble, A., *Geschichte der Pädagogik* (Stuttgart, 1964).

Reid, W. Stanford, "Calvin and the Founding of the Academy of Geneva," Westminster Theological Journal Vol. 18 No. 1 November 1995.

Reinhard. Wolfgang(Hrsg.), *Humanismus im Bildungswesen des 15. und 16. Jahrhunderts, Geschichte der Pädagogik*, Weinheim, 1984.

Röhrs, Hermann, *Die Studienzeit des Comenius in Heidelberg*, 1985

Russell, Letty M. (1991). *Christian Education in Mission* 정웅섭 역, 『기독교교육의 새 전망』, 서울: 대한기독교서회.

Schaller, K., *Die Pädagogik des Johann Amos Comenius und die Anfänge des pädagogischen Realismus im 17.Jahrhundert*, Heidelberg, 1962.

_____, "Über die Stellung der Pampaedia in pansophischen Gesamtwerk des Comenius", *J. A. Comenius. Pampaedia. Lateinischer Text und deutsche Übersetzung*, Hrsg. v. V. D. Tschizewskij, Heidelberg, 1965, 498-507.

Schelfczyk, L., *Der Mensch als Bild Gottes* (Darmstadt, 1969).

Scheuerl, H., *Pädagogische Anthropologie* (Stuttgart, 1982).

Scheuerl, H., "Johann Amos Comenius(1592-1670)", *Klassiker der Pädagogik*, Hrsg. v. H. Scheuerl, München, 1979, 67-82.

Schoch, G., *Die Bedeutung der Erziehung und Bildung aus der Sicht des Erasmus von Rotterdam* (Zürich, 1986).

Schwarz, Reinhard, "Geistliche Vollmacht, Luther ueber allgemeines Priestertum und kirchliches Amt(1523)", *Luther*, 77, no2, 2006 74-82.

Schweitzer, Fr., *Die Religion des Kindes zur Problemgeschichte einer riligionspädagogischen Grundfrage* (Gütersloh, 1992).

L. J. Sherrill, 이숙종 역, 『기독교교육의 발생』 (대한기독교서회, 1994.)

Stevens, Paul, 박영민 역, 『현대인을 위한 생활의 영성』 (IVP, 1993.)

종교개혁과 교육개혁

_____, 방선기 역, *The Abolition of the Laity*,『21세기를 위한 평신도 신학』서울, IVP, 2001.

Stoodt, D., *Arbeitsbuch zur Geschichte des evangelischen Religionsunterrichts in Deutschland* (Münster, 1985)

Wayne House, H. *Christian Ministries and the Law*, Grand Rapids: Baker Book House, 1992.

– 약자

WA = Weimarer Ausgabe

TR = Tischreden

R.G.G. = Religion in Geschichte und Gegenwart

BSLK = Die Bekenntnisschriften der evangelische lutherischen Kirche

Bo = Bonner Ausgabe